21 世纪教学活动设计案例精选丛书

小学语文教学活动设计案例精选

丛书主编　禹　明

本册主编　郑明江　高乃松

图书在版编目(CIP)数据

小学语文教学活动设计案例精选/禹明丛书主编.—北京:北京大学出版社,2012.3
(21世纪教学活动设计案例精选丛书)
ISBN 978-7-301-20253-1

Ⅰ.①小…　Ⅱ.①禹…　Ⅲ.①小学语文课－教学设计　Ⅳ.①G623.202

中国版本图书馆CIP数据核字(2012)第022011号

书　　　名:小学语文教学活动设计案例精选
著作责任者:禹　明　丛书主编　郑明江　高乃松　本册主编
策　　　划:周雁翎
责 任 编 辑:郭　莉
标 准 书 号:ISBN 978-7-301-20253-1/G・3328
出 版 发 行:北京大学出版社
地　　　址:北京市海淀区成府路205号　100871
网　　　址:http://www.jycb.org　http://www.pup.cn
电 子 信 箱:zyl@pup.pku.edu.cn
电　　　话:邮购部62752015　发行部62750672　编辑部62767346　出版部62754962
印　刷　者:北京大学印刷厂
787毫米×1092毫米　16开本　14.5印张　318千字
2012年3月第1版　2014年9月第2次印刷
定　　　价:29.00元

序

朱慕菊

当今世界正在发生着深刻的变化。社会的发展决定了教育必须跟上时代的步伐，因此，教育必须朝着适应未来的方向进行深刻的变革。自2001年9月启动我国新一轮基础教育课程改革以来，中小学的课堂里正在发生着质的变化，课程改革的理念已在基础教育改革的实践中得到广泛认同。

课堂教学设计是教学中的一个重要环节，是教学的目的性、过程性、科学性与艺术性的统一，不但需要深厚的教育理论作支撑，而且需要适切运用丰富多样的教学方法和教学技术。本丛书编写者长期以来坚持以新课程的理念为指导，对课堂教学进行了深入的探索，获得了有益的经验。

第一，在教育理论与实践的结合上进行了有益的探索。长期以来，教师们普遍认为系统而复杂的教学理论不易被有效地运用于课堂教学中。而在新课程推进过程中，教师们努力学习新课程所倡导的教学理论，并积极探索与实践的结合，特别注重把教学理论和研究成果运用于实际教学，指导教学工作，同时也注重将教师的教学经验总结上升到理论层面。事实证明，理论必须与实践不断结合才能为教师所掌握和运用；同样，也只有经常性地反观课堂教学实践，对其进行深度思考与梳理，才能使教学认识上升到理性的高度。这套《21世纪教学活动设计案例精选丛书》正是积极探索教育理论与实践相结合的产物。

第二，在教师的专业发展上进行了有益的探索。新课程的推进既向教师提出了巨大的挑战，同时也应看到，它更是教师专业发展的极好机遇。教师工作的性质决定了它不是机械的重复。教师既要坚定不移地贯彻落实党的教育方针，同时作为专业人员还必须遵循少年儿童心理发展的规律，谙熟他们的需求，掌握学科教学的内容与方式。在当今社会快速发展的背景下，教师的专业修养也需要与时俱进。因此，新课程所倡导的学生学习方式的变革、教师教学方式的变革，都需要教师在工作岗位上不断思索，不断进步，实现其专业发展。而本丛书编写者正是深刻理解了教师专业发展对于推进新课程的重要性,他们想方设法促使教师对自己的课堂教学进行自觉的反思与总结,引导教师们在理论与实践之间进行反复的“对话”,并将“对话”的结果以课堂教学设计的形式表达出来,帮助教师整理了教学思想,提升了教育理念,促进了教师专业的发展。

第三,在改变课堂教与学的方式上进行了有益的探索。查尔斯·赫梅尔在《今日的教育为了明天的世界》中指出,在百科全书式的知识已经过时、百科全书比老人老得还快的大变革时代里,教师再也不能仅限于传授知识,而需要“唤醒不被知晓或沉睡中的能力,使得每个人都能分享到人们完全能够发挥自己才能的幸福”。因此,改变教与学的方式成为本次课程改革追求的重要目标之一。这套丛书正是以改变教与学的方式为突破口,对课堂教学如何体现学生的主体地位,如何突出知识的建构过程,如何增强学生的情感体验,如何使学生形成正确的价值观等方面的问题作了大量深入的探索。这套丛书中的教学设计虽然侧重活动性,但每一个教学活动的设计都力图向人们反映一种理念:只有将学习任务转化为学生的自我需求,才能真正唤起学生的求知欲望,才能真正激活学生学习的内在动力,才能真正使学生成为学习的主人。

衷心希望这套丛书能够为全国的中小学教育工作者提供借鉴。

2012 年 2 月

(朱慕菊:国家基础教育课程教材专家工作委员会秘书长)

前言

禹 明

最近，国家九年义务教育课程标准正式公布了。在总结我国十多年来基础教育课程改革经验的基础上，教育部正式公布的国家九年义务教育课程标准在强调德育领先、坚持渗透社会主义核心价值观的同时，特别强调了对学生创新精神和实践能力的培养。而要实现这一点，我们就要继续转变中小学课堂教学方式，在课堂上尊重学生，充分调动学生的积极性和主动精神，培养学生的批判性思维和学生的实践能力。为了学习，落实国家九年义务教育课程标准的精神，帮助中小学教师转变课堂教学方式，北京大学出版社出版了《21世纪教学活动设计案例精选丛书》，以帮助中小学各学科教师更好地在国家九年义务教育课程标准的指导下，研究课堂教学，改进课堂教学，提高基础教育的教育质量。

我们一直强调教学过程的重要性。因为学生知识的获取，能力的提升，情感的变化都是在教学过程中逐步实现的。教学过程要由一个一个教学活动构成。要想实现有效的教学过程，一定要设计好每一个教学活动，使教学活动符合学生的认知发展水平，符合学生的实际生活经历。在设计教学活动时，要考虑在活动中学生学什么？怎样学？学得怎样？要考虑如何让学生主动学习，合作学习，探究学习。一堂课是否有效与课堂教学活动的好坏正相关，学生是否能成为课堂学习的主人也与课堂教学设计的好坏正相关。因此，研究课堂教学活动的设计是课程改革的需要，是落实国家九年义务教育课程标准的需要，也是中小学教师专业发展的需要。

《21世纪教学活动设计案例精选丛书》的编写不以某一版本的教材为依据。它是根据基础教育课程改革的基本理念，依据国家九年义务教育课程标准编写的。这就使本丛书具有普适性，可供使用任何版本教材教学的中小学教师参考使用。本丛书收集的活动设计，有别于教育教学案例，它是课堂教学中的某个教学环节，或是精心设计的导入，或是针对具体学习任务而设计的小游戏。每一个教学活动设计体现了以学生为主体的理念，而且经过了多年教学实践的检验，行之有效。由于丛书提供的活动类型多样，宛如一个课堂教学活动设计的“超市”，各个学科的教师完全可以根据自己教学的实际需要，任意选用或组合，也可以在现有基础上改造与创新。在编写本丛书时，我们并没有强求体例一致，这样，我们可以保存每个教学活动设计的个性与特点，体现教学活动设计的多元化。对于广大的一线中小学教师而言，本丛书是实用的教学参考书，因为本丛书的作者都是来自教学第一线，他们的教学活动设计就是在教学第一线产生的。

《21 世纪教学活动设计案例精选丛书》是一套“草根”作品，散发着浓浓的芳草气息，而课程改革的春天不正是弥漫着这股清香味么？愿同行们喜欢它，也期待着你们的指教。

2012 年 2 月

于深圳市教育科学研究院

（禹明：特级教师，教育部教师教育课程资源专家委员会专家，教育部“国培计划”首批教师培训专家，教育部九年义务教育课程标准综合审议专家，教育部外国人子女学校认证专家组专家，深圳大学师范学院兼职教授，教育硕士导师）

编者说明

师范院校的教师职业技能培养的严重缺失，课程改革培训中重理论轻教法的倾向，教师职业技能方面专业引领的不足，这些是导致课程改革中出现诸多问题的重要原因。改变教师的教育理念非常重要，但新的理念不是自然而然地就能转化为新的教学设计和行为的。在这个过程中需要专业技能的支撑，比如如何上好讨论课，如何通过游戏使学生掌握英语的时态，如何使学生通过有趣的活动认识数学的抽象概念，如何让学生通过讨论春游的安排了解人民代表大会的议事程序，等等。新的课程理念只有在这些细节的落实之处才能真正体现出来——这就是我们编写这套《21 世纪教学活动设计案例精选丛书》的初衷。

谁是教师职业技能培养的引领者？是那些将自己的热情和智慧奉献给课程改革事业的富有创造性的教师们。南山区的教师们在这方面作出了有益的探索。本套丛书所收集的活动，不同于以往的案例，它是课堂上的一个教学环节，或是一种精心设计的导入，或是一个针对具体的学习任务而设计的小游戏……每一个活动设计都体现了以学生为主体的理念，都已经被教学实践证明是行之有效的好方法。

这套丛书没有依据某一个版本的教材，而是按照课程改革的理念，依据课程标准编写的，这就使得这套丛书具有了普适性，使用任何版本教材教学的教师都可以使用。其中所设计的活动的类型多种多样，宛如一个课堂活动的“超市”，教师可以根据自己教学的需要，任意选用和组合。即便是每本书或每个设计，我们也没有强求体例一致，我们想让每个教师鲜明的个性跃然纸上。这套丛书是教师的实用参考书。

当教师们的职业技能逐渐提高的时候，课程改革的事业就会展现出更加绚丽的前景！我们编写本套丛书的目的，是希望为提高教师的职业技能贡献一份力量。我们也期待热心的读者提出宝贵的意见。

目　录

三、情感体验活动设计

四、教学拓展活动设计

五、口语交际活动设计

六、其他教学活动设计

一、朗读感悟活动设计

以读为本　培养语感

——《雨点儿》语感训练活动设计

（一年级适用）

【设计内容】

《雨点儿》这篇课文以童话的形式再现了春雨过后大地回春的情景，阐述了雨水与植物的关系。本课设计旨在通过阅读实践，培养和发展学生的语感，提高学生对语言的感受、理解与品评能力。

【设计理念】

语感训练是语文新课标赋予语文教学的一个重要任务。在新课标中，把“培养语感”、“发展语感”、“形成良好语感”等纳入了“语文素养”的范畴，并有计划地分解、落实到了各个阶段的课程目标中。语感训练能够成为语文教学不可或缺的一个重要任务，主要是由它的学科性质和特点所决定的。语文是母语课程，重在实践和运用，这就要求学生对语言有一种特殊的敏锐的感受力，能根据汉语言的特点，准确把握语言的形象、意蕴、情趣，这样才能达成“正确地理解和运用祖国语言文字”这一总体目标。培养和发展语感，重要的方法和途径就是阅读实践，让学生在大量的有效的阅读实践中，接触、感受语言材料，捕捉语言信息，准确地理解和体味语言，从而形成良好的语感。

【活动目标】

在教学中坚持以读为本，通过“启读引趣——初读入境——细读自悟——品读体情——熟读积累”等教学活动来提高学生对语言的感受、领悟与表达能力，丰富学生的语言积累，促进学生语文素养的形成与发展。

【活动过程】

一、启读引趣

阅读是学生的自主行为，学生的兴趣、需要、动机是阅读实践的前提和保证。因此，在引导学生阅读的时候，首先应激发学生的阅读兴趣，让学生积极主动地参与到阅读实践中来。这里可以这样设计：

老师可以让同学们闭上小眼睛听一段录音，然后问学生从录音中听到了什么或“看”到了什么，以此来调动学生的思维与想像，激发他们学习的兴趣。当学生从录音中感受或想像到下雨的情景时，老师适时地引导学生进入课文，走进课文所描绘的具体情境中，这时学生一定会兴趣盎然，把阅读训练变为自己的一种自觉行为。

（这一环节的设计，旨在激发学生的阅读欲望，使阅读成为学生的一种自我需要，而不是一种单纯的任务。有助于学生联系自己的生活实际，借助生活经验来理解、领悟课文内容。）

二、初读入境

对语言情境或形象的把握，是语感训练的一个重要任务。在教学中，要引导学生通过独立的、循序渐进的阅读实践，来逐步感知和把握，不能操之过急。初读时，只要求学生能够整体感知课文内容，大致了解课文所描绘的情境，为后面的感悟、品评、欣赏做好必要的铺垫。

在学生初读前，老师可以这样指导学生：请同学们寻找伙伴，把课文自由地读一遍，读完以后想一想：你从课文中又看到了什么、听到了什么、发现了什么？把你发现到的给大家说一说。这时学生会根据自己的实际说出自己的感受、体会和发现，在相互的描述、补充中，学生就会自然而然地把握课文的主要内容，进入到文章的情境中。

（初读重在感知，重在入境。在这一环节中，教师把阅读体验的机会留给了学生自己，让学生在"自读"中整体感知课文内容，自主地进入语言情境，获得初步的体验和感受。）

三、细读自悟

语文课程标准指出：评价学生的朗读，还应注意考查学生对内容的理解和文体的把握。由此可见，对内容的理解和探究也是"读"要达成的目标之一，我们不能为读而读，要通过"读"着力提高学生对语言的准确理解和体悟能力。

在指导学生细读时，老师可以这样引导：我们刚才已经一起走进了课文中，大家想一想：这么多的雨点儿是从哪里来的呢？请你把有关的句子找出来认真地读一读。然后让学生细读第一自然段，并指名回答。学生会结合课文的句子回答："数不清的雨点儿从云彩里飘落下来。"这时老师可以相机引导："数不清"、"飘落"是什么意思？谁能把它的意思给"读"出来，或者用动作"做出来"？让学生在自读或表演中把词语的意思形象化地表达出来。

在理解第二至五自然段时可以采取类似的方法，以"读"促悟。在阅读的方式上，可以选择自由读、分角色读等，重点练读大雨点儿与小雨点儿的对话，体会大雨点儿与小雨点儿的不同语气和各自不同的目的，教师随机引导：大雨点儿和小雨点儿后来都到了哪些地方？他们到过的地方都发生了什么变化呢？揭示出雨水与植物的关系。

四、品读体情

语言本身的情趣和美感，需要"品读"才能准确地体味和把握。品读就是在读中体味，在读中欣赏，在读中产生情感的共鸣。

在指导学生品读时，老师可以先让学生看一个画面，亲自感受一下雨点儿给大地所带来的这些变化。（出示动画：春雨丝丝、万物复苏的情景）然后老师提出问题，引发思考：看了画面，你最想说什么？让学生说出自己独特的感悟和体验，在此基础上老师进行引导：雨点儿不仅是大地的好朋友，还是我们人类的好朋友，下面让我们一起把这段话美美地读一遍，表达我们对雨点儿的喜爱之情。

在学生声情并茂地朗读后，老师进一步启发：你觉得这段话哪些地方写得特别美？

谁能够一边读一边做动作？让学生运用体态语言表达情感，阅读与表演结合，生动形象地表现语言的情趣与美感。

五、熟读积累

对各种语言材料的不断吸纳和积累，是提高学生语感能力的重要方法，也是学好语文的关键。因此在阅读训练中，一定要帮助和指导学生养成积累语言的习惯，增加语言的储备。在本课结束前，老师可以提出这样一个任务：请同学们根据屏幕上的提示，把第五自然段背下来。（出示课件，指导背诵）

在学生背下来后，老师再让学生伴着《小雨沙沙》的旋律，把自己当作雨点儿、小花、小草，一起有感情地朗读或背诵这一段。

（这一环节的设计遵循了学生学习语文的基本规律，把语言的习得和积累落实在了阅读教学的全过程，为学生语感的形成打下了坚实的基础。）

【设计评述】

这篇课文的教学设计，体现了以下三个特点：一是把语感能力的培养落实在了语文教学的全过程，凸显了语文的学科本质与特点，较好地体现了新课标的精神。二是把握了语文教学的基本特点——"实践性"，引导学生开展了大量有效的阅读实践，促进了学生语感的形成和发展。三是遵循了学生语文学习的基本规律——"个性化学习"，尊重学生对阅读方法的选择，尊重学生在阅读中的独特感悟，尊重学生个性化的表达，使学生在个性化的学习中，提高了对语言的理解、感悟能力，促进了学生对语言的习得和积累。

【资料链接】

1. 王美英：《论小学生语感心理机制及其教学策略》，《上海教育学会优秀论文选》，1998.1
2. 王美英：《重视语感》，载《辽宁教育》，1999 年第 8.8 期
3. 王美英：《语感教学模式的程序和策略》，《中国教育改革》，2002.7
4. 《在小学语文教学中培养学生的语感之策略》 http://www.obv.cn/jycc/lunwen/list/11111.htm

（深圳市南山区育才一小　许汝丽）

还学生自信、自主、自动的学习空间

——《荷叶圆圆》朗读训练活动设计

（一年级适用）

【设计内容】

《荷叶圆圆》是一个有趣的童话故事。课文借小水珠、小蜻蜓、小青蛙、小鱼儿之口，用拟人化的手法以及优美的语言，生动地描绘了夏日荷塘的美丽景色，抒发了对大自然和生活的热爱。朗读训练是本文教学的重点，要通过正确、流利、有感情的朗读让学生体会大自然的美。本设计努力实现教师在朗读感悟中铺路搭桥、沟通学路、纠正偏误的角色定位，在引领学生自读自悟的过程中，还学生自信、自主、自动的学习空间。

【设计理念】

新课程标准下的新教材，关注学生的学习兴趣和生活经验，倡导自主、合作、探究的学习方式。这就要求教师深入并充分地了解学生，从学生的实际出发，引导学生主动积极地学习。教师在教学中，应顺应儿童的自我需要，让学生在自读自悟中、自我实践中、自我体验中去学习语文，去挖掘自己的潜力。教师应为学生创设良好的自主学习的情境，激发学生的学习兴趣，注重培养学生自主学习的意识和习惯，尊重学生的个体差异，引导和鼓励学生选择适合自己的学习方式。本篇教学活动设计力争达到的，就是让学生在自主学习中增强自信心，发挥能动性，成为学习的主人。

【活动目标】

通过创设良好的自主学习情境，以学生原有的知识经验为基础激发学生的朗读兴趣；在教师的适当点拨下，引领学生自读、自悟，为学生的朗读感悟插上想像的翅膀；让学生在想像说话中提高语言表达能力，深化对课文内容的理解。

【活动准备】

与课文内容相关的多媒体教学课件（含荷叶视频、课文插图、课文片段、生字认读）；与荷花、荷叶有关的儿歌阅读材料；荷叶、水珠、蜻蜓、青蛙、小鱼的图片。

【活动过程】

一、创设情境，自主阅读——敢读、愿读

开课伊始，教师播放一段荷塘的视频，创设出教师带着学生到大自然中去寻找夏天的课堂情境，继而引出了课文内容。学生通过观察、说话、交流，对荷叶有了初步的认识，开始有了阅读课文的愿望，但生字还没有学，课文能读得怎么样呢？这一环节的朗读训练活动是这样设计的：

片段1：听听我读得怎么样？

教师先让学生通过自由读课文，把生字宝宝圈出来。然后教师声情并茂地把课文范读一遍，并提示学生认真听读，特别注意听生字宝宝老师是怎么读的。这时，学生有的在认真倾听，有的在小声跟读。范读后，教师鼓励学生学着老师的样子把课文读一读。学生自由读书时，教师在其间巡视，纠误正音，并不时对读得好的学生拍头、摸脸表示嘉奖。待几遍下来，学生已经把课文读通、读顺了之后，教师安排了一个朗读展示活动，让每一个小朋友找到自己的学习伙伴展示朗读，比比看谁读得更好，互相提提意见。对自己已充满信心的学生纷纷自主选择学习伙伴，大胆地展示自己的读书水平，读后还相互交流。最后，教师再分别请不同层次的学生站起来对全班同学进行汇报朗读，让大家一起欣赏、评价。

（对一年级的孩子来说，“模仿是最好的老师”。教师声情并茂的范读，为孩子奠定了一个学习的基础。但由于学生是有个体差异的，教师没有设定统一的感知目标，而是放手让学生自由读课文后自主选择自己的学习伙伴展示读书，读完后互相交流读的体会，知道什么说什么，了解多少说多少。这样做的目的是让学生在宽松的环境中交流朗读的体会，展示分享自己的朗读成果，让学生认识到自己学习的价值，增强学生的主人翁意识，从而萌发读书兴趣，敢读书、愿读书。）

二、感受体验，激活思维——乐读、美读

阅读教学要“珍视学生独特的感受、体验和理解”，要让学生“有所感悟和思考”。以体验感悟为手段和过程的阅读教学，实质上是个体在情感驱动下的感性化的阅读理解过程。这样的过程自然不需要“科学”的分析和理性的说教，而是需要对话、激励、交流和表现。

学生的感受是通过朗读来实现的，“读书百遍，其义自见”，朗读是学生对课文理解认识的外化表现，因此朗读应该是带有浓厚个性化色彩的。学生敢读书了，愿意读书了，如何读出韵味、读出乐趣来呢？本篇课文是用儿童的眼光来看世界的，反映的是儿童的生活和想像，这就为体验、感悟型阅读的开展提供了一个很好的平台。因此，接下来的朗读感悟训练活动是这样设计的：

片段2：介绍我喜欢的小伙伴

教师在学生有感情地朗读课文之后，提出要求：“课文里向我们介绍了几个小伙伴，你喜欢哪个小伙伴，就读读那个小伙伴的一段课文。读完后再请你给大家介绍一下你喜欢的这个小伙伴。”学生争先恐后地开始介绍，一个孩子绘声绘色地说：“荷叶圆圆的，绿绿的。小水珠说：‘荷叶是我的摇篮。’小水珠躺在荷叶上，眨着亮晶晶的眼睛。”教师及时给予肯定，并让全班同学学着她的样子读一遍课文。另一个孩子说：“荷叶圆圆的，绿绿的。小青蛙说：‘荷叶是我的歌台。’小青蛙蹲在荷叶上，呱呱地放声歌唱。呱，呱，呱！”由于他加上了自己的表情，说得活灵活现，引起大家一阵笑声和掌声。教师马上适时地加以点拨：“他介绍得好吗？好在哪里？”学生立刻有了自己的发现：“他把小青蛙是怎么唱歌的都介绍出来了。呱，呱，呱！”“他的声音很粗。呱，呱，呱！真像一只大青蛙。""他的表情好，显得很神气，就像一个大歌星！"教师也笑着说："那大家都来像他这样当一次大歌星吧！"于是大家一起兴致勃勃地读课文。还有一个孩子这样说："我介绍小鱼儿。小鱼儿在荷叶下笑嘻嘻地游来游去，捧起一朵朵很美很美的水花。"说完大幅度地挥动着手臂，"——哗——哗——"教师马上加以纠正："水花太大，可不像小鱼儿，倒像一条大鲨鱼！你能把大鲨鱼变成小鱼儿吗？"学生想了想，改成手掌轻柔地翻动，"哗，哗，哗"。

（对同一篇课文或课文中同一个角色，学生站在不同的角度，往往会产生不尽相同的感受。这一环节的朗读训练活动设计，不从技巧入手，不追求抑扬顿挫的整齐的朗读效果，而是努力去创设一种民主、平等、宽容、和谐的教学气氛，尊重学生的独特感受，让学生们在充分体验的基础上，根据自己的理解，自由选择朗读方式，自由地将内心对荷叶的喜爱自然而然地释放于朗读之中，激励孩子在不经意间走进课文，表现自我，读出不同的感情色彩，在自悟自得中感受朗读的乐趣。）

片段3：和荷叶姐姐在一起

教师在地上铺上用绿纸板做成的大荷叶，戴上荷花头饰，问："美丽的荷叶引来了许多小伙伴，我是荷叶姐姐，你们是谁呀？"学生纷纷回答道："我是小水珠。""我是小蜻蜓。""我是小青蛙。""我是小鱼儿。"教师又问："你们喜欢在哪儿玩耍？是怎么玩儿的呀？"学生围在"荷叶姐姐"身边，表演小水珠的"躺"，小蜻蜓的"立"，小青蛙的"蹲"，小鱼儿的"游"。学生玩得兴致盎然，教师抓住时机引导："小伙伴们，你们玩得高兴吗？能说说你的感受吗？"这时，感情的抒发已经水到渠成，学生很自然地用自己所领悟到的情感，通过朗读来表达自己的感受。

（要想使学生通过朗读达到有效的感悟，调动学生的情感参与至关重要。让学生在不知不觉中将自己当成课文中的主人公去感受事物、体悟情感、体验生活，完成角色的移位，这样的朗读训练自然到位，学生的理解也得以深化。）

片段4：我是小小配音员

教师（出示课文插图）："一段优美的文字就是一幅美丽的图画，看看这些图画，你想说些什么呢？可以照着书上说，也可以用自己的话来说。"

学生（挥动手臂，作翅膀扇动的样子）："我是一只小蜻蜓，荷叶是我的停机坪。我立在碧绿的荷叶上，展开透明的翅膀，飞呀飞。"

教师："'碧绿'这个词用得好！不过，你已经立在停机坪上了，还能再'飞呀飞'吗？"

学生："不能了。"

教师："那应该怎么说？"

学生："我立在碧绿的荷叶上，展开透明的翅膀，大家看我多美丽呀！"

（实验教材中的每一篇课文都是经过精心挑选和编排的，注意到了知识的系统性和科学性。教师应注意课文中关键词语的点拨，使抽象概括的词语变成具体鲜活的语言形象。抓住"立"字进行朗读的推敲，不但能更好地读出文章的味道，同时还培养了学生的语言感知能力。）

【设计评述】

课堂活动是师生共同建构精神生活的活动，由学生自身生发出的个性化体验，是诸多讲授、诠释、问答所无法取代的。在这个教学活动设计中，教师是服务员（帮学生确定朗读的目标和方向，解决学生在感悟中的困难）、是联络员（组织学生相互传递学习信息）、是评论员（纠正偏误查漏补缺，让学生学有所获），给了学生充分的展示自我、自主选择学习内容和学习方式、自读自悟自动的自主学习空间。在这个空间中生发出的想像的涟漪，能使学生感受到美的愉悦，成功的快感，生活的丰富，视野的敞亮。

（深圳市南山区海湾小学　谢　萍）

在朗读感悟中享受语文

——《狮子和鹿》朗读感悟活动设计

（三年级适用）

【设计内容】

《狮子和鹿》是人教版小学语文课标实验教材三年级上册的一篇寓言故事，讲的是鹿一心赞美自己的角精美别致，抱怨自己的腿太细配不上两只美丽的鹿角，最后却因鹿角差点送命，而因鹿腿狮口逃生的故事。这里设计的是本课教学中朗读感悟促创新思维的活动过程。

【设计理念】

朗读作为语文教学的永恒主题，有着非凡的魅力。由于三年级学生的抽象思维还离不开具体形象的支撑，探求寓意，须引导学生凭借想像将文字变成活动的生活画面，激活学生对语言的感悟，在此基础上再以读促思。这样才能既训练学生的语言表达能力，又使学生的理解得以深化。

【活动目标】

通过利用寓体的形象性去创设情境，将学生带入课文所描述的情景之中。再通过扩展创新思维训练，引导学生在深切的感受中领悟寓意所在。

【活动过程】

一、体会鹿对鹿角和鹿腿前后两种不同的态度

这则寓言的开头和结尾分别写出了鹿对自己的角和腿的不同的看法，这是个不错的朗读训练点，可通过前后对比朗读，让学生体会到鹿的思想在悄然发生转变。

教师引导："同学们，现在我们就是这只漂亮雄健的公鹿，来到池边喝水，突然发现了自己倒映在水里的影子，来，谁快来夸夸自己。"

学生对于这种形式的朗读投入了很大的热情，面前的课桌仿佛就是那池清水，他们对着"镜子似的湖面"发自内心地赞叹道："啊！我的身段多么匀称，我的角多么精美别致，好像两束美丽的珊瑚！""唉，这四条腿太细了，怎么配得上这两只美丽的角呢？"

（这一朗读训练，使学生自然而然地走进文本，和文本对话，为下文体会鹿的思想转变，奠定了基础。）

二、感悟鹿遇险的经过

课文第五、六自然段，写鹿遇险的经过，真是有惊无险。学生初读时，可能会显得四

平八稳，漫不经心，几经启发之后，学生在朗读速度上是加快了，但让人倒抽一口冷气的惊险却还感受不到。

教师："同学们，看过'动物世界'吗，看到过猛兽追赶猎物时那惊心动魄的场面吗？对于弱者来说，那将是一场生与死的考验。现在我们就到森林深处去亲自体验一下。闭上眼睛：清清的池水边，一头公鹿正在悠然地喝水，突然它发现了自己映在水里的影子，身材是那样匀称，皮毛是那样光滑，特别是两只鹿角就像两束美丽的珊瑚。一阵风吹来，他忘情地欣赏着，殊不知远处的树丛中，两只虎视眈眈的眼睛正在注视着它，一场厄运就这样降临了，鹿猛一回头……（惊叫）哎呀，一头狮子正悄悄地向自己逼近，鹿不敢犹豫，撒开长腿就跑。……这次，狮子没有追上。"

（读到这儿，学生能体会到那种劫后余生的感觉，有一些"惊心"了，但还算不上"动魄"。）

教师："大家刚才都看到什么了？"

学生可能会说："我看见鹿猛一回头，一头大狮子正悄悄朝这边走来。说时迟那时快，鹿拔腿就跑起来，再晚一点点，就没命了。我想这头鹿大难不死必有后福。"也有学生可能会说："当看见鹿角被树枝挂住的时候，我想鹿心里一定暗暗在骂，这该死的鹿角偏偏这时候挂住树杈，这不是想害我吗？"也有学生可能从另外一个角度想到："狮子猛扑上去的时候，鹿心里很紧张，啊！多亏了这四条有力的腿呀！"

教师小结："这叫有惊无险。大家体会得很好，不过，我还想提个建议，当大家读到'哎呀，一头狮子正悄悄地向自己逼近'时，就在后面写上三个字'好险啊'；读到'鹿使劲一扯，才把鹿角从树枝中挣脱出来'的时候，也写上三个字'好险啊'。咱们再把这两段连起来读一读，体会体会。"

师生读得都很投入，那惊险的一幕幕，仿佛刚刚发生过。

教师再一次动员："咱们一次比一次体会得好。下面我们再读的时候，要求提高了。'好险啊'这三个字，让它们悄悄地藏在心里，只在心里暗暗想：好险啊！"

教师再次引读，师生合作整读课文第五、六自然段。

教师总结："我想这回大家完全可以给'动物世界'配音了。"

孩子们仿佛意犹未尽，开心地笑了。

（在读书的过程中，不可小看老师的"导悟"作用，有时老师艺术性的寥寥几语就能起到四两拨千斤的功效。在这一段的朗读训练里，通过老师一次次深入引导，学生的思维、想像、情感等心智活动一次次主动参与到朗读实践中。老师把颖悟的心灵交给学生，创造了一个充满生机和灵性的精神世界与学生共享，潜移默化中老师就成了学生精神文化之旅的亲切导游。）

三、辩论鹿是否该锯掉鹿角

教师："经历了这次灾难之后，鹿痛定思痛，幡然省悟，它毅然锯掉了头上那两只美丽的角，同学们讨论一下：鹿该不该这样做呢？"

学生经过小组讨论之后自然会形成正反两方。

正："我觉得给自己带来灾难的东西就应该锯掉。"

反："我觉得不应该一时冲动，就锯掉鹿角，万一有一天，鹿被追得筋疲力尽跑不动的时候，不是连跟狮子搏斗的武器都没有了吗？不是危险更大吗？"

正:“我觉得鹿会锯掉鹿角,它吃了一回亏了以后,一定不敢掉以轻心,它会苦练奔跑的本领,从速度上胜过敌人,或者过群居的生活。”

正:“对,生活在森林里,到处是枝枝杈杈,有鹿角的确不方便,而且还多一分危险,锯掉更好。”

反:“我反对,我觉得事情并不简单,不能因为鹿角这次挂住了树枝就锯掉鹿角,那下次腿跑得不够快了,是不是就应该锯掉四条腿呢?鹿应该认识到‘角’和‘腿’各自的优点,扬长避短,再苦练奔跑的本领和敏捷的听力,正确看待‘角’和‘腿’的长处和不足,我想就不会有太多危险了。”

教师拓展:“很高兴同学们能从这则寓言中悟到很多东西。像我们熟悉的《龟兔赛跑》选自《伊索寓言》,它语言凝练,寓意深刻,大多用拟人的手法,用一个简短的动物故事来说明一个道理。在这个脚步匆匆的世界里,寓言是一种别致的快餐,能让我们在读后获得智慧的启迪和精神的满足,希望同学们能和寓言交上朋友。”

(这一过程,完全激活了学生思维的兴奋点,在小组激烈的辩论中,孩子们据理力争,运用分析、推理等思维方式,争先恐后地阐述自己的观点,思想的交锋使课堂上高潮迭起。然后老师不失时机地向孩子们推荐了这一特点鲜明又深受大家喜爱的文学体裁,激起了学生强烈的阅读愿望。)

【设计评述】

当学生进入充满情感的朗读状态时,就会自主领悟内容,品味情感。这节课,有精心创设的情景,师生在朗读想像中深化了对课文的理解。心要得其义,口必得其语。在对课文进行了高质量的研读之后,这节课又引动了激烈的思维碰撞。在这节课里,教者注重了朗读感悟和思维训练的和谐共振,使两者得到了完美的结合。

【资料链接】

《伊索寓言》为公元前6世纪希腊寓言家伊索所作,通过简短的小寓言故事来体现日常生活中那些不为我们察觉的真理。这些小故事各具魅力,言简意赅,平易近人,读者众多,在文学史上有着重大的影响。作家,诗人、哲学家、平常百姓都从中得到过启发和乐趣。例如:《龟兔赛跑》、《农夫和狼》、《酸的和甜的》等故事家喻户晓。到了几千年后的今天,伊索寓言已成为西方寓言文学的范本,也是世界上流传最广的经典作品之一。

(深圳市南山区后海小学　闫　漯)

让情感之泉随琅琅书声流淌

——《泉水》朗读训练活动设计

（二年级适用）

【设计内容】

《泉水》一文用优美的文字描述泉水从山间石缝里冲出，流过山腰的水池、山间的平地、山坡的果园、静静的山谷，最后欢快地流向大海，展现了一幅幅美好的画面。全文感情真挚，洋溢着对泉水的赞美之情。以下展示的是本课教学的朗读训练活动过程。

【设计理念】

语文课程有着丰富的人文内涵，语文阅读教学应根植于情感，而朗读是加深学生情感体验的最好方法。《语文课程标准》中指出："小学各年级的阅读教学都要重视朗读，在阅读中陶冶孩子们的情感，激发想像。"本课教学充分把握教材本身具有的"情感丰富，意境优美"的特点，设计了以读为本的主线，开展形式丰富多样的朗读活动，让学生口诵文字，心入其境，以朗读来倾吐自己的心，从而入情入境，感受到全文的语言美，情感美，获得情感体验，受到美的陶冶。

【活动目标】

通过形式多样、层次分明的朗读活动，引导学生自读自悟，认识泉水"多、清、甜、美"的特点，体会泉水一路无私奉献的精神和奉献的幸福感，体验情感，陶冶情操；品味课文的语言美和文本描绘的意境美，通过背诵主动积累语言；激发起阅读兴趣，感受阅读的乐趣。

【活动准备】

每个学生在课前设计制作一个"泉水"头饰，教师准备一段用于配乐朗读的音乐并制作多媒体课件。

【活动过程】

一、配乐范读，入境生情

课文描述了泉水流向大海的旅途，这为引领学生进入情境、把情感融入课文提供了一个绝佳的切入点。教学在创设旅游情境、配乐范读中开始：

师："今天，我们要和泉水一块去旅游，请大家戴上自己设计的旅游帽。"

生兴奋地戴上课前自主设计制作的"泉水"头饰。

师（戴"泉水"头饰）："欢迎大家参加'泉水'自助旅游团，我是大家的导游，我们的旅

途将有优美的音乐、可爱的泉水相伴，让我们一起出发吧！”（配乐范读全文）

生认真倾听，进入情境。

师：“看到你们明亮的眼睛，微笑的脸庞，我知道大家还陶醉在旅游的愉悦中。回顾这趟旅游，我们到过什么地方？看到了什么？”

生可以先自由快速读读课文，再回答，说出课文大意。

师：“泉水带你们到了这么多地方，它给你留下了什么印象？请给它个评语吧。”（出示课件：__________的泉水）

生举手回答说：很多很多的泉水，很清很清的泉水，很甜很甜的泉水，很美很美的泉水，乐于助人、无私奉献的泉水。

泉水“乐于助人、无私奉献”这一特点是学生不易发现的。在学生回答的过程中，教师要随机引导，让学生从泉水在旅途中所做的事情中发现泉水的品质美好。

（在轻快优美的音乐声中，教师声情并茂地朗读，让学生兴致勃勃地和泉水一起踏上旅途，进入情境。在愉快的旅途中，学生又不知不觉把自己的情感融入课文，人文一体，为感悟课文打下良好的情感基础。同时，学生有了整体感知课文的机会，能初步了解到泉水的特点和美好品质。）

二、自主读悟，体验情感

学生进入课文情境，对课文有了整体的感知。在此基础上，可以引导学生自读自悟，充分感受文章中蕴含的美好情感，获得情感体验。

师：“美好的旅途总能让人久久地回味，我们就用有感情的朗读来回味这次的旅游经历，再一次体会泉水的‘多、清、甜、美’的特点，更好地去感受泉水的美好品质。大家挑选一段先自己练习读，再读给旁边的同伴听听。”

生自由选择段落练习朗读，再和同桌或学习小组的同伴互读互评。教师了解朗读情况，进行必要的指导。

师：“谁来带大家重温旅途中的一站？其他同学在他朗读完后可以当评论员来评议，当小记者来提问，做挑战者来挑战。”

生分别选择段落展示朗读，其他同学适时评议、挑战或提出不理解的问题。如：“我来评一评，你读得很流利了，但你能把泉水读得更清些吗？”“泉水是很大方地对果树说：照吧，照吧！第二个‘照吧’后边的标点符号是感叹号，我觉得后一个词的语气要更强烈些。”“我觉得泉水要给小鸟弹琴，它也是很快乐的。我能读得更好，我要挑战！”“请问‘天然水塔’是指什么？”……。

（这一环节让学生互读、互评、互问，给学生提供了一个自主读悟、合作互助的机会，培养了学生的自主与合作意识。在积极地评议、挑战和提问中，学生的朗读感悟闪现出个性和灵性，朗读能力、感受能力在不断提高。朗读水平渐入佳境，读出了美，读出了情，体验到了文中蕴含的美好情感，受到了美的熏陶。）

三、巧妙导读，“情”“趣”共生

课文的第六段写泉水跑下山去，遇到很多伙伴，它们互相问候，互相约定。这一段与二至五段相比，在写法上起了变化。那么在朗读训练的方法上作一些变化，既可丰富朗读的形式，又能增加朗读训练的趣味性。

师："我特别想读这一段，但又担心自己读不好，所以想请你们当我的小老师，听听我有没有读错，等会儿帮我指出来，好吗？"（读第六段，故意漏读"欢快的"、"好多"几个词以及泉水之间的对话。）

生认真听后举手。

师："小老师们都要来帮助我了，不过我想请你们只用读的方式来提示我，让我发现自己有哪些地方读错了。"

生读第六段，有意识地把老师漏读部分重读，读出了感情。

师："谢谢你们，我竟然少读了好几个词语呢！那么，如果比比我们俩的朗读，你们又发现了什么？"

生："这个同学把课文读正确了，而且把您漏读的词读成重音了，比您读得更有感情。"

（教师故意犯错，漏读词语，请学生当小老师，有效地激发了学生的兴趣。再引导学生用朗读的方式提示教师，并发现两种读法在效果上的区别，学生在愉快的情绪中体会到本段朗读的重点，使朗读更具情感。）

四、诵读积累，升华情感

本文读起来富有音乐感，琅琅上口。学生对课文有了充分的感悟，入情入境，可以让学生背诵课文，积累语言，培养语感，升华情感。

师："多么愉快的旅途呀，如果把这些文字背下来，美好的感受就会久久地留在我们的记忆中。选择你最喜欢的一段背诵下来。"（播放轻快优美的背景音乐）

生在音乐声中自由背诵。

（让学生背诵自己喜欢的段落，在选择段落的过程中，学生就有了情感的参与。在背景音乐中，学生入情地背诵，文字的美、情感的美又一次陶冶着他们的心灵，情感再次得到了升华。此外，音乐环境下的背诵更符合暗示教学法原则，学生的记忆会更深刻、更牢固。）

【设计评述】

《泉水》一课的设计，成功地挖掘了文本的人文内涵，激发了学生的情感，并使学生情感得到升华，培养了学生的语文素养。教学充分体现了"情为主线，以读为本"的特点，读的指导体现了形式美、层次美。运用了多种形式的朗读：教师的范读，学生的悟读，相互之间的评读、挑战读，师生的合作读等等。多样的形式有效地激发起学生的朗读兴趣，促进情感的生成。课堂上，声情并茂的范读营造了美好的氛围，引导学生进入课文情境，受到感染；自主读悟的设计尊重了学生的个性化体验，使他们拥有自主的空间，能读出自己的思想、自己的情感和对文本自主的感悟；配乐诵读让学生在积累语言的同时得到情感的升华……这也充分体现了朗读指导的层次性，更体现了教者关注学生、以人为本的意识。整个课堂上，以读激情，在读中感悟、在读中积累、在读中训练语感。学生的心在朗读声中跟着清泉流淌，心底不断涌起美好的情感。

（深圳市南山区珠光小学　戴红美）

读出心中的秋天

——《听听，秋的声音》个性化阅读活动设计

（三年级适用）

【设计内容】

秋天，不仅有丰富的色彩，还有美妙的声音。《听听，秋的声音》这篇略读课文，作者通过抓住秋天里的一些声音，用诗的语言描绘秋天，赞美秋天。本文的教学活动设计以个性化阅读为立足点，让学生在自读自悟中找到心中的秋天。

【设计理念】

《语文课程标准》指出，"阅读是学生的个性化行为，不应以教师的分析来代替学生的阅读实践。应让学生在主动积极的思维和情感活动中，加深理解和体验，有所感悟和思考，受到情感熏陶，获得思想启迪，享受审美乐趣"，"要珍视学生独特的感受、体验和理解"。本篇教学活动设计的目的，就是要在课堂教学中贯彻落实这些教学理念。

【活动目标】

通过自由地选择自己喜欢的朗读方式，来传达对秋天的独特情感；通过自由地选择诗歌内容，交流感受，来表达对秋天的独特体验；通过自由地选画、续写诗歌内容，来丰富对秋天的深层认识，从而提高想像力、理解能力、表达能力和鉴赏力。

【活动准备】

1. 教师准备理查德·克莱德曼的钢琴曲《秋日私语》。

2. 布置学生收集与秋天有关的声音录音，如：落叶声、蛐蛐声、风声、雨声等，以作课文朗读的背景音乐。

【教学内容】

一、自定朗读方式，感受诗意

本课是一首现代诗，有感情的朗读是学习诗歌的很好的方式。在对诗歌的音节美的感受中，诗歌的内容美也能得到很好的体验。所以，教学时，在学生读准生字字音、读通句子之后，教师可以这样设计：

"同学们，你觉得用哪种朗读方式朗读课文才能读出你心目中的秋天呢？"

在平时的朗读训练中，学生已经掌握了不少朗读方式，所以回答这个问题并不困难。学生可能会这样答：

"我们可以分小节朗读，一人读一节。"

“可以一边读，一边想像秋天的画面。”

“还可以配上合适的音乐。”

“还可以一边读，一边做动作。”

……

教师根据学生的回答，在黑板上小结归纳：

1. 分节读　2. 想像读　3. 配乐读　4. 表演读

接着，教师再请学生选择自己最喜欢的朗读方法，把心目中的秋天有感情、有表情地读出来。选择同一种朗读方法的同学可以组成一个小组。

学生纷纷按照老师的要求，根据自己的喜好或四人一组，或三五成群地凑在一起，捧起书本兴致勃勃地读起来。想像组一边读一边微闭着眼睛，随着脑海里展现的一幅幅秋景图，脸部表情不时变化；配乐组走到录音机旁，揿下 play 键，随着优美舒缓的钢琴曲《秋日私语》抑扬顿挫、声情并茂地读着；表演组则随着课文内容一会儿做大树抖抖手臂，黄叶飘落，一会儿学大雁追上白云，秋风掠过田野，绘声绘色地表现诗歌内容……学生们徜徉在秋天里，从那优美的动作、沉醉的表情可以看出，他们心中感受的已不是黑白文字，而是秋的多姿多彩，别样韵味。

（针对诗歌教学的特点，让学生选择最感兴趣的学习方式作为教学活动的切入点，激活了学生的情感体验，在轻松的氛围中促使学生主动地走进了个性化的阅读世界。其实，这几种朗读方式是没有绝对界限的，学生读着读着就不知不觉地把各种方式糅合在一起，变成了分角色配乐表演朗读，实际上就达到了设计者的目的，即通过最佳组合的朗读方式去获得最佳朗读效果。所以，教师不事先安排学生要如何如何读，而是尊重学生个性化朗读方式的选择，创设乐读的氛围，这样学生才能全身心地投入，才能创造性地读出诗中描写的秋天的意境，才能读出对秋天的独特感受。学生的主体体验，使这一教学活动进入最佳状态。）

二、自选交流段落，升华诗情

学生全情朗读之后，必然对秋天有着更深的理解、诠释。教师此时设计让学生自由选择感受最深的诗句，说出自己心目中的秋天是什么样的。

此时的学生刚刚读完书，正有满肚子的话要说，不吐不快。大家争先恐后地述说着自己心中的独特的秋天。

有的说：“我觉得秋天的景物是非常懂礼貌的。你们看第一节，黄叶从大树上落下，要和大树道别；蟋蟀离开阳台，要和阳台告别；大雁追上白云，还会撒下暖暖的叮咛。”

有的说：“我觉得秋天是离别的季节。因为秋天一到，黄叶要离开大树，蟋蟀要离开阳台，大雁要离开原来的家，一阵阵秋风吹过，让人会想起远方的亲人，心里有点不舒服，想哭。”

有的说：“我喜欢秋天。你们听，‘一阵阵秋风掠过田野，送来一片丰收的歌吟’，秋天是丰收的季节，庄稼成熟了，黄澄澄的；果园里的各种果子也成熟了，我们有好多好多的水果吃，所以，我喜欢秋天。”

还有的说：“我觉得秋天是一个音乐家，他会弹奏各种各样的声音。叶子‘哗啦啦’，小花‘啪啪啪’，农民伯伯的汗水‘滴答滴答’，绽开的谷粒‘啪、啪、啪’，还有秋雨‘沙沙沙’、秋风‘呼呼呼’等，这些美妙的声音就像一曲交响乐，告诉我们，秋天来了。”

……

（有一千个读者，就有一千个哈姆雷特。学生个性化朗读之后对秋天的体会交流，并没有局限于统一的标准认识，而是畅所欲言自己对秋天独特的感受、体验和理解。原来秋天在孩子们的眼里是立体的，多棱的，富于变化的。看来，个性化阅读带给学生的最大益处就是阅读不是难事，只要说出心里真实的感受就行了。）

三、选画续写诗歌，想像情境

学生虽然畅谈了自己的阅读感受，但应该是意犹未尽的。教师此时让学生自由地选择自己印象最深的一节或几节诗歌，动笔画一画，画出心中的秋天，再给画面配上几句小诗，可以依据课文内容仿写，也可以续写。

以上教学活动设置是学生个性化阅读后内心感受的又一次展示，学生兴趣盎然。学生可能会画秋风落叶图，一阵阵秋风掠过，黄叶像翩翩起舞的蝴蝶，悄然落到树妈妈的脚下，一片黄叶上写着："树妈妈，我就要离开你了，你不要难过，明年春天我再来看你！"另一片黄叶上写着："树妈妈，我飘到你的脚下陪伴你。我要做你的养料，让你长得枝叶繁茂！"学生可能会画蓝蓝的天空下，一排大雁往南飞，在白云旁边留下温馨的话语："白云白云，你要飘到哪儿去呢？跟我一起去南方旅游吧！"学生笔下描绘得更多的可能是秋天丰收的画面。你看，一望无际的稻田像铺上一层金子，沉甸甸的高粱穗弯下了腰，雪白的棉花咧开了嘴；果园里，黄的梨，红的柿子，紫的葡萄，笑盈盈，挂满枝头。农民在忙着收割，果农忙着摘果子，辛勤的汗水一滴一滴地流下……画面的空白写着："秋天到，秋天到，稻子熟，果子香，丰收的季节人人爱！"也许还有的学生会用火红的枫叶、金黄的向日葵、五彩缤纷的菊花来表现美丽的秋景呢……

（这绝对是一个出彩的环节，不仅拓展延伸了诗歌内涵，渗透学科融合，还使学生的想像力和表达能力得到很好的培养。）

【设计评述】

这个教学活动的成功之处，就是呈现了在课堂教学中实施个性化阅读。在阅读教学中，只有充分尊重学生的主体地位，给学生学习的自由，并且珍视学生独特的感受、体验和理解，这样，学生的阅读兴趣才能日益浓厚，阅读个性才能充分发展，综合阅读能力才能逐步提高。

（深圳市南山区蛇口小学　李　惠）

文画互映　体情悟道

——《美丽的小兴安岭》以画促读活动设计

（三年级适用）

【设计内容】

《美丽的小兴安岭》这篇课文描述了我国东北小兴安岭一年四季的美丽景色和丰富物产。文中对小兴安岭景色的描写尤为优美，值得深入研究体会。

【设计理念】

教科书是学校语文教育的主要教学资源，但不是唯一的教学资源。美丽的山水风光就是我们可利用的教学资源，它们可以让学生们兴致盎然地学习语文。本活动设计立足于学生的发展，从学生的实际学情出发，引导他们进行想像、比照，由此激发学生的学习欲望，促使他们积极主动地阅读文本，在阅读中体情悟道。

【活动准备】

每人绘画工具一套，白纸若干张。小兴安岭四季图片若干张。

【活动目标】

以绘画的形式，通过想像成画、读文成画、对比合作成画、给画命名等环节，帮助学生进一步理解课文描述的美景，感悟课文所蕴涵的情感，并从中受到教育。

【活动过程】

一、出示课题，自想成画

激发学生展开想像可从题目入手，教师直接导入："这样一个简单的课题，假如它是一幅画的名字，能根据它想像出一幅画吗？你认为在画中会出现哪些景物呢？"

学生可能会有以下的回答：

1. 画上有大山、小河，还有树木。

2. 画上有太阳照着青青的小草，草地上有小动物们在玩耍，旁边还有松树、河流，远处还有大山。

3. 画上有猎人在打猎，后面的车上还有许多猎物。

4. 画上有一片树林，林中有一条被金黄的落叶铺满的小路。

……

（本环节的设计意图就是要激发学生的想像力。给学生提供想像的无限空间，任他们的思绪天马行空，只要想像得合理就给予肯定。这样，就激发了学生的想像热情，同时也为下面的想像对比埋下伏笔。)

二、自读课文,想像成画

给予学生充足的阅读课文时间,引导学生在读书时在头脑中再现读到的内容,展开想像,从文章中读出画来,提出明确的读书要求:

仔细地读课文,边读边想像,就要像“放电影”一样:想想你看到了什么?听到了什么?

学生读文后也许会说:

1. 我看到了在春天,树木发芽了,积雪融化了,听见了冰雪融化形成的小溪的流水声,小鹿也出来散步。

2. 我看到了浓雾满山。

3. 我听见小鸟清脆的叫声,看到了夏天山上的树木长得郁郁葱葱,遮天蔽日。

4. 我看到了漫山遍野白茫茫一片,分不清哪儿是山,哪儿是树。似乎听见北风呼啸的声音。

……

在此基础上教师请学生说说刚才他们看到的情景的显现有什么规律。

学生很容易就能找出来是按一年四季的时间顺序。

在此,顺势让学生喜欢哪个季节就选择哪个季节好好地读一读,争取看到得更多,听到得更多,想到得更多。

(这一教学环节的意图是通过读书,使图画在头脑中再现,培养学生的想像能力。同时,有选择地读书既尊重了学生的自主学习,也为下面的小组合作做了准备。)

三、合作讨论,绘画配词

在学生反复吟读自己喜欢的段落后,就会有新的发现,让他们用绘画的形式把自己的感觉表达出来。可以独立绘画,也可以小组合作。注意分工,有主笔,有参谋,有配解说词的。

学生们开始绘画。(注:此环节可安排在课外完成。)

学生汇报的内容一定会丰富多彩:

1. 我们小组画的是小兴安岭的春天。看!春姑娘来到了小兴安岭,她把手一挥,山岭变绿了,树木发芽了,积雪融化了,小溪唱歌啦!听,哗啦哗啦!

2. 我们小组画的是秋天。秋天的小兴安岭更美。看天,天更蓝了;看水,水更清了。树叶变黄了,在林中随着秋风飞舞。这时你要来小兴安岭,你会尝到可口的葡萄、香脆的榛子、鲜嫩的蘑菇。还等什么,快来吧!

3. 老师,我们还没说呢!我们小组画的是夏天,有三幅。夏天的小兴安岭最可爱。早晨的浓雾,正午的阳光,傍晚的夕阳,还有青山、绿树、小草、野花。而且树阴下不见阳光,十分阴凉,是避暑的好地方。

4. 我们组画的是冬季。书上也有一幅,我们的是动物过冬,有紫貂、黑熊、小松鼠。看,他们睡得多香呀!

……

(这个环节设计的主要意图是通过有选择地读书、绘画、合作讨论、撰写解说词,使学生和文本之间形成对话,在头脑中唤起清晰的表象。同时也培养了学生的表达能力以及合作学习的精神。)

四、对比欣赏,再次感悟

教师出示小兴安岭的四幅画:春、夏、秋、冬。

请学生欣赏比较一下,找优点,找缺点,并说说看了这些画心情怎样。

(学生们开始欣赏、比较、讨论。)

学生此时发表的看法最能体现个性:

1. 我们的画虽然有点幼稚,但是充满了自己的想像。
2. 老师的画很全面,不如我们的自由自在。
3. 很激动,很高兴。我为我们国家有这样美的地方感到很骄傲。
4. 假如我生活在这个地方多好啊!

……

教师可以趁热打铁让学生头脑中带着这些美丽的画面,深情地练习朗读课文。

(有比较才有鉴别,虽然说学生的鉴赏能力还很有限,但本环节的设计就是想给学生提供一个锻炼的机会。通过比较、谈感受、练习朗读,进一步增强对课文情感的理解感悟。)

五、给画起名,体情悟道

为再次加深学生对课文的理解,培养学生的概括能力,请学生给自己的画起名。在此时可先让学生谈谈给画起名字要注意什么?

学生也许会提以下几条:要有诗意;要能表现画的主题;还要简洁,有个性,让别人一下子就能记住……

在小组讨论之后,学生们可能会说出以下的名字:

1. 小兴安岭之春、夏、秋、冬系列。
2. 春韵,夏凉,秋高,冬洁。

……

顺水推舟请学生说说对这些画还有什么想法。

孩子的想法总是有令人欣赏的童真,他们会想:挂出去给别人看一看;可以搞个画展,让更多的人来了解小兴安岭,了解我们的大好河山;除了有画以外,还要配上解说词,要不然别人弄不明白;要注意解说词的写法,得有创意……

(给画起名字体现了学生对课文的理解,对感情的领悟,充满了对小兴安岭的赞美。通过举办画展让更多人了解祖国大好河山这一想法,说明学生的思想受到了震动,灵魂得到了升华。)

【设计评述】

本设计把语文学习的手段扩大化,走向综合学习的新路。以想像作画为先导,以读文想画为铺垫,以作画配词为突破,以谈画促读为重点,以给画起名为小结,以举办画展为拓展,形成一个层层推进的学习过程,同时有机地把尊重学生的个性发展和面向全体、课堂学习和课外实践、知识能力和价值观融合在了一起。

(深圳市南山区月亮湾小学　陈碧芳)

活因朗读出　动因朗读乐

——《画家和牧童》朗读活动设计

（二年级适用）

【设计内容】

《画家和牧童》讲述的是唐代一个牧童指出著名画家戴嵩画中的错误，戴嵩虚心接受的事。这里设计的是本文教学中的朗读活动。

【设计理念】

课程改革的深入，评价体系改革的启动，使教师们在走进教材的同时，更加注重超越教材。其过程就是让学生多角度、多渠道、全方位地从书籍中积累文化知识，间接获得情感体验、生活经验等人生涵养。因此在指导朗读中教师应注重朗读的层次感，引导学生感受文本，然后引领学生走进文本，最后创造文本。

【活动目标】

通过三个层次的朗读，提高学生朗读的兴趣，激活学生感悟的情愫，拓展学生活动的空间，放飞学生想像的思绪。

【活动过程】

一、朗读解词　整体感知

文章第二段介绍了画家戴嵩是如何画《斗牛图》的。“他一会儿浓墨涂抹，一会儿轻笔细描，很快就画成了。”句中“浓墨涂抹”、“轻笔细描”两个词是学生理解的难点，为了突破这个难点，教师巧妙地把画画、朗读、说话融合在一起设计朗读活动。

师：“这幅绝妙之作画家是怎样画成的？”

生：“他一会儿浓墨涂抹，一会儿轻笔细描，很快就画成了。”

师（出示词语“浓墨涂抹”、“轻笔细描”）：“看老师怎样画？（重笔画出鸟的躯体）老师首先是怎样画的？”

生：“老师首先是浓墨涂抹。”

师（轻笔勾画，完成鸟图）：“老师接着是怎样画的？”

生：“老师接着轻笔细描。”

师：“同学们观察得很仔细！这是什么？”（指着鸟图）

生：“一只鸟。”

师：“谁能完整地说一遍？”

生："老师首先浓墨涂抹，接着轻笔细描，画出了一只鸟。"

生："老师一会儿浓墨涂抹，一会儿轻笔细描，画出了一只美丽的小鸟。"

生："老师首先浓墨涂抹，接着轻笔细描，画出了一只会飞的漂亮小鸟，大家纷纷夸赞老师画得好。"

师："谢谢大家的夸奖，能把这'浓墨涂抹、轻笔细描'的感觉送回句子当中去吗？"

生有感情地读，"浓墨涂抹"重读，"轻笔细描"轻读。

（这一朗读活动的设计，使学生不仅整体感知了文本，突破了字词的难点，而且得到了口头语言表达能力的训练，并且教师现场再现了画家画技的高超，为后文指导朗读"称赞"的语句作出了极好的铺垫，真可谓是一举多得。）

二、朗读对话　感情促悟

文本中描写人们称赞画家的句子才两句，读来也不足半分钟，教师可引导学生进行三个层次的朗读，通过动手、动脑、动口的朗读实践活动，准确捕捉语文阅读教学的特点，巧妙拓展学生的创新思维，有效实施多层次的、个性化的朗读活动。

层次一：再现文本。让学生读、范读，引导学生感受文本，读出文本中人物的感情。而情从何处来？要做到有情，就必须推己及人，想像文中人物的身份、地位、个性特点，只有这样，才能悟出滋味，读出情感。

层次二：走进文本。引领学生走进文本，学生就是文本人物，加上"我"去读商人和教书先生的话。在阅读中，学生与文本进行交流，思想产生碰撞，自然会产生一些个人体验，教师不应轻易去否定，应多一些理解，多一些尊重，鼓励他们把自己融入文本，想像自己就是文本中的商人和教书先生，说出在朗读中体验到的独到见解，读出走进文本中体验到的独特感受。

层次三：创造文本。"如果你们当时在场，看到了画家的这幅画，你会怎样称赞？加上自己的动作也来赞一赞！"有了前面两个层次的朗读，戴嵩画技的高超已经在学生心里生根发芽，学生们情不自禁地发出赞叹，达到朗读的最高境界——创造文本，而这一切又是那样的自然，均"不为而为之"。

（三个层次的指导朗读，充分体现了课改精神——走进教材、超越教材，极大地提高了学生朗读的兴趣，激活了学生感悟的情愫，拓展了学生活动的空间，放飞了学生想像的思绪。）

三、朗读排演　理解升华

在指导朗读牧童批评画家的语句时，教师可采用再现实景的方法。首先，老师扮演画家，学生扮演牧童，配上古朴的音乐，加上自然的动作，再现当时的场景。然后分组合作读演，最后展示放大《斗牛图》，营造实景氛围，请学生上台表演。整个过程学生兴趣盎然，表演欲望、创新欲望达到了高潮，个个争先恐后要上台表演。学生快快乐乐地学习语文，在快乐中感受到画家的谦虚，在快乐中感受到牧童的勇敢和挑战权威的精神。

（通过朗读排演，学生走出了文本，创造性地活化了文本，进一步深化了对课文的理解）

【设计评述】

这篇课文的朗读活动设计充分体现了课改精神：走进教材，超越教材，亲近学生，尊重学生。整个课堂中，教师整体把握，大胆取舍。识完字后不经意中拎出了两个关键词——浓墨涂抹、轻笔细描，巧妙地用中国画来帮助学生理解词语。教学重点放在了众人称赞和牧童批评的部分，其中三个层次的朗读活动设计得非常精彩。

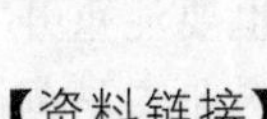
【资料链接】

戴嵩，生卒年不详，唐代画家。韩弟子，韩镇守浙西时，嵩为巡官。擅画田家、川原之景，写水牛尤为著名，后人谓得“野性筋骨之妙”。相传曾画饮水之牛，水中倒影唇鼻相连，可见之观察之精微。明代李日华评其画谓：“固知象物者不在工谨，贯得其神而捷取之耳。”与韩干之画马，并称“韩马戴牛”。传世作品有《斗牛图》。

《斗牛图》简介（戴嵩 绢本 水墨 纵 44 厘米 横 40.8 厘米 中国台北故宫博物院藏）：此图绘两牛相斗的场面，风趣新颖。一牛前逃，似力怯，另一牛穷追不舍，低头用牛角猛抵前牛的后腿。双牛用水墨绘出，以浓墨绘蹄、角，点眼目、棕毛，传神生动地绘出斗牛的肌肉张力、逃者喘息逃避的憨态、击者蛮不可挡的气势。牛之野性和凶顽，尽显笔端。可见画家对生活的观察细致入微。作品不拘常规、生意盎然，不愧为传世画牛佳作。

（深圳市南山区海滨小学　方丹琳）

标点引路　导读启思

——《找春天》“感悟标点”教学活动设计

（二年级适用）

【设计内容】

《找春天》是一篇语言优美，充满儿童情趣和文学色彩的文章。尤其是通过句号、问号、感叹号以及省略号等标点符号的巧妙运用，把孩子们寻找春天的迫切、发现春天的欣喜、欣赏春景的无限遐想等场景表现得淋漓尽致。本课设计从标点符号入手，并始终以标点符号作为感情朗读、启发想像的红线，引导学生重点感悟课文内容；领会文中的情趣，增强语感，发挥想像。

【设计理念】

语文教学既要注重基本技能的训练，给学生打下扎实的语文基础，同时也要注重开发学生的创造潜能，促进学生持续发展。本课教学正是把标点符号作为语感训练与创新能力的融合点，通过对句号、问号、感叹号、省略号等几种标点符号的进一步认识、理解和综合运用，来感悟课文，升华理解，发展朗读，培养创新思维能力。

【活动目标】

通过复习句号、问号、感叹号等标点的不同表达作用来感悟课文内容；通过反复诵读进一步领会文中的情趣，增强语感；借助了解省略号，引导学生发挥想像，结合有关春景的图片、视频和生活经验描绘自己眼中的春天；让学生在读、想、写的过程中，进一步加深对课文的感悟，并且进行想像创作；把发展学生的朗读水平和创新能力紧密结合在一起。

【活动准备】

春天的专题网站。

【活动过程】

一、说标点，借助感叹号体验迫切心情

文章的第一自然段用反复的手法说道：“春天来了！ 春天来了！”并且连续用了两个感叹号，情绪热烈而迫切。要让学生感悟并通过朗读充分表现这些情绪，并不是件容易的事情。所以教师可采用从标点符号入手、用标点导读的策略。

课堂上，教师分别出示句号、问号、感叹号，让学生举例说说，什么情况下可以用到这些标点符号，并结合学生的发言，对这三种常用的标点符号的基本用途进行小结。紧接着出示“春天来了”四个字，没有标点，和孩子们作了一个“悄悄话”的游戏：

老师悄悄告诉一个孩子，让他加上句号、问号或者感叹号有表情地读这句话，让大家猜一猜老师让他加的什么标点符号。通过这个游戏，孩子们意识到，同样的句子，标点符号不同，所表达的情绪完全不一样。他们还会发现，表情和动作也可以帮助表达情绪，如果把“春天来了”的“了”读成“la”更能帮助感叹号体现高兴的心情。在读一读、听一听、猜一猜的过程中，孩子们对每一种标点符号的表达效果有了更感性、更生动的理解。同时，借助标点符号理解和表现句子情绪的能力也得到了提高。

趁着孩子们对感叹号的有效认识，老师马上出示一组对比句：

春天来了！

春天来了！春天来了！

让孩子读一读，比一比，两种表达方式有什么不一样。通过比较和讨论，学生会认识到第二种说法不仅显得更高兴，而且还让人觉得春天来得很快。于是，教师可抓住“高兴”和“来得快”指导孩子们朗读，辅以表情和动作，把第二个句子(也就是课文的第一自然段)所包含的内容和情绪表现得淋漓尽致。在这种良好的朗读情绪的驱动下，孩子们紧跟着读第二、三自然段时，很自然地就把“脱掉、奔出、冲向、东躲西藏”等几个动词给突出重读了。

(教师不是急于指导学生学习课文内容，而是巧妙利用标点符号的表达作用，先引导学生准确地体验文中的情绪，然后再加入文本内容进行朗读和表达，从而使学生更形象地感悟到了课文内容，从而真正达到了以标点导读、以读代讲的效果。)

二、议标点，巧用问号感悟童真童趣

问号，孩子们普遍认为它表示疑问。本文中几个带问号的句子却别有一番情趣。为了更好地引导学生感悟课文，教师可先让孩子们从课文中找到使用问号的句子。学生很快发现，课文第四、五、六、七自然段每段都只是一个问句，而且句式相同。再让每个孩子选其中一个句子认真读一读，并在小组内交流自己的感受。交流的时候，可以有感情地朗读，可以说自己从句子中读懂了什么，也可以对句子提出质疑。如果你觉得这个句子或者标点用得不准确，也可以改一改，但要谈出理由。然后每个小组选一名发言最精彩的同学，在全班交流。通过交流，孩子们会理解“眉毛”、“眼睛”、“音符”和“琴声”分别指小草、野花、嫩芽和溪水。在教学实践中，教师发现孩子们围绕一个问号争论不休，思维非常活跃：

有的学生感到疑惑：课文明明说了野花是春天的眼睛，为什么还要用问号呢？有的认为这个问号用得不恰当，应该改成句号才对；有的学生认为应该改成感叹号，因为课文中的小朋友发现了春天的眼睛，一定很高兴，用感叹号更好；有的学生认为用问号读起来更有味道；有个学生说，他认为这个问号绝对不能改。为什么呢？他让大家看插图，图上的小女孩正在认真地观察一朵小花，旁边的男孩子不知道小女孩是不是同意他的意见，所以他是用商量的语气跟小女孩说话，说话没有把握的时候也应该用问号的。说完他还为小朋友示范读了读。这个孩子，他不仅学会了借助标点符号体会句子的情绪，还主动学会了利用插图理解课文内容。

接着，教师引导孩子们把自己就当成图上的那个小朋友，用推测想像的语气读这几个句子。孩子们歪着小脑袋，扮出一副思考的表情，读得活灵活现。

（这一环节用自主开放的学习方式，以问号作为学习向导，让孩子们根据自己的喜好以及对问号的理解选择一句来学习、思考和表达。同时，学习小组在这个环节中发挥了极大的作用。同学们把自己感兴趣的问题或者自己对句子的理解在小组内进行交流和讨论。在发言、倾听以及评选小组最佳发言人的过程中，进一步加深对文章的理解。最后，同学们聚焦于问号的使用是否恰当这个问题上，全班同学从不同的角度、用不同的方法进行探究，准确地领悟了句子中所蕴涵的意境和情趣，有效地促进了朗读表达。）

三、换标点，利用省略号启发想像，培养创造力

省略号在以前的学习中接触过，但不是很熟悉。孩子们找到这个标点后，教师可先提醒大家认识省略号的写法（一共有 6 个点），再让大家说说对省略号的认识。教师进行小结后，让学生默读带有省略号的这个自然段（文章的最后一自然段），并建议把最后的这个省略号换成句号，让学生讨论行不行，好不好。学生认为，春天的景色除了课文中已经描写的这几种以外，还有很多很多，课文不能一一写下来，所以用了省略号。如果换成句号，就不能表现更多的内容了。那么，怎么读才能把这个省略号表达的意思读出来呢？同学们试了试，觉得不理想。于是，老师和学生们一起玩一个“猜标点”的游戏。让大家听一听，猜一猜，看谁的朗读能让大家听出是省略号。边听、边想、边模仿，渐渐的，孩子们读这段文章的时候，学会了带着想像去读，眼睛里就会有了更多的内容。读着读着，有人就会提问了，这省略号到底省略了什么呢？春天还有哪些景色呢？让学生结合自己平常的观察、阅读和生活经验，通过想像，用自己的语言描绘出一个色彩斑斓、多姿多彩的春天的景象。

（这一环节从省略号的表达作用入手，不仅让学生通过听辨使用句号和省略号的句子，学会了用边想像边朗读的方法表现课文的未尽之意，而且还帮助学生创造性地理解了课文内容，有效发展了创造性思维。）

四、用标点，在综合运用中学会准确地表情达意

不同的标点表达不同的情绪，这篇课文正是因为恰到好处地运用了句号、问号、感叹号、省略号，才把春天写得那么美那么有趣，才把孩子们的心情写得那么生动。简单总结后，教师可指导学生有感情地朗读全文，一边读一边想像，注意把各种标点符号的情绪读出来，要读出自己的感受。

接着，教师可利用本课的专题学习网站为学生提供丰富的有关春天的图片、视频、动画以及歌唱春天的音乐，让孩子们从中选择自己最喜欢的一幅图、一段视频或一首歌，结合自己对春天的观察，展开想像，把自己心中的春天写下来。要求句子通顺，准确地使用标点符号。以下是孩子们当堂完成的作品，选择三篇：

春　雨

郝欣漫

沙沙沙，沙沙沙，
　春天来到了。
小燕子，飞来了。
迎春花，开放了。
　小朋友，乐啦！

美丽的高尔夫球场

刘义真

星期天，爸爸带我们去打高尔夫球。那里的草坪非常的美。草，绿油油的，长得很均匀，也很整齐。手摸上去柔柔的，软软的。我躺在上面，感觉比毛毯还舒服呢！望着天空中自由飞翔的小鸟，我的烦恼一下子全没了！我多想变成一只小鸟，在天空中飞翔。

音乐里的春天

张嘉源

咦，是谁在唱歌？一阵动听的音乐，把我们带进了美丽的春天。我们在花丛中走着，走进了翠生生的山林。嘀嗒，嘀嗒，冰雪融化了，晶莹的水珠顺着叶子滑下来，满地水珠，非常漂亮。

我走出了山林，来到一片大湖边。清澈的湖水把岸上的景物都倒映在湖水中，使湖水显得更美了！

我耳边的音乐停了下来，可我还是陶醉在美妙的音乐中。就在这时候，另一种旋律响起来：春眠不觉晓，处处闻啼鸟……我仍然陶醉着。

（在理解各种标点在文中的巧妙运用和不同含义的基础上，学生通过朗读全文进一步对照和表现，不仅升华了对文章内容的感悟，而且在朗读中体会到标点符号的魅力。教师提供丰富的春天的资源，使学生对春天有了更感性的认识，而且激发了学生自己的关于春天的生活联想，因而写出的语句生动而有活力，充满了童真童趣。可以看到，孩子们在习作中明显加强了对标点符号的重视，很多孩子在标点符号的运用上动了脑筋，并尝试着借助各种标点的巧妙运用来准确地表情达意。）

【设计评述】

本课的教学设计最特别之处在于灵活巧妙地运用了标点符号的表达功能，结合课文内容设计了“悄悄话”游戏、小组议标点、换标点、猜标点等活动，让学生在这些活动中对标点符号的表情达意功能有更深入的认识，进一步理解课文内容，加强语言的积累、感悟，并通过感情朗读、想像写作来运用和实践，开发创造潜能，从而促进学生的持续发展。借助标点，把发展学生的语文基本素养和创新能力巧妙地融合在一起。

（深圳市南山区海滨小学　方丹琳）

活用读画演议　促进自主发展

——《笋芽儿》自主感悟活动设计

（二年级适用）

【设计内容】

《笋芽儿》是一篇拟人体科学童话故事。课文绘声绘色地叙述了笋芽儿的成长过程，体现了笋芽儿对春光的向往和奋发向上的精神，教育孩子只有从小经风雨，见世面，锻炼自己，才能茁壮成长。本设计通过读、画、演、议等活动形式，充分调动学生多种感官参与，让学生积极主动地解读文本，体情悟理。

【设计理念】

崔峦在《当前阅读教学研究的重点及方向》中指出："引导学生把握课文主要内容，体会作者的思想感情，揣摩文章基本的表达方法，一定要体现年龄特点，一定要因文而异，一定要摒弃繁琐的内容分析，摒弃形形色色'教师牵着学生走'的做法，调动学生学习的积极性、主动性……"《语文课程标准》强调："学生是学习和发展的主体……倡导自主、合作、探究的学习方式。"以生为本，相信孩子的潜力是无限的，根据儿童的认知特点和心理发展规律，在读、画、演、议这些常规活动形式中求新意，出新招，结新果。

【活动目标】

以"画"来图解文字，激发学生参与语文学习活动的兴趣。以"读"为主线，以情感熏陶学生去感受笋芽儿成长的过程，培养学生良好的语感和语言表达能力。以"演"深化学生对课文的理解，活化文本的语言。以"议"引导学生多角度、多层次地思维，体会笋芽儿奋发向上的精神。初步培养学生合作、探究的能力。

【活动过程】

一、以插图和文本为凭借，自主作画

课文配有一幅精美的插图，它是形象化的语言，是触发学生想像的凭借和学习课文的凭借。根据课文内容画图可谓"一石三鸟"：一方面突出了语文与图画整合，另一方面展示学生绘画才能，其成果还为学生提供了直观可感的思维对象，为教师提供了简易实用的教具。教学时可根据低年级学生形象思维优于抽象思维的特点，让学生观察插图，通过给文本配图的方式来学习课文。

1. 观看插图，感知图意

老师指导学生仔细观察插图上画的是什么季节的哪些景物。学生观察后轻而易举地说出插图上画的是春天的竹子、笋芽儿、小草、绿树，还有小燕子，并且从雨后春笋、春天的使者燕子等知道插图上画的是春天的景物。

2. 图文对照，描画春天

学生凭借这幅插图，结合课文相关的段落认真阅读，描画自己心中的春天。

3. 交流汇报，展示作品

学生先小组交流再全班汇报自己所作画的内容和作画的依据。

根据一、二、三自然段画的图为：竹子、小草、小花、春雨和春雷等，笋芽儿画在了草地下面，并且都闭着眼，哭丧着脸。根据第六自然段画的图是：除了竹子、小草、小花、春雨外，还画了桃花、柳树、小燕子，并且笋芽儿已经钻出了地面，咧着嘴笑。

（这个教学片断的设计意图就是要学生通过作画来理解课文内容。能画出来并用语言表达出来，学生对文本的理解就不存在问题；画不出、画不完全或不能介绍图画，说明用现有的知识和技能解决不了新问题，会促使学生怀着更大的求知欲望，认真投入下面的学习活动中。）

二、以感情朗读为主线，自主感悟

学生往往画得很好却不能顺畅地介绍自己的“大作”，这说明学生的语言储备还不够，所以要多读书来内化语言，积淀语感。

1. 自主选读，感受体验

学生自主选择自己喜欢的内容，用自己喜欢的方式自由读文。四人小组交流读后的感受和体验。

2. 扮演角色，摹声拟音

请两位学生分别扮演春雨姑娘和笋芽儿，让春雨姑娘用声情并茂的朗读把笋芽儿从沉睡中唤醒。

（春雨姑娘用轻柔而动听的声音呼唤笋芽儿，笋芽儿无动于衷。）

3. 小组评议，共同提高

小评委评议可以提出优点，也可以提出建议。（可以评议优点：春雨如牛毛，若银丝，沙沙沙，所以春雨姑娘的声音应该读得轻轻的、柔柔的。春雨姑娘弹奏的乐曲是动听的，所以读起来非常好听。从“低声”可以看出，读的声音还要轻一些。可以提出建议：如果两位同学再加上适当的动作，就更好了。）

（春雨姑娘加上了动作，边朗读边俯身摇晃着笋芽儿。笋芽儿也终于入情入境揉眼伸腰撒娇地说话了。）

4. 趁热打铁，扩大成果

评议：哪些小组能合作读好课文中的其他角色？

……

（这一教学活动是运用范例导读的方法，重点指导学生读好一段，其余几段采取辅读形式，培养学生自学读书的能力。通过个别读、齐读、轮读、分角色读，有助于提高学生对语言文字的敏锐感受能力，把读书的权利真正还给了学生。）

三、以角色表演为媒介，升华情感

1. 发挥想像，小组排练

在朗读感悟基础上，充分发挥学生想像力和创造力，对文字进行加工，学生分别扮演春雨姑娘、雷公公、妈妈、笋芽儿进行表演。如学生根据旁白中的提示，用拳头擂桌子的夸张动作来表现雷公公"轰隆隆"粗重的嗓音。

分成四个小组排练：雷公公——笋芽儿；妈妈——笋芽儿；太阳公公——笋芽儿；笋芽儿的独白。

教师巡视，重点指导创造性地表演"太阳公公——笋芽儿"和"笋芽儿独白"。

2. 分组评议，指出优劣

结合表演解说和评议，落实：① 对"央求"、"唠叨"等词语的理解；② 指导读好人物的语言和对省略号的理解；③ 鼓励学生在充分理解课文内容基础上，大胆创新，使学生在表演和评议中更深入地理解课文，并在互评互改中提高自己的表演和评议水平。

3. 改进表演，全班汇报

可以是片断表演也可以是整场戏全过程的表演。

4. 合著剧本，交流评奖

为了更好地表演，请学生合作写剧本。注意指导写好剧本中旁白和对话，评选出"最佳编剧"。

（演课本剧是语文实践活动的重要形式。它符合学生好动爱玩、富于想像、善于模仿的年龄特征，有利于丰富语汇，创造性地活化文本语言，深化对文本的理解，促进语言训练，升华情感。）

四、以议论交流为手段，启迪思维

1. 回顾课文，感知爱心

"笋芽儿在成长过程中，得到了哪些帮助呢？"通过浏览，学生明白了温柔的春雨姑娘、大嗓门的雷公公，还有慈爱的妈妈等是用不同的爱的方式来帮助笋芽儿。

2. 层层剥笋，探究成因

"笋芽儿是怎样成长起来的？"

外因：春雨姑娘、雷公公的呼唤，妈妈百般的呵护，太阳公公的温暖照射，就连明亮而美丽的世界也吸引着她、鼓励着她。

内因：从"伸了伸懒腰"、"扭动着"、"一个劲儿地向上钻"、"钻出"、"脱下"、"长成健壮的竹子"等词语中体会笋芽儿自身的奋发。

最终明白幼小的笋芽儿在大家的关心帮助下不断努力，终于成长为健壮的竹子。

（相机渗透"外因是变化的条件，内因是变化的根据，外因通过内因起作用"的辩证唯物主义思想。）

3. 联系实际，类比自身

学生联系自身实际，先议后谈成长过程中得到关爱、战胜困难的事例。

（这一活动的设计意图是要通过组内、组际生生交流、师生交流，理解笋芽儿长成一株健壮竹子需具备很多内在和外在的因素，体会成长的艰难和快乐、自豪，培养学生的合作意识和合作能力，让学生学会分享他人的成果。）

【设计评述】

这篇教学活动设计以读、画、演、议为主线，将"自主、合作、探究"的学习方式整合成一个较为完美的体系。学生是语文学习的主人，自主绘画、表演吸引着学生积极主动地参与。教师充分信任学生，释放学生，把选择学习内容、学习方式的权力交还给学生，这样就给学生以广阔的思维空间，使学生积极主动地探索，从而发挥主体性。教师解放思想，才能使学生的脑、眼、耳、口、手获得解放，使教学向多方延伸。学生读中悟，悟后议，自读自议，读议出了自己对课文的独特感受和体验。同时教师善于抓住文本中富有创意之处进行思维训练，引导学生多层面地观察认识事物，使语言和思维同构共生、共同发展。

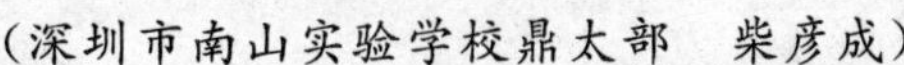

（深圳市南山实验学校鼎太部　柴彦成）

以读为“经” 以练为“纬”

——《荷花》第二自然段朗读教学活动设计

（三年级适用）

【设计内容】

《荷花》第二自然段描写了荷花生长的各种优美的姿态，为我们展现了一幅姿态万千、色彩明艳、生机勃勃的水中荷花图。本自然段的教学设计注意引导学生抓住关键词句，朗读感悟，展开想像，通过多种感官协同参与学习过程，体会关键词句在表情达意方面的作用。

【设计理念】

阅读教学的紧要任务是引导学生学习语言，发展语感。因此，阅读教学必须坚持做到以培养学生的语感为核心，以指导读书活动为“经”，以字词句的训练为“纬”，促进学生语文素质迅速提升。

【活动目标】

有感情地朗读课文，积累优美语言；感受荷花开放时姿态的美丽，培养审美情趣和热爱大自然的感情。

【活动过程】

一、感知读

课文第二自然段描写了荷花生长的各种优美的姿态。教学这段，首先要从整体入手，让学生从整体上感知这段话的主要内容。

师：“第二自然段是围绕哪句话写的？请同学们自由朗读这段话后回答。”

生：“这段是围绕‘荷花已经开了不少了’这句话来写的。”

师：“荷花开放时有哪几种不同的姿态？自由读读有关句子。”（第4、5、6句）

（带着问题感知读，学生从整体上把握这段话的内容。）

二、感悟读

在学生初读感知、了解大体内容后，教师引导、启发学生进行联想、想像，使文中的语言文字变成活的画面，在“话画互变”的转换中增强语言情境的感受，为理解语言奠定基础。

1. 画荷花：请几名小画家挑选自己最喜欢的一种荷花姿态画到黑板上。

2. 评荷花：全班同学评小画家的画，看看有没有画出荷花的不同姿势。

（画画、评画，学生兴趣盎然、气氛活跃，既锻炼了口头表达能力，又结合课文理解了“才展开”、“饱胀”、“花骨朵”等词语）

3. 导读：看来，这荷花一朵有一朵的姿势，假如我们来到荷塘边，看到千姿百态的荷花，会有什么感觉呢？请同学们再读读这些句子，读出自己的感受来。

（在画画、理解的基础上感悟读，学生会读得更入情入境。）

三、品味读

本段中有这样一句话：“白荷花在这些大圆盘之间冒出来”，这句话中的一个“冒”字表现了荷花蓬勃的生命力。教学时，应抓住这个“冒”字，引导学生展开想像，品味这个关键字在表情达意方面的作用。

师：“这一节除了写荷花还写了什么？（生答：荷叶）老师这里有一些荷叶，谁能把它们和荷花贴到一起？”

（在贴、评的过程中，学生懂得荷叶应贴得紧一些，并贴在荷花的下面，从而形象地感悟“挨挨挤挤”、“冒”的意思。）

师：“请大家用心读读这个自然段，体会一下。你觉得荷花怎样长出来才可以叫做‘冒’出来？”

生：“使劲地、急切地、一个劲儿地、争先恐后地、生机勃勃地、喜气洋洋地……”

师：“请同学们把这些词填到原句中，美美地读一读。”

（在感悟的基础上品味读，体会出关键性词语的妙用，学生的感受会更深刻。）

四、表演读

在学生充分朗读感悟、理解内容的基础上，可以启发他们联系自己的情感体验，进入意境、进入角色，动真心、吐真情，进行表演朗读，从而读得“使其言皆若出于吾之口，使其意皆若出于吾之心”。

1. 启发想像

教师用课件演示荷花“冒”出来的动画过程，引导学生一边欣赏在挨挨挤挤的荷叶之间喜气洋洋地、迫不及待地使劲冒出来的白荷花，一边想像这些白荷花冒出来想干什么。

学生观看动画，觉得冒出来的白荷花很可爱，就像小朋友在使劲地探出头来看一样，他们便争先恐后地说出自己的想像。有的说白荷花冒出来，她们想早点看到外面美丽可爱的世界；有的说白荷花在这些大圆盘之间冒出来，她们想和小蜻蜓一起快活地做游戏；还有的说白荷花在这些大圆盘之间冒出来，她们想跟小朋友一块儿玩耍，还要和小朋友们比美呢……

（在教师的点拨下，学生充分发挥天真烂漫的想像，始终把学习语言和自己的生活世界、情感世界紧密结合起来，既拓展了文本空间，又加深了阅读体验，深刻体会到了这个“冒”字的深刻含义以及它所赋予荷花的蓬勃生命力。）

2. 激情导读

教师激情引导表演：“多么可爱的白荷花呀！大家看，一个‘冒’字，不但把白荷花写活了，而且使白荷花变得更美了。正像同学们所讲的那样，这是一种喜气洋洋的美！这是一种生机勃勃的美！让我们一起，像白荷花一样地冒出来！快冒！快冒！（学生起立，在教师的诵读中表演自己最喜欢的荷花姿势。）

（通过体验表演，学生把课文的情感化为自己的情感，从内心真真切切感受到了荷花的姿态美。）

教师激情引导演读："看，一幅美丽的荷花图构成了。下面，请'几朵特别美的荷花'上来表演，老师配上音乐，其他同学站起来，为他们配乐朗诵，好吗？"

（在轻柔舒缓的音乐中，边看表演边诵读，学生读得更美，入情入心。）

【设计评述】

提高语文综合素养的一个重要基础是"要培养学生良好的语感"，本教例对此作了有益的探索：其一，教师注意引导学生抓住关键词句，启发学生调动自己的生活体验和知识积累，进行创造想像，拓展延伸，与文本产生共鸣，使文本在自己的内心成为鲜活的形象，从而披文以入情，情深而意切，加深了阅读中的情感体验；其二，教师注重培养学生的语文实践能力，通过融听、说、读、思为一体的语文实践活动，学生既训练了语感，又发展了语言和思维。尤其是在有滋有味的朗读中，在兴味盎然的表演中，学生发现、感受了荷花的姿态美，获得了审美体验，享受了审美情趣，逐渐生成了对语言文字敏锐的感受力。

（深圳市南山区海湾小学　吴怀林）

以画引读 润物无声

——《一个小村庄的故事》朗读教学活动设计

（三年级适用）

【设计内容】

《一个小村庄的故事》讲的是山谷中有一座环境优美的小村庄，村庄周围是郁郁葱葱的森林。人们靠着手头锋利的斧头，将树木一棵棵砍下来，建造房子、制造工具、打造家具，过上了不错的“日子”。但是过度砍伐树木，导致土地裸露，极大地削弱了森林的防洪能力。终于在一场连续的大雨之后，咆哮的洪水将小村庄卷走了。这里设计的是本文第一自然段和结尾段的朗读教学活动。

【设计理念】

新课标十分重视朗读的指导和训练。朗读有助于更加真切地感受作品，有助于因声解义，领略作品的精妙之处，有助于增强语感，以声传情。它是最经常、最重要的阅读训练，也是理解课文内容、体会课文思想感情的主要方法。本文篇幅短小，语言朴实，然而其道理却非常深刻，正所谓“言简意深”。朗读到位，就能帮助学生领略作品隐含的道理。

【活动目标】

通过第一自然段和结尾段的朗读训练，学生将进一步理解课文内容。学生动手画小村庄，再把画擦掉，感受到美的事物被毁的痛苦心情，从而激发其爱护树木保护环境的感情。

【活动过程】

一、画一画小村庄，读一读第一自然段

课文第一自然段讲的是山谷中曾有过一个美丽的小村庄。这里用了十分优美的语句来描写小村庄周围的环境，“山上的森林郁郁葱葱，村前河水清澈见底，天空湛蓝深远，空气清新甜润”。怎样来引导学生感受村庄的美丽，并在读中领略呢？

首先，教师让学生自由读第一自然段，接着提出：“小村庄是如此美丽，请大家拿起手中的笔来画一画，结合文中的描写，再加上你的想像，把小村庄画得漂漂亮亮！”学生大都喜欢动手，他们会拿起笔兴高采烈地画起来。画的画不尽相同，但都会是美丽的小村庄，有山、有水、有树木、有可爱的小动物……

学生把美丽的小村庄画好了。教师便建议学生在小组内展示，学生的热情将会高涨。这时,教师要不失时机地请学生再把第一自然段读一读,同时提出朗读的要求,要把小村庄的美读出来,读出喜爱的感情。

(全体学生动手画小村庄,发挥了他们的主动性。纯真的孩子必然会用手中的笔描绘美丽的事物。通过画,他们真切地感受到了村庄的美,再通过教师的引导,把体会到的美通过朗读表达出来。感情朗读自然到位,教师对朗读的指导显得不留痕迹。)

二、把画擦掉,读一读结尾段

第五自然段(结尾段)讲到美丽的小村庄在一场连续的大雨之后,被咆哮的洪水卷走,消失得无影无踪。先让学生自由小声读第五自然段,教师接着提问:"谁来说说你读懂了什么?"学生可能会作如下的回答:锋利的斧头不见了,美丽的小村庄没有了,人们的家园消失了……

教师再提出:"还有什么不懂的问题吗? 提出来。"学生可能会问:"小村庄为什么消失呢?"学生如若提这一问题,教师先不要忙着回答,设置一定的悬念,说:"这个问题,我们等一下再讨论。现在请同学们把刚才画的小村庄擦掉或者涂掉。"

学生要把自己亲手绘制的画擦掉,自然不舍,更何况是一幅美丽的风景画! 学生会伤心又无奈地把画擦掉。教师紧接着就要抛出问题:"把画擦掉,可惜吗? 文中如此美丽的小村庄竟然消失了,真实世界的小村庄被毁灭了,多么令人痛心! 你能不能用惋惜的口气读一读这个自然段?"最后,学生入情入境,齐读结尾段。

(让学生把自己美丽的画毁掉,他们会十分惋惜,十分伤心。在一片叹息中,再引导他们感受实际生活中小村庄的消失多么令人痛心! 这样,在朗读时,惋惜的感情自然流露,人人情真意切,同时也为下节课理解课文内容作了一个很好的铺垫。)

三、连读第一自然段和结尾段,激发学习兴趣

有了前面两个环节的朗读训练,在这里,就要让学生把第一自然段和结尾段连起来自己读。

接着,教师提出:"小村庄本来是那样的美丽迷人,在一场连续的大雨后消失得无影无踪,这是多么令人伤心痛心! 我们带着这样的感情再读一读这两段吧。"

学生齐读。

教师再问:"这个结果到底是谁造成的呢? 我们下节课详细地来讨论这个问题。"

(通过前面两个活动的铺垫,感情的熏陶更浓,学生的领悟更深,朗读更到位,也促使了情感进一步升华。同时,学生也产生了要往下学的愿望,他们必将会把这种情感带到下一节课。)

【设计评述】

这一个教学设计最大的一个优点是充分调动了学生的积极性,让学生在读中画,画中读,做到个个开口,人人动手,使每一位学生真正动起来活起来。同时,创设了一定的教学情境让学生受感染、受教育。随着活动的慢慢推进,感情的培养水到渠成,朗读自然到位。没有过多的生硬的朗读技巧的指导,真正是"润物无声",老师乐于教,学生乐于读。这也就是把课堂留给学生,让学生成为课堂的主人。

【资料链接】

我国的森林覆盖率与森林的破坏情况

(1) 我国的森林覆盖率为14%,与世界其他国家相比较低。

我国与部分国家森林覆盖率的比较

国家	森林覆盖率	国家	森林覆盖率
中国	14%	巴西	58%
美国	31.3%	加拿大	39%
法国	27%	芬兰	66%
日本	66.7%	瑞典	57%

(2) 我国森林资源分布不均,主要分布在东北、西南、东南地区。

(3) 我国森林被破坏严重:

破坏原因:

① 人为破坏:无意破坏:如吸烟者无意识将烟头扔掉,造成森林火灾。

有意破坏:如某些个人或企业为获取高额利润,乱砍滥伐。

无奈破坏:由于人多、贫穷造成为了生存不得不毁林,如贫苦农民的刀耕火种的原始农业生产方式。

② 自然灾害的破坏:如虫灾、洪灾、旱灾、地震、火山等。

我国水土流失严重

最近10年来全国水土流失总面积减少11万平方公里。中国局部地区水土流失状况明显好转,但是整体形势仍然令人担忧。遥感结果显示,全国水土流失面积已由1990年第一次遥感时的367万平方公里,减少为目前的356万平方公里。其中水蚀面积165万平方公里,风蚀面积191万平方公里。中国水土流失分布范围广、类型多、流失强度大。不论山区、丘陵区、风沙区,还是农村、城市,都存在不同程度的水土流失问题。不仅有水蚀、风蚀,还有冻融侵蚀、重力侵蚀。西部地区,特别是大江大河上中游地区,水土流失严重,生态恶化的趋势尚未得到有效遏制。目前中国水土流失主要分布在长江上游的云、贵、川、渝、鄂和黄河中游地区的晋、陕、甘、蒙、宁,总体分布上由东向西递增。在全国水土流失总面积减少的同时,西部一些地区水蚀和风蚀面积有所扩展。这主要是因为西部地区原生植被稀疏,降雨量偏少,年年干旱,导致一些流域水量减少,人工种植的林草成活率不高和原生植被枯死,加剧了风蚀程度。而草地放牧过度,造成沙化、退化和碱化,加剧了风蚀程度。乱砍滥伐、乱垦滥挖,内陆河流域不合理的开发,破坏原生植被,以及一些开发建设项目忽视水土保持,又造成新的人为水土流失。

(可参考中国环保网:www.ep.net.cn)

(深圳市南山区南山小学 邓凤娟)

动态化阅读　形象感培养

——《荷叶圆圆》朗读感悟活动设计

（一年级适用）

【设计内容】

夏天的荷叶，圆圆的，绿绿的，充满了勃勃生机，分别成了小水珠、小蜻蜓、小青蛙和小鱼儿的摇篮、停机坪、歌台和凉伞，也带给他们无比的快乐。《荷叶圆圆》用轻松活泼、充满童趣的语言文字展现了自然中的美和快乐。本课的设计充分发挥教材中文本的作用，以动态化的阅读活动贯穿教学过程，能让学生在自己的阅读中感悟情感，建立形象。

【设计理念】

"语文教学的首要任务就是培养学生的语感能力"（吕叔湘语），朗读是培养语感最重要的途径之一。一年级的学生，由于其年龄和学习经历有限，对于语言文字本身的美感的体悟不可能那么准确，但是老师通过语言的引导、情境的诱导，设计各种阅读活动，能让学生在阅读中感受到美和快乐。课文只不过是个例子，只有通过师生共同阅读的动态化过程（不仅仅是看着文字朗读，而且是理解性的、富有表现力的阅读），才能真正建立起学生思维中的语言形象感。换言之，阅读促成的是师、生和文本最直接的对话，同时阅读也是为文本建立思维形象的最重要途径。

【活动目标】

依据文本语言的特点和一年级孩子的思维特点，通过语言引导和情境诱导，建立动态化阅读的平台，再通过语言重组，体会运用语言文字的快乐。

一、以画促读，以读解画

情境：学生自读课文之后，对于课文内容有了大致的了解，很容易找出课文写到什么，但是他们所获得的只是信息点，是分离的，并不能够准确地理解到小水珠、小蜻蜓、小青蛙和小鱼儿的感受是表现荷叶的，也难以感受到语言的形象美。不妨采用图画和文本结合的方式展开阅读，正好可以引导学生抓住细节特点，建立整体形象感，感受语言的美感（其中随阅读而展开的词语和生字教学环节自动省去，只保留阅读部分）。

教师导入（随手画出清水塘里亭亭玉立的大荷叶）："清清的荷塘里只有圆圆的荷叶吗？（学生随口说不是，还有小水珠、小蜻蜓、小青蛙和小鱼儿）圆圆的荷叶给他们带来了多少快乐啊！荷叶是他们最好的朋友呢！你们领着老师画画他们吧。"

师生合作，在学生一起热情地、突出特点地读课文中相关语句的同时，老师开始在已画好的大荷叶上，简笔画躺在荷叶上的小水珠、展开翅膀立在荷叶的边缘上的小蜻蜓、蹲在圆圆的大荷叶上的小青蛙，以及畅游在荷叶下的小鱼儿。

（此环节通过学生有感情地朗读帮助老师画画的活动，让学生自觉地把课文读细。）

学生看着黑板上的简笔画，老师指着荷叶上的小水珠："在圆圆的大荷叶上，晶莹透亮的小水珠躺着睡觉，真舒服啊！听听小水珠是怎么说的。"

生读出"荷叶是我的摇篮"。"为什么呢？"学生思考后会说："小水珠晶莹透亮的，很小啊像婴儿，婴儿睡的床叫摇篮，而且圆圆的大荷叶在微风里肯定摇摇摆摆啊，小水珠就躺在里面，晃来晃去的，感觉就像摇篮一样啊！"

师生互动，鼓励学生对照图读课文（个别说、齐读、讨论后发言等形式交互使用）。读出"荷叶是我的停机坪"，说出荷叶大大圆圆的很平稳，蜻蜓就像一架飞机，飞累了，停在荷叶上，就像是停机坪；读出"荷叶是我的歌台"，思考说出，大肚皮的青蛙在夏天里特别喜欢呱呱叫，像个歌唱家一样，他常常蹲在荷叶上给人们歌唱，荷叶圆圆的，绿绿的，就是青蛙的歌台；读出"荷叶是我的凉伞"，联想到夏天阳光照射着池水，很热，小鱼儿出来游泳太热了受不了，就躲在荷叶下面，荷叶圆圆的，大大的，好多连在一起，就挡住了太阳，小鱼们就能很开心地在水面游乐了。挡太阳的荷叶就成了凉伞。

师总结："对于不同的事物来说，同样圆圆的荷叶却有着不同的作用。对于水珠，荷叶是圆圆的摇篮，对于小蜻蜓，荷叶是圆圆的停机坪，很大，小青蛙把它当作圆形歌台，小鱼把它当作圆圆的凉伞，多有趣啊！"

（本活动凭借简笔画，降低了回忆课文的难度，同时图文结合，让学生有了想像的空间，为下文朗读建立了感情基调。）

二、读演相成，以声传情

文中的小水珠、小蜻蜓、小青蛙和小鱼儿因为有了圆圆的荷叶都很快乐，可是不同的人快乐的表现也是不一样的，如何让学生有此感悟，并且将感悟更加形象化，使之富有感染力呢？课文轻松活泼，充满童趣，拟人化的语言正好给学生更多的想像空间，"书读百遍，其意自现"，这时以读代讲，让学生自己用声音建立形象，用声音表达情感，不失为好办法。先让学生自由朗读，然后选择角色，配合动作表演读。

活动动员："要是你就站在圆圆的荷叶塘边，看到了这一切，你会感觉到他们的心情怎么样呢？（生回答"高兴的"、"快乐的"）快乐的心情你能读出来吗？"

生自由读，越读越高兴。师不时鼓励同桌对读，互相感染。

（这一环节在于让学生自由发挥，依据自己的理解读课文；也是熟悉文章的过渡环节，为下一步模仿表演打基础。）

准备活动：老师抓住时机提问："每个人的快乐都一样吗？"学生开始思考，可能会陷入一种迷惑。老师这时要开始注意引导思考："老师高兴跟你们高兴的时候声音、表情一样吗？"学生明白了，开始琢磨阅读。老师适时用肢体语言来带动学生思维。

活动动员："圆圆的荷叶给大伙儿带来了多少欢乐啊！他们纷纷对着圆圆的荷叶表达着自己的快乐。我们根据课文一边读一边做做动作，感受一下吧。"

同学们边读边做动作，认真地体会小水珠、小蜻蜓、小青蛙和小鱼儿的不同感受。

（这一环节的设计使学生全身动起来，增强了生动性和吸引力，提高学生参与性。同时学生通过动作很容易走入情境，进而换位思考，把自己当作小水珠、小蜻蜓、小青蛙和小鱼儿，与圆圆的荷叶轻松愉快地嬉戏。）

学生选择自己喜欢的角色进行朗读。

用娇滴滴的声音来读："荷叶是我的摇篮。"右手托着微微倾斜的脑袋，表现小水珠舒服地躺在荷叶上，眨巴着眼睛读："小水珠躺在荷叶上，眨着亮晶晶的眼睛。"

稍微快一点地，带点喘气地读："荷叶是我的停机坪。"双臂伸展，脚尖着地，一脸轻松，享受休息的快乐地读："小蜻蜓立在荷叶上，展开透明的翅膀。"

大着嗓门，故意变粗声读："呱呱，荷叶是我的歌台。"一边挺起肚子半蹲状，一边咧着嘴读："小青蛙蹲在荷叶上，呱呱地放声歌唱。"朗读中透着自豪感。

用悠闲自得的语气读："荷叶是我的凉伞。"笑嘻嘻地把手合在一起，放在胸前，左右交替摆动，打开，同时读："小鱼儿在荷叶下笑嘻嘻地游来游去，捧起一朵朵很美很美的水花。"声音无限陶醉。

表演的方式多种多样，个人演，小组演，全班集体表演，只要学生进入角色，表现出不同的快乐，语言文字的美感和形象性就很具体地展现了出来，营造了一个生机勃勃的大自然。语言的感染力也增强了。

（学生在兴致盎然中，生动、活泼地投入表演，把文中轻松活泼的童趣和自然界中的美一一表现出来了。）

三、自我创作，重现形象

学习语言是为了更好地运用语言，如何融会贯通、学以致用是语文教学中不可不考虑的环节。这篇文章语言简练生动，内容紧紧扣住了"荷叶圆圆"，是一篇很有趣的童话。荷叶和小水珠、小蜻蜓、小青蛙和小鱼儿的样子和关系是很好的说话训练素材。不妨用童话方式创设情境，再现荷叶圆圆。

情境创设："嗯！荷叶开口说话了。听听他在说些什么，等一下你也能像他一样说一说吗？"

生（边做动作，边扮演荷叶介绍自己）："大家好！我就是圆圆的、绿绿的荷叶！夏天里是不能没有我的。看看我的荷叶边，微风中摆动起来可漂亮了，所以聪明的人类就仿照我的样子做了一种衣服。（请旁边同学起来展示。）对了，我特别喜欢交朋友，我对朋友可好了。我是小水珠的摇篮、小蜻蜓的停机坪、小青蛙的歌台，还是活泼的小鱼儿的凉伞呢……我的作用大吧！听完我的介绍，你愿意成为我的新朋友吗？"

学生根据范例，选择自己想介绍的对象，依据课文，同时加上自己知道的相关知识，到讲台前向全班同学进行介绍。老师相机提示，并且给予鼓励，与介绍得好的同学握手，并不时提醒学生注意礼貌。

【设计评述】

这篇课文的阅读活动设计的重点在于突出了阅读的层次性。借助于简笔画、肢体动作和自我介绍等动态化形式，形成了梯度阅读的架构，同时提高了阅读的可操作性和学生阅读兴趣的持久性。各环节充分调动学生的阅读兴趣和想像力，对培养学生的语感起到了铺路建道的作用。

（深圳市南山区后海小学　管　丽）

读中想像　读中体验　读中悟情

——《三个儿子》朗读感悟训练活动设计

（二年级适用）

【设计内容】

《三个儿子》这篇课文，讲的是三个儿子面对三位妈妈拎着沉重的水桶走来时，力气大的只顾着翻跟头，嗓子好的只顾着唱歌，他们都对妈妈手中的水桶视而不见，而那个"没有什么特别的地方"的儿子，却跑到妈妈跟前，接过了沉甸甸的水桶。这里设计的是本文教学中朗读感悟训练的活动过程。

【设计理念】

古人语"书读百遍，其义自见"，强调了读书的重要性。小学语文教学提倡的是以朗读代替讲解，根据低年级儿童对故事感兴趣的特点，教师可灵活运用语言渲染，引导想像，鼓励学生读书、发现，不断激发学生情感，让学生从阅读实际出发，在读中想像，读中体验，读中悟情，在读中加深理解并受到教育。

【活动目标】

通过朗读训练，一是培养学生想像能力，二是促进学生对课文内容的理解，三是使学生懂得孝敬父母的道理，并能主动为父母减轻生活的重担。

【活动准备】

画几张文中的人物图片，并在网上搜集一首名为《感谢妈妈》的歌曲和几篇与课文内容相关的文章。

【活动过程】

一、读中想像第三位小男孩的个性特点

文中第二、三自然段分别写到两位妈妈夸奖自己的儿子，当这两位妈妈问起第三位妈妈"你怎么不说说你的儿子呀"时，第三位妈妈的回答，不是夸奖自己的儿子，而是很平淡地说："有什么可说的，他没有什么特别的地方。"学生们在充分的自读后，知道这位妈妈不是在夸奖自己的儿子。如何让学生理解这位妈妈当时的态度和心情呢？于是教师对全班学生问："谁能模仿这位妈妈当时的神情和语气呢？"学生们纷纷站起模仿第三位妈妈说的话，其中有几位孩子表演得特别逼真，大家不由得鼓掌表扬。这第三位妈妈的回答，不禁让人想起：那他的儿子到底怎么样呢？教师趁机问："从这位妈妈的回答中，你猜到了什么？"学生们一听到这个问题，兴趣大增，连平时胆小的几位学生也抢着回答:“我猜他的儿子既不聪明又不会唱歌。”“我猜他的儿子很一般。”“我猜他的儿子学习成绩不是很棒。”“我猜这位妈妈不是一位骄傲的妈妈。”“我猜这位儿子是不是有什么问题？很难看？还是很愚蠢?”课堂气氛很活跃,孩子们沉浸在对第三个儿子的想像中,这样学生会读了,会说了,会悟了,不需教师过多的语言进行讲解。

(这一想像拓展,让学生想像力得到了发挥,而且也训练了他们的口语表达能力,使学生有话可说,同时也为学习下文小男孩的表现作了铺垫。)

二、读中体验面对需要帮助的母亲,自己该付出什么样的行动

课文第八自然段描述了三位妈妈提水的辛苦。学生们充分进行了自读、小组合作读之后,教师抛出问题:“读了这一段,你感受到了什么？有什么要说的吗?”学生们都会回答“非常辛苦”之类的话。教师紧接着说:“你们想通过怎样的方式来表现出三位妈妈提水时的辛苦?”学生们在下面有的是一边读,一边表演动作;有的是一人读,几人表演;有的四人小组大声朗读,“可、重、痛、酸”等词读得特别重,“走走停停”读得非常缓慢、艰难。教师请了几位学生以他们喜欢的方式上台进行了表演。

接下来,教师对孩子们说:“此时此刻,你们的父母现在在干什么呢?”学生们沉吟了片刻,激动地说:“我妈妈现在在工厂里上班。”“我妈妈正在赶路回家给我们做饭……”其中有几位女生眼圈都红了。显然,学生们已感受到自己的父母跟文中的三位母亲一样都非常的辛苦。面对自己需要帮助的母亲,他们会怎么做呢？也会无动于衷吗？这不是一次良好的情感体验教育吗？于是,教师伺机对学生提问:“三位妈妈如此辛苦,如果你是他们的儿子,你会怎么做?”学生们抢着大声回答:“跑过去帮妈妈提水。”“我会跑过去叫妈妈坐下休息一下,帮她捶背。”“我会找一根扁担和妈妈一起抬水回家。”通过读中体验这一环节,孩子们心中已明白自己在父母面前该怎样做。

(语文与生活同在,生活与语文共存。孩子们和父母朝夕相处,最熟悉的就是自己的父母,课文的朗读加上情境的体验,不仅使学生可以对本课三个孩子的品质进行正确的评价,而且使学生明白了自己在日常生活中该怎么做:要有为人子女对父母的孝敬。)

三、读中悟情,升华教育

学习第九到十一自然段:三个儿子面对三位妈妈提水辛苦,前面两位儿子无动于衷,竟然只知炫耀自己的优势,而第三位“没什么特别”的儿子却主动帮妈妈提水。在学生充分地朗读感悟之后,显然,他们已对三位孩子的表现作出了是非判断。他们心中会有很多话要倾诉,有很多观点要陈说。看着一张张涨红的小脸,如何让这些孩子充分地抒发自己的情感,释放自己的心灵,张扬自己的个性呢？这时,教师对学生说:“读到这里,你想说点什么呢?”

一石激起千层浪,学生们激动地说:“第三个儿子真棒!”“前面两个儿子虽然有很多优点,但不能帮妈妈做事,不算是妈妈的好儿子。”“我要向第三个儿子学习,主动帮大人干活。”“妈妈们太辛苦了,我们应该体贴她们。”教师总结:“是啊,父母养我们真是不容易,无论在哪里,都不要忘了生你养你的父母,他们是最关心爱护你们的人。下面请欣赏一位儿子对母亲发自肺腑的心里话吧！也请你们写下自己最想对妈妈说的话!”

学生们一边欣赏《感谢妈妈》的歌曲,一边拿出课前做的爱心纸卡在上面认真地书写。在音乐声中,教师和孩子们纷纷走上讲台用心品读着对母亲写下的千言万语,有理解，有尊敬，有愧疚，有思念。几十个爱心卡粘贴在黑板上拼成了一个大大的爱心。孩子们已懂得：父母之苦，自己之幸。

（语文教学不仅是让学生会读，会说，会写，更要对学生进行人文教育。教学如果没有人文性，就像没有灵魂的躯壳一样，苍白无力，虚假空洞。要使一堂教学具有人文性，使学生产生思想上的共鸣，最好的方式就是让他们在朗读中感悟，让朗读感染学生自己的情绪。学生流露出的最真挚的情感是教育最好的推动力。）

【设计评述】

这篇教学设计最大的特点是：朗读中拓展。教师不仅仅局限于让学生把书读好，也不是把拓展思维训练放在朗读理解课文之后，而是让它穿插在朗读之中，可以说处处有朗读，处处有延伸。整个课堂，做到随时有话说，随时有话题讲。第二个特点是与学生自身体验紧密联系。这样，不仅学习了文本，而且让学生身临其境，身心得到洗礼。整个课堂气氛活跃，学生学习欲望强烈。培养了学生的想像能力，提高了学生的口语表达能力。做到了情在读中悟，理在读中悟，问题也在读中悟。

（深圳市南山区平山小学　黄海红）

乐中学 读中悟

——《两只鸟蛋》品读训练活动设计

（一年级适用）

【设计内容】

《两只鸟蛋》是一首儿童叙事诗，讲述了一个小朋友从取下两只鸟蛋到送还鸟蛋的事。在这首小诗里，我们能看到孩子在母亲的启发下，幼小的心灵萌生出对生命的珍爱，对小鸟的关爱。这里设计的是课文品读训练活动。

【设计理念】

本课有着优美的语言、感人的形象、丰富的思想和情感因素，是一篇文质兼美的诗歌。本课活动设计遵循"以学生为本"的教育理念，以情为基础，以读的训练为主线，引导学生自主感知、理解、欣赏课文的语言美、思想内容美，使学生在爱学、乐学中得到认知的满足感和精神上的愉悦感，使学生在潜移默化中受到思想教育。

【活动目标】

1. 通过多种方式的品读训练、情感体会引导，使学生喜欢朗读诗歌。

2. 通过引导学生体会诗歌内容，使学生懂得鸟类是人类的朋友，从而产生爱鸟的意识和情感。

【活动过程】

一、实物激趣，品读感悟

第一节中"小小的鸟蛋凉凉的"既是语言文字训练点，又是品读训练点，因此，可通过实物加以体会，指导学生仿说类似的词语，再指导学生读出鸟蛋"小小的"、"凉凉的"的感觉。

学生自由读课文后，教师可适时出示鸟蛋，让学生仔细观察。长在城市的孩子对于鸟蛋极其陌生，小巧玲珑的鸟蛋能深深地吸引孩子们的好奇心，激起他们浓厚的兴趣。在他们兴趣盎然，迫切地想摸一摸、动一动时，教师可满足孩子们强烈的好奇心，让孩子们摸摸鸟蛋，亲身感受鸟蛋"小小的"、"凉凉的"的特点。学生必然觉得非常好玩。在学生兴趣正浓时，教师可以巧妙地用"圆圆的西瓜"、"西瓜圆圆的"等类似的词语引路，引导学生仿说。学习的迁移启迪了孩子们的思维，"绿绿的草坪"、"草坪绿绿的"等词从学生口中脱口而出。由于学生有了亲身的感受，让学生去品读感悟已是水到渠成了。学生可根据自己的亲身体会声情并茂地自由读、小组读，再以比赛的形式展示读。个性化

的朗读使学生不受任何束缚，可主动地去体会诗歌的节奏美、音韵美，悟出诗歌的意境美。学生在享受成功喜悦的同时，也受到强烈的美感熏陶。

（这一环节的设计贴近实际生活，通过实物让学生亲身去感受，去领悟，的确是培养学生语感能力的好途径。鸟蛋好玩，但能玩吗？这又为学生更好地体会小作者思想的转变、行为的转变作好了铺垫。）

二、深入品读，体验情感

第二节讲述的是小作者在妈妈的启迪下，懂得了一只鸟蛋就是一个鲜活的生命。教师让学生模仿妈妈的语气同桌互读、指名展示读后，再进行想像说话的创新训练。

“听了妈妈的话，你知道了什么？”教师巧妙的点拨激活了学生的思维，引导学生积极去思考讨论，使学生懂得鸟蛋能孵出小鸟，两只鸟蛋就是两个生命。在此理解的基础上，播放小鸟破壳而出的课件，形象生动的课件演示使学生更深刻地体会到鸟蛋就是鲜活的生命。这时，再引导学生进行想像说话训练：“假如你是鸟妈妈，你发现自己的心肝宝贝不见了，你会怎样想，又会怎样做呢？”学生通过想像产生情感共鸣，掀起情感的波澜，深深地体会到鸟妈妈焦急不安的心情。有了情感的体验，再引导学生进行多种方式的品读，在读中悟情、读中悟理。出于口而入于耳，感悟于心而动于情。在学生一次又一次抑扬顿挫的品读声中，语感得到了锤炼，课堂掀起了高潮。学生在品读中感悟到："我"在妈妈的启迪下，终于明白要保护每一只鸟蛋，珍爱每一个生命。

（角色的模拟朗读，达到了以读悟文、以情促读的效果；想像说话的训练，使学生幼小的心灵萌生出对生命的关爱，也为学生理解小作者行为的转变埋下了伏笔。）

三、自主表演，升华认识

第三节写的是小作者在妈妈的启迪下，把思想上的转变付诸实际的行动，把取下的鸟蛋轻轻地送还。这是课文思想教育的核心所在。为了更好地理解思想内涵，教师可遵循儿童的心理规律，创设童趣情景，引导学生入情入境，以读激情。

“听了妈妈的话，我是怎样做的呢？同学们可边读边演，也可邀请小伙伴一起表演，把小作者小心翼翼送还鸟蛋的样子表现出来。”老师提出的这个充满童趣的建议使孩子们兴奋起来。他们兴致勃勃地自主表演读或邀请小伙伴展示。老师在巡视中有意识地指导学生把“我”小心翼翼的动作演出来，鼓励演得好的学生上台表演。生动逼真的表演读更激起孩子们的表演欲望，在孩子们不由自主的掌声中、迫不及待举起的小手中、活灵活现的表演中，课堂气氛推向又一高潮。

（引导学生入情入境是一种教学艺术。学生在边读边演中，再现了文中描述的情景，也在轻松、活泼的气氛中理解了课文内容，受到了思想熏陶。）

四、想像感悟，展望未来

第四节展望未来，当孩子“把目光投向高远的蓝天”时，孩子看到了小鸟的明天，我们看到了人类的希望——人与自然的和谐相处。在这一小节的教学中，教师可通过读思结合、激发想像的语言训练方法进行教学。

“我仿佛听见鸟儿的欢唱，抬起头来，把目光投向高远的蓝天。”教师抑扬顿挫的范读把孩子们带进了鸟的天堂。课件中清脆悦耳的鸟叫声使孩子们明白——这就是鸟儿的欢畅。“你能用‘我听到了——，仿佛看到了——’这个句式说说，你听到了什么，仿佛看到了什么吗?”富有创意的启迪把孩子们带进想像的世界,使他们的思路豁然开朗,展开想像的翅膀尽情地飞翔。“我听到了许多鸟在叽叽喳喳地叫着,仿佛看到它们在天空中快活地飞来飞去。”……“是啊,当这位小朋友把‘目光投向高远的蓝天’时,我们看到了小鸟的明天,也看到了人类的希望。”教师意味深长地总结,适时播放课件(一群群鸟在天空中尽情翱翔),把孩子们的想像变成现实,使课文的思想内涵得到了升华。在此基础上,引导孩子们动情地朗读,读出小鸟的明天、人类的希望。

(在这一环节的设计中,教师创新性地运用了“我听到了——,仿佛看到了——”这个句式进行想像说话训练。既训练了学生的口头表达能力,又培养了学生的想像能力,可谓“一箭双雕”。)

五、拓展交流,强化运用

学习了这首小诗,孩子们懂得了鸟类是人类的朋友,爱鸟的意识已在孩子们幼小的心灵里萌生。教师可对文中的思想教育作进一步的升华,引导学生进行读说结合的训练。

1. 教师可事先找好相关的阅读材料,让学生阅读。

2. 根据本课内容进行相关的拓展训练。

(1) 你喜欢什么小动物,你想怎样保护他们?

(2) 续编故事:星期天的早上,我捉住了一只刚会飞的小鸟。它扑扇着稚嫩的翅膀,叽叽喳喳地叫着,多可爱啊!我把这只小鸟关在笼子里。妈妈看见了……

(读说结合,学以致用。内容得到进一步的升华,思想教育得到进一步的强化。)

【设计评述】

《语文课程标准》指出:“阅读教学要珍视学生独特的感受、体验和理解,要让学生有所感悟和思考。”本课的设计坚持了语文教学“文道统一”的原则,并且在教学活动实践中,使“文道统一”的原则具体化和系统化,充分体现了“以学生为本”的教育理念,把学习的自主权交给学生。其突出之处在于:第一,以情为基础、以读的训练为主线贯穿整个课堂。在朗读指导中充分尊重学生自己的体验,使学生在愉悦的情感体验中受到思想教育。活动设计营造了强烈的情感氛围,深化了以情立德的情感教育。第二,把创新思维、拓展想像置于品读感悟之中,使学生在兴趣盎然中,通过一定的过程和方法,既掌握知识与技能又受到情感的熏陶,使学生在潜移默化中产生爱鸟的意识和情感。

(深圳市南山区南山小学 徐文玉)

二、思维训练活动设计

活用教材　发展思维

——《我为你骄傲》思维训练活动设计

（二年级适用）

【设计内容】

《我为你骄傲》讲的是“我”一不小心，砸碎了老奶奶家的玻璃，当时没敢承认，三个星期后，“我”把自己送报纸挣的钱赔给老奶奶并附上道歉信的故事。第二天，老奶奶送给“我”一袋饼干和写着“我为你骄傲”的便条，表扬鼓励“我”负责任、诚实。本课设计的是引导学生进行多种思维训练的教学活动。

【设计理念】

教材是重要的课程资源。教学应该根据学生发展的需要，用好用活教材，甚至适当调换、重组、补充、改编教学内容。语文教学要在发展学生语言能力的同时，发展思维能力，激发想像力和创造潜能。本课教学设计创造性地抓住教材的关键处、空白处，巧妙设计思维训练活动，促进学生积极、主动地参与活动，发展思维品质，提高语文实践能力。

【活动目标】

在活动中深入理解内容，进行多角度、有创意的想像，发展形象思维、逻辑思维和创造性思维，提高思维品质；在活动中体会人物的内心感受，体验人物的情感变化，学会承担责任，学会诚实；在活动中理解、感悟语言，转化运用语言，提高语言表达能力和交流能力。

【活动过程】

一、扮演角色

本文中“我”打碎玻璃后内心担心、不安与内疚，道歉后则是轻松、自在。阅读理解这些相关语句，体会“我”的内心感受和心情，对于理解、学习“我”的品德非常必要。但是课文却只用三句话表达了“我”的心理活动，这为发展学生的形象思维留下了空间。可以引导学生凭借已有的知识和生活经验，展开想像和再创造，扮演文中的“我”，深入感受、体验心情的变化。

1. 表演、体会“我”的不安。自由朗读“那天晚上，我一想到老奶奶家被打碎的玻璃就害怕，担心她知道是我干的”，想一想假如是你做了这件事，你心里害怕什么？你休息、吃饭、做事时心里想什么？你每天给老奶奶送报纸觉得“很不自在”，你的神态、语言、行动可能是什么样的？学生展开想像、讨论，进行个性化的创作、表演。

学生进入角色后感同身受，仿佛身临其境。休息、吃饭、做事时心里可能会想：我扔小石头的时候，只顾自己开心，却一点都不小心；万一老奶奶知道是我打碎了玻璃，那该怎么办呢；别的小伙伴千万别告诉老奶奶……同样，学生会表演出“我”送报纸时表情多么难为情、动作多么不自然。

2. 表演、体会“我”的轻松。当“我”把信封投到老奶奶家的信箱里后，“我心里顿时感到一阵轻松”，在路上“我”可能对自己说什么？你能表演出“我”回家时的样子吗？

学生可能会说：我终于承认了错误，我不再欺骗老奶奶，也不再欺骗我自己了。“我”回家时会一路小跑，或许轻声唱歌……

（紧扣关键词句进行角色表演这一活动形式拉近了学生与文中人物的距离，学生产生了亲切感、具体感，加深了内心体验。更重要的是“我”的语言、动作、神态、心理都被想像和表演出来，学生的形象思维得到了有效训练和发展。）

二、试说内容

能条理清楚、文从字顺地表达自己的意思，是学生良好的逻辑思维的表现。引导学生读中分析、比较，读中领悟、表达，弄清表达的先后顺序，有助于提高思维的条理性，促使思维有序化。

下面设计“试说便条内容”的问题情境，以说促读，引导学生主动地参与，达到以上目的。

“我把钱和一张便条装进信封，在便条上向老奶奶说明了事情的经过，并真诚地向她道歉。”假如你是文中的“我”，你会在便条上写些什么？请你试着说出便条的内容。

1. 事情的经过怎么说清楚、说明白？学生自主阅读第一至四自然段，教师指导学生思考先说什么，后说什么。学生试着用自己的话按照扔小石头—小石头砸碎玻璃—内心不安—送报纸攒钱的顺序有条理地说出事情的经过。

2. 你会怎样真诚地向老奶奶道歉，以得到她的原谅呢？组织学生围绕“真诚地向她道歉”反复朗读有关语句，试着用发自内心的话“真诚”“道歉”，表达真实的想法，表达愧疚、不安的心情。

（以上设计依据建构主义学习理论，创设了“试说便条内容”的情境，激励学生积极主动地参与读、说、思活动。学生在分析、理清课文表达顺序的基础上，练习有条理地说话，训练了逻辑思维能力，同时也主动建构了“我的品质”这一意义。）

三、续编故事

课文的结尾写“我”发现袋子里有一个信封，“里面是7美元和一张便条，上面写着：我为你骄傲”。故事戛然而止，言虽尽但意未绝，给学生留下了思考品味的空间。在学生真正理解老奶奶对“我”的品质表示称赞、鼓励后，可以引导学生充分展开想像，自主创编故事，对课文进行拓展延伸、再创造。

1. 启发引导，激励想像。“我”将挣的7美元赔给老奶奶是要她用来修理窗户的，当老奶奶将7美元退还给“我”后，“我”会怎么想、怎么做？是收下还是再次送给老奶奶？假如“我”再次送给她，老奶奶会收下吗？学生自由想像，合作练习说话。

2. 两人一组展示表演，学生评议。充分肯定学生多样化、多角度、个性化的故事情节和表演。

（这一活动给学生创设了进一步发展、创造的机会和空间。学生自编自演的故事有不同的结局，能产生各种大胆新颖的创造成果，同样学生的语言和表演效果也是个性化的，是建立在独特的感受、理解和创造基础上的。不仅发展了创造性思维，激发了潜能，还训练了口语交际。）

【设计评述】

这篇课文的活动设计构思精妙，结构严谨，富有成效。创造性地使用教材，充分挖掘和利用有价值的素材，课程资源得到有效利用和整合。以思维训练为核心，创设多种学习情境，精心设计实践活动，使学生思维和情感活动积极主动。语言活动与思维活动有机结合，贯穿始终，形象思维、逻辑思维、创造性思维得到扎实训练和发展，理解能力、朗读能力、说话能力得到提高，情感体验丰富，思想启迪深刻。

（中央教育科学研究所深圳南山附属学校　王广春）

让思维灵动　促情感升华

——《浅水洼里的小鱼》思维训练活动设计

（二年级适用）

【设计内容】

《浅水洼里的小鱼》讲的是一个小男孩将被困在海滩浅水洼里的小鱼一条条扔回大海的事。这里设计的是本文教学中拓展性创新思维的活动过程。

【设计理念】

培养创新精神是素质教育的核心内容之一。小学语文教学中创新精神的培养应更多地体现在对学生创新思维的训练上，而阅读教学中的创新思维训练则更多地渗透在朗读感悟时想像力的培养上。围绕着教学的重点内容进行创新思维训练，既训练学生的语言表达能力，又使学生对课文的理解得以深化，同时促进学生情感的不断升华，这便达到了多维教育目标的有效整合。本篇教学活动设计追求的正是这一教学的理想境界。

【活动目标】

通过几处创新思维训练点的发掘和利用，为学生的朗读感悟插上想像的翅膀，让学生在想像说话和想像写话中，提升语言表达能力，深化对课文内容的理解，并培养爱护小动物的情感和保护生态环境的意识。

【活动过程】

一、描述小鱼被困的艰难处境

课文第一自然段讲的是数不清的小鱼被困在海滩的浅水洼里，回不了大海了。“用不了多久，浅水洼里的水就会被沙粒吸干，被太阳蒸干，这些小鱼都会干死。”这里有一个很好的思维训练点，就是让学生想像小鱼被困时的艰难处境。

先让学生有感情地齐读“用不了多久……都会干死”这段话。教师启发思维：“太阳慢慢地升起来了，请大家想像一下当时浅水洼里的小鱼的情景，用自己的话来说一说。”学生的思路一下子被打开：这些小鱼在浅水洼里拼命地跳，想跳回大海，可是怎么跳也跳不回去；有的小鱼急得哭了，不停地叫：“我要妈妈，我要妈妈！”教师进一步启导：“好！谁还能再想得开一点儿？”学生的想像更加生动：水被太阳晒得有点儿热了，小鱼知道自己活不了多久了，拼命地喊：“救命啊！谁快来救我呀！”……教师充分肯定并进一步启发激情：“大家的想像都很好！是啊，这些小鱼多可怜啊，多么希望有人来救他们哪！”

（这一思维训练活动无疑唤起了学生强烈的同情心，这既增强了学生保护小生灵的意识，又为下面小男孩的及时出现作了极好的铺垫。）

二、想像小男孩捡鱼时的心理活动

第二自然段写小男孩"不停地在每个水洼前弯下腰去，捡起里面的小鱼，用力地把他们扔回大海"。教师先让学生默读一下这段课文，然后启发想像："小男孩为什么把小鱼扔回大海，他心里当时是怎样想的呢？"学生的答案十分丰富，有的说："小男孩想，这些小鱼真可怜，我来救他们吧！"有的说："他想，如果这些小鱼干死了，他们的妈妈该有多伤心啊！我把他们扔回大海，他们就可以和妈妈见面了！"……

（让学生透视并走进小男孩的心灵，他们就会受到小男孩爱心的感染，而这种通过心灵互感所获得的良知与爱心是最纯真最可贵最长久的。）

三、补充省略号所蕴含的丰富内容

课文的结尾写小男孩不停地捡鱼扔鱼，不停地叨念着："这条在乎，这条也在乎！还有这一条，这一条，这一条……"最后的省略号也是一个难得的思维训练的"契点"，因为这个省略号里面蕴含着丰富的内容，包括小男孩后来扔鱼的情形，也包括他的思想情感，这无疑为学生的想像提供了广阔的空间。

师："小男孩到底一共扔了多少条鱼？他不停地捡鱼扔鱼究竟累不累？他后来捡鱼扔鱼的速度还和开始一样快吗？这些问题都隐藏在课文最后的省略号里面，你们能把这些内容补充出来吗？下面请同学们先自己想一想，然后同桌或四人小组一起议一议。"

学生在充分自思互议的基础上，想像既有深度又有广度：

"小男孩不停地捡鱼扔鱼，一共扔了 1500 条。"

"小男孩捡啊，扔啊，一会儿，他就累得满头大汗了，可是他还是一个劲地扔，扔了一条又一条。"

"小男孩一直干了一个多小时，他已经累得快走不动了，可是他还是坚持着。他心里想，多扔一条鱼，就多救活了一个小生命。"

（补充省略号的学习活动，不仅可以使学生深化内容理解，感受爱心，而且也让他们感知了省略号的作用及用法，真可谓是一举多得。）

四、体会被救小鱼的感激之情

在充分朗读感悟、理解课文内容的基础上，教师可以引导学生进行更深一步的创新思维训练和教学拓展活动，即让他们推测被救的小鱼回到大海之后的欣喜表现，体会小鱼的感激之情。

师："那么多的小鱼被小男孩放回大海，他们该是多么高兴啊！那么他们会怎么想怎么做呢？"

生："许多被救的小鱼都游到了一块儿，他们高兴地游来游去，嘴里还吐出了许多小泡泡，好像在说：'小男孩真好！''谢谢小男孩救了我们！'"

生："一条小鱼找到了自己的妈妈，妈妈正在着急呢！小鱼告诉妈妈，是小男孩救了他的命，他要好好报答小男孩。"

师："是啊！所有被救的小鱼都非常感谢小男孩，那么，他们会怎么感谢呢？"

生："他们后来给小男孩写来了感谢信，有的还发来了 E-mail。"

师："是啊！如果你就是被救的一条小鱼，那么你会在信中或 E-mail 中对小男孩说些什么呢？把你想要说的话写下来。"

生动笔写信或发 E-mail。

（让学生体会被救小鱼的感激之情，并把自己当作小鱼给小男孩写信或发"E-mail"，这又是更深一层的爱心体验活动。活动后一时段"写"的安排水到渠成，学生人人有感可发，这时的写应该不是负担，而倒是某种享受了。）

【设计评述】

这是一个较为典型的创新思维活动课例。其设计之精、教学之妙在于以下三个方面：一是将思维训练和想像力的培养置于充分的朗读感悟之中，而不是搞"分离式训练"；二是善于敏锐捕捉和精心发掘思维训练点，四个点都安排得恰到好处，有价值，有深度，且一举多得；三是将思维训练与理解课文内容、训练语言表达（从说到写）和净化心灵、升华情感等融为一体，实现了多维目标的有效整合。

（深圳市南山区教研室　郑明江）

从《画杨桃》到“吃杨桃”

——《画杨桃》思维训练活动设计

（三年级适用）

【设计内容】

《画杨桃》是三年级下册的一篇课文，主要讲的是图画课上练习画杨桃时发生的事情。“我”根据自己看到的，把杨桃画成像五角星的样子，同学们觉得好笑。老师却通过这件事，启发同学们理解看问题或做事情的时候，不能凭空想像，要坚持科学的思考方法，一切从客观存在的实际出发，实事求是，不要轻易下结论。

【设计理念】

新课标指出：阅读是学生认识世界、发展思维的重要途径。阅读教学是学生、教师、文本之间对话的过程。应让学生在主动积极的思维和情感活动中，加深理解和体验，有所感悟和思考，获得思想启迪，促进学生认识的升华。

【活动目标】

通过吃杨桃、阅读感悟《画杨桃》、谈杨桃的味道三个层次的活动，让学生深切体验、感悟课文内容，真正理解和实践课文中引出的深刻的道理。

【活动过程】

一、亲身体验——吃杨桃

上课前，老师特意选了几个颜色不同、成熟程度不一的杨桃切成小片，分给学生品尝。尽管杨桃是孩子们常见常吃的一种水果，但由于是老师给的，又是和同学们一起吃，孩子们觉得又新鲜又好玩。有的孩子一拿过来就塞进嘴里，结果酸得直眯眼；有的孩子拿在手里舍不得吃，一边用舌头轻轻地舔着，一边吧唧着嘴，好像在品尝着什么美味佳肴；还有的孩子拿在手上玩儿，还不住地说：“瞧，我的是一个绿色的五角星”，“我的是一个黄色的海星”……

二、阅读感悟——《画杨桃》

引导学生用心读课文，一边读书，一边思考。指导学生读正确、读通顺、读懂课文，学生通过读课文知道：课文写了一件什么事；讲了一个什么道理；课文中的老师是怎么让孩子们明白这个道理的。在此基础上，让孩子们交流自己的阅读感悟——同学们，课文读到这里你们有些什么话想跟大家说吗？这时孩子们的交流可能只停留在画画和看画儿的方法上：我们在画画的时候要相信自己的眼睛，看到的是什么样的就画成什么样；看画儿时要从不同的角度来看，不能想当然、盲目地下结论。老师应启发学生拓宽思路：我们在平时的哪些事情上、哪些时候也要用上这些方法，也能说明这些道理？如：写作文要认真观察，要写真情实感；要从不同的角度，实事求是地评价一个人，这样才公平、准确……

三、认知升华——谈杨桃

通过充分交流，此时孩子们的思维和情绪已非常活跃，处于一种兴奋状态，这时教师又不失时机地进一步引导学生："同学们，你们真了不起！不仅读懂了课文中所讲的道理，还能有这么多自己独特的理解和看法。如果同学们能在平时的学习和生活中，真正运用这些科学的方法，那才算真正读懂了这篇课文，你们能运用吗？""能！"孩子们异口同声地回答。这时，学生们因为自己学懂了课文、明白了道理而有些踌躇满志，却不知道老师已不露声色地布下了"陷阱"。老师故作平静地说："同学们，今天我们学习了《画杨桃》这篇课文，在上课前我们还一起吃过杨桃，谁来说一说杨桃的味道？"此时，大部分孩子都会不假思索地回答：甜的！酸的！又甜又酸！老师仍然不露声色，进一步"误导"："到底是甜的对还是酸的对？"这个挑逗性的发问，马上激起了孩子们的争论，孩子们各抒己见、言之凿凿，争着争着，突然争论声戛然而止——他们明白了原来大家都是对的，甜的是对的，酸的是对的，又甜又酸也是对的，因为大家吃的不是同一个杨桃。"那刚才为什么还说别人不对呢？"面对老师得意中略带一丝嘲讽的神态，孩子们沉默了片刻以后，马上有人惊呼："老师故意考验我们！我们上当了！""老师真狡猾！""老师是考验我们是不是真的能从不同的角度来看问题！"

孩子们因为自己的顿悟而惊喜，老师因为孩子们的进步而欣喜！

【设计评述】

一堂好的语文课，必定能在师、生、文本和谐互动的过程中，使学生不同层次的思维活动在有限的时空自由而有序地流淌。这一节《画杨桃》的思维训练活动设计就是这样。教师"导"得适时、适度而巧妙，学生学得愉快、满足而通透。由理解到感悟到迁移，思维活动有序而深入地推进，最后在师生美妙的微笑和默契中画上句号。课已尽，而意无穷，学生的思维活动必定能延伸到丰富而广阔的学习、生活当中去。

（深圳市南山区育才二小　雷　霞）

转换角色　放飞想像

——《牧童和画家》创造想像活动设计

（二年级适用）

【设计内容】

《牧童和画家》讲的是唐代一个牧童指出著名画家戴嵩画中的错误，戴嵩虚心接受批评的事。本设计充分挖掘文中的不同角色，转换学生位置，放飞学生想像，让学生在充分理解课文内容的基础上，受到情感熏陶，获得思想启迪。

【设计理念】

《基础教育课程改革试行纲要》指出："教材只是阅读和阅读教学的凭借，应该创造性地理解和使用教材，积极开发课程资源，灵活运用多种策略，引导学生在实践中学会学习。"爱因斯坦曾说过："想像力比知识更重要，因为知识是有限的，而想像力概括着世界的一切，推动着进步，并且是知识进步的源泉。"因此，语文教师在教学实践中，应当充分发掘语文教材蕴含的创新教育因素，积极引导学生进行思维训练，培养学生的创造想像能力。

【活动目标】

1. 采用转换角色、启发想像的方法来激发学生的好奇心和求知欲，拓展学生的思维空间，培养学生的创造想像能力。

2. 让学生充分、自由地表达自己的内心活动，培养学生语言表达能力。

3. 在表达的过程中，引出学生心灵的呼唤，激发学生敢于挑战权威、敢于面对现实的勇气。

【活动过程】

课文第五自然段是本课的重点内容。通过描写牧童向著名画家戴嵩指出画中的错误、戴嵩虚心接受批评的事，表现了牧童天真质朴、敢于挑战权威，戴嵩谦虚谨慎、敢于面对现实的精神。编者编写这一课的意图就是教育学生学习他们的这种精神，懂得其中的道理。在此若将另外一个隐性角色——画中的那头牛也挖掘出来，让学生分别站在三个不同角色的位置充分发挥想像，表达自己的内心活动，既能增加学生对课文内容的理解，让学生受到情感熏陶，获得思想启迪，又能为学生拓展思维的空间，培养学生的创造想像能力。

一、"我是牧童"

学生读懂第五段以后，教师让大家站在牧童的角度，充分发挥想像："假如你是牧

童，看出了这幅画有错误，却又听到大家的赞叹声。你会怎么想？”问题一提出，大家个个争先恐后，有的说：“唉！还是别人怎么说我也怎么说吧！”有的说：“戴嵩是一个非常有名的画家，他怎么会画错呢？一定是我自己弄错了。”还有的说：“大家都称赞戴嵩的画是绝妙之作，难道是我的眼睛看错了？还是回去问问美术老师再说吧！免得在大众之下献丑。”见大家这么踊跃，教师趁机鼓励：“你们能大胆表达自己的内心活动，值得表扬。还有没有谁跟他们的想法不一样？请大胆地说出来，你怎么想就怎么说。”教师话音刚落，一生说：“我听妈妈说过：‘人无完人。’戴嵩虽然是个有名的画家，但是他也是一个实实在在的人，不是神，他也有做错事的时候。所以他的画不一定就是十全十美，我应该相信自己的眼睛。”

（前面几个学生就像文中的商人和教书先生一样都为权威观念“戴嵩是著名的画家”所慑服，但是他们能大胆地表达自己独特的想法，是值得表扬的。最后一个提问，激活了学生思维的火花，激起了学生敢于反对权威的勇气，最后一个学生的想像合情合理，既体现了牧童率真的性格，又让学生体会到了牧童不盲从、实事求是、敢于挑战权威的品德。）

二、“我是戴嵩”

戴嵩身为著名的画家，地位可谓十分尊崇。在不绝于耳的赞美声中，一个牧童的指正使其他人都感到仿佛是一声炸雷，戴嵩却从善如流，既为自己的错误感到惭愧，又非常诚挚地向牧童道歉，虚心之美德令人感动。为了让学生更深入地体会戴嵩这一高尚的美德，教师让学生换位思考：“假如你是戴嵩，当你听到牧童说‘画错了’时，你会怎么想，怎么说？”话音一落，同学们都跃跃欲试。

一生说：“假如我是戴嵩，当听到牧童说我的画画错了，我心里会这样想：一个小毛孩子，他知道什么？简直是侮辱我的人格，我要把他轰出去。于是说：‘小孩子家，你懂什么，到外面去玩。’”另一生说：“假如我是戴嵩，听到牧童说我的画画错了，我会这样想：也许我的画真的有错，还是仔细看看再说吧，可是看来看去就是看不出哪里有错误，一定是那个小家伙故意在捣鬼，看我怎么收拾他。于是说：‘小家伙，不要在那瞎说，我画了那么多画怎么会出错呢？’”

同学们的想法似乎很在情理，但是与戴嵩的品质极不相称。于是，教师转变话题激发学生：“如果你们这样和牧童说话，牧童还敢往下说吗？”“牧童听戴嵩这样一说肯定很害怕，什么也不敢说了。”见这一学生说得有点眉目，教师顺势激发学生思考：“应该怎样说，牧童才敢给你指出错在哪里呢？”一学生抢着说：“这个小孩是牧童，他对牛一定很了解，他说我的画画错了，肯定有他的道理，我既然看不出错在哪里，还是去问问他吧！于是戴嵩和蔼地对那个牧童说：‘小兄弟，我很愿意听到你的批评，请你说说什么地方画错了？’”

（前两个学生的心理活动表明的戴嵩自命不凡、瞧不起牧童，因而忽视了小小牧童的建议。牧童因为害怕，不可能给他指出错在哪里。当提出“应该怎样说，牧童才敢给你指出错在哪里呢？”这个问题以后，同学们的思维就立刻活跃起来了，想到戴嵩应该诚恳、虚心，牧童才会指出这张画错在哪里。第三个学生的心理活动和语言正好表现了戴嵩诚恳、虚心的态度。）

三、“我是画中的那头牛”

“画中的那头牛”是文本的隐性角色，这幅画是否有错，这一角色是最清楚不过了。于是教师把这一角色挖掘出来，让学生用编故事的形式站在那头牛的角度发挥想像：“假如你是画中的那头牛，当戴嵩把你的尾巴画错了，你有什么感受？把你的想法编成一个故事，先在小组讲，再讲给大家听！”

同学们在小组内讲完后，教师鼓励大家说：“同学们在下面都讲得很热烈，谁能大胆地把你编的故事讲出来给大家听？”一生立刻站起来，一边讲故事，还一边做动作：嘿，大家好！我是著名画家戴嵩笔下的一头牛，我感到很幸运。有一天，我去参加斗牛比赛。在斗牛的时候，尽管我使出了全身的力气，可是总是觉得力气不够使，好像缺少点什么。正在我不解的时候，一个牧童大声对我说：“老牛老牛，你的尾巴要夹在后腿中间，不要往上翘，要不然使不上力的。”这些话被戴嵩听到了，他赶快拿起笔改正了自己的缺点，把我的尾巴画在了两腿中间。最后，在斗牛比赛中我获胜了。

（编故事是最受学生欢迎的一项活动。“假如你是画中的那头牛，当戴嵩把你的尾巴画错了，你是什么感受？”这一提问好似投入学生思维长河中的石块，激起阵阵涟漪，小朋友们兴趣盎然，积极讨论，自编故事。以上故事是一名学生和同组的小朋友经过讨论以后编出来的，编得合情合理，既表现了童趣，又体现了大画家戴嵩谦虚谨慎、敢于面对现实的精神。编故事这一环节培养了学生的表达能力和创造想像能力。）

【设计评述】

本设计的独到之处在于通过角色的转换，充分发挥想像，完成与文本的亲切对话，让文本成为一个有声的朋友，使教材变得鲜活。首先，课堂上给了学生足够的时间和空间，让每个学生把自己置于不同的角色充分发挥想像，拓展了学生思维的空间。其次，每个角色变换伊始，尽量让学生在想像的天空尽情地、自由地翱翔，表达自己不同的想法。然后提出一个启发性的问题给予引导，打开学生思维的闸门，引出学生心灵的呼唤。第三，挖掘隐性角色，让学生发挥想像，自编童话故事。这样，很巧妙地培养了学生的语言表达能力和想像能力，表现了牧童天真质朴、敢于挑战权威，戴嵩谦虚谨慎、敢于面对现实的品质和美德。

（深圳市南山区西丽小学　代梅花）

富有情趣　发人深省

——《动手做做看》思维训练活动设计

（二年级适用）

【设计内容】

《动手做做看》讲了一个非常有趣的故事。科学家朗志万在培养孩子们的科学精神和实践能力上，煞费苦心，他把一个错误的结论告诉孩子们，再问孩子们为什么，目的是让孩子们知道，“科学家的话，也不一定都是对的，要动手做做看”。文中朗志万和伊琳娜的妈妈都非常重视培养孩子们的科学精神、科学思维方法和实践能力。

【设计理念】

培养创新精神是素质教育的核心内容之一。小学语文教学中创新精神的培养应更多地体现在对学生创新思维的训练上。在阅读教学中，围绕教学的重点内容进行创新思维训练，并大胆结合实践操作，既有助于学生对课文的理解，又能训练学生的逻辑思维能力、语言表达能力，培养学生的科学精神、科学思维方法和实践能力。

【活动目标】

通过几处创新思维训练点的发掘和利用，深化对课文内容的理解，提高学生在读中思考和想像说话、写话的能力，使学生感受到故事的趣味，并从中受到启发，唤起不迷信权威、不轻信盲从、勇于实践的意识，培养科学素养。

【活动过程】

一、围绕课题，以思促读

在这一环节中教师巧用两个问题激发学生思维：“‘动手做做看’是谁给我们的建议？为什么要强调动手做？”

生自读课文有关段落，思考这两个问题。

接下来精彩的交流部分开始了，有的学生认为是妈妈对伊琳娜说“你动手做做看”，有的认为是科学家郎志万告诫小朋友“要动手做做看”。

教师不失时机地继续发问：“那几个小朋友在听了朗志万‘奇怪’的问题后，是不是动手做做以后再回答的呢？”

学生们很快发现在这些小朋友中，只有伊琳娜动手去做过。

教师：“你们来给伊琳娜打分，觉得她是个怎样的孩子？”

生：“伊琳娜是个肯动脑筋的孩子，她不听信别人，不懂就问……”

（这一阶段思维训练活动，注意指导学生边读边思考，用问题引导学生自主读书、主动探究，能极大地激发学生的好奇心，调动学生读书探究的积极性。）

二、看脸谱，激发想像

这篇课文故事情节简单，却富有情趣，给人以启迪。伊琳娜的情绪随着故事的展开、发展而变化，可以此为切入点引导学生朗读感悟。

教师出示伊琳娜撅着嘴巴生气和面带微笑两张头像，引导学生带着“伊琳娜为什么生气”和“为什么又笑了”这两个问题，自主读书思考。

学生饶有兴致地找到并读出写伊琳娜生气和微笑的有关段落，谈谈对上面两个问题的理解。

1. 交流“伊琳娜为什么生气”。

教师启发学生：“假如你是伊琳娜，你会用什么样的语气说话呢？”

鼓励学生惟妙惟肖地模仿说话，也可以发挥想像进行角色分工表演，读好“您怎么可以提这样的问题，来哄骗我们小朋友呢？”这一句，讲出这样读的理由。

（这一环节中注意读好小朋友、妈妈说的话。小朋友说的话要用肯定、想当然的语气，妈妈说的话要用鼓励的语气来读。）

2. 分析：为什么伊琳娜听了朗志万的话后又高兴地笑了？

学生反复练读科学家说的话，在津津有味的读中了解他的用意，想像伊琳娜的心理活动、情绪变化，说出自己的理解。

（明确伊琳娜情绪波动的原因，不仅能朗读好课文，更能为学生带来启迪，有利于学生明白：伊琳娜正是因为不迷信权威，有勇气，善于提出疑问，才会从亲手实验中发现科学家起初的话是不对的，从而为学生下一步懂得实践出真知的道理作好铺垫。）

三、围绕“哄骗”，引发争辩

本文有一个关键词“哄骗”，围绕该词引发争辩，既能进行思维训练，又能深化对课文内容的理解。

教师适时引导：“伊琳娜责怪朗志万‘哄骗’了他们，真的是‘哄骗’吗？朗志万到底‘哄骗’小朋友没有呢？”

学生结合上下文理解“哄骗”一词，并分“正”、“反”两方展开有意义的辩论。

教师有针对性地引导：

师：“伊琳娜的妈妈也认为是‘哄骗’吗？帮助她了吗？告诉她答案了吗？”

生：“妈妈没有直接讲答案，而是让她‘不能光想，你动手做做看’。”

师：“怎么妈妈的话和科学家后来说的话差不多？”

……

（这一环节的教学设计，旨在放手让学生积极思维，敢于说出各自不同的理解。在激烈的争辩中、在教师的引导下，使学生明白科学家只是善意的哄骗，目的是想激发小朋友动手操作的欲望。不过也要小心生活中恶意的哄骗，提醒学生正确区别对待。这一教学部分的合理运用，能加深对课文的理解和感悟，对语言表达能力和思维反应能力是一个很好的训练。）

四、动手实验，悟出道理

根据文中妈妈说的话“不能光想，你要动手做做看！”进行课文中的实验：在盛满水的玻璃杯中放入物体，观察水的变化；换一换放入水中的物体（如木块、金鱼等），仔细观察，看漫出水的多少与放进物体的大小有没有关系。

围绕课文结尾科学家朗志万的话“动手做做看”，进行发散思维训练，说说应该怎么理解。教师提示几种理解引导学生讨论。

1. 科学家讲的话，我们应该尽可能地去试一试。

2. 我们要怀疑科学家讲的话。

3. 当我们对科学家的话有怀疑时，一定要想办法证实一下。

4. 在生活中要勤于思考，敢于实践。

5. 只有实践论证才最有说服力。

想想伊琳娜听懂了科学家的话以后，可能会说些什么？

鼓励学生试着把想到的话写下来，懂得在生活和学习中要注重实践，经常提醒自己要“动手做做看”。

（这一环节，通过教学拓展活动，对学生进行了更深层次的创新思维训练。学生在朗读感悟、充分理解课文内容的基础上，个个有感而发，既得到了一种体验，收获了一种启示，又享受到了科学实践带来的快乐。）

【设计评述】

这篇设计的创新思维活动设计可谓独具匠心。其中“争辩”、“看脸谱”、“动手操作”、“看议题讨论”等环节较有创意，很精妙。教师善于捕捉和发掘思维训练点，四个点环环相扣，引导学生在读书过程中学会思考，把读、思、说、写有机地结合起来，恰到好处。教师还将思维训练与理解课文内容、训练语言表达（从说到写）和唤起科学实践意识等相融合，收到了较好的效果。整个教学过程不死板老套，学生在有趣的教学中真正受到了启发，明白了深刻的道理，培养了孩子们的科学素养。

（深圳市南山区大冲小学　朱海萍）

训练思维 感悟真情

——《我为你骄傲》思维训练活动设计

（二年级适用）

【设计内容】

《我为你骄傲》一文讲的是一个小男孩把邻居老奶奶的窗玻璃砸碎后，攒了三个星期的送报纸钱赔给老奶奶，并向她道歉。老奶奶以博大的胸怀原谅了他，并回赠他一句鼓励的话——“我为你骄傲”。本活动方案的教学是以朗读为主线，在朗读感悟中，在情境创设中培养学生的发散思维、逆向思维、比较思维等多种思维能力。

【设计理念】

改变传统教学中的单纯地学习课文的教学思维，注意培养学生多种思维能力，以学生自主学习为主，着力创设一个开放而有活力的语文课堂，着眼于全面提高学生的语文素养，把语文的工具性与人文性有机地结合在一起，在朗读感悟和多种思维训练中，把德育渗透在语文教学中。

【活动目标】

让学生充分朗读感悟课文，创设多种情景训练学生思维，培养学生的口语交际能力，使学生体会人与人之间真诚的感情，学习诚实与宽容对待他人的美德。

【活动过程】

一、角色替换，多维发散

课文描述的小男孩由打破玻璃逃走到主动承认错误，这一过程中的心理变化，是很好的思维训练点，可以让学生想像小男孩的心理活动，从而更好地体会男孩的诚实这一品质。

教师让学生选择自己喜欢的方式朗读课文，边读边划出描写小男孩由打破玻璃逃走到主动承认错误这一过程中的心理活动的词语，猜想小男孩做了错事逃走时会想些什么。

学生读文后也许会有以下几种想法：

1. 他肯定会想：快跑，让老奶奶发现就糟了。

2. 他还会想到：老奶奶会把这件事告诉父母和老师的，我会挨批评，就评不上三好学生了。

3. 他可能会边跑边后悔自己做了错事不应该逃跑。如果奶奶被玻璃扎到脚怎么办呢？但他又不敢跑回去向老奶奶道歉，害怕她责备。

当学生充分想像，进入小男孩的角色后，教师顺势引导学生继续与文本对话，深入男孩的内心：为什么他在老奶奶不知情的情况下，还要主动承认错误？当时他心里是怎样想的呢？

学生可能从文中"不自在"、"轻松"等词中，认识到小男孩因为做了错事，每次看到老奶奶时很不自在，想：老奶奶是不是已经知道玻璃是我打碎的？心理上的压力使他非常自责，决定主动承认错误，让心情变得轻松愉快。

（这一环节的训练让学生充分与文本对话，层层深入地挖掘人物一系列的心理变化，使学生顺利进入小男孩的角色，使学生体会到人物诚实的品质。）

二、创编故事，逆向思维

课文给学生传递的是做错事要承担责任这一正面的信息。在学生充分了解人物心理变化后，不妨对学生进行一次逆向思维的训练，为学生创设情景，让学生改编故事：假如小男孩没有承认错误，你们来把课文改编一下，故事又会怎样发展呢？先在小组内把故事讲给小伙伴听。

学生们发挥自己丰富的想像力讲故事，教师深入各小组有针对性地指导。有的可能认为小男孩因为一直没有向老奶奶道歉，每次见到老奶奶都非常不自在，所以不敢再去她家送报纸了；有的则会想像到老奶奶得知了是他打烂玻璃的，从此大家都不再喜欢他，也不让他送报纸了；有的还会想到最后老奶奶知道了，但她并没有责怪小男孩，而是给他讲道理。孩子们此时的发言最能体现他们的个性思维，只要想像合理，教师都应该给予肯定。

（改编故事激发了学生浓厚的学习兴趣，给了学生一个充分想像的空间，训练了孩子们的逆向思维，让他们体会不诚实所带来的后果。）

三、文本变活，加深理解

学生对课文的内容已经充分理解了，而且也有了自己的一些体会，这时可以让他们发挥想像在小组里面编排课本剧。教师提出：大家可以在小组内充分发挥你们的想像，加入你们自己的一些语言，把课本剧演好。看看哪个小组演得最好。

在同学们自编自演的课本剧中，有的学生可能在表演时以面部表情的变化体现小男孩的"不安"、"担心"、"轻松"等一系列心理变化，有的也许会加入一些自己的语言、动作来丰富人物形象……教师要及时地发现并肯定学生的闪光点，进行鼓励。

（课本剧的表演训练了学生的口头表达能力，使文本活起来，加深了学生对课文的理解。）

四、联系生活，比较思维

本环节意在通过制造小意外，引发学生在学习生活中的共鸣，让学生把平时对某人（爸爸、妈妈、同学等）的愧疚写下来，并向他们道歉。

设计这样一个情景：教师无意撞落一名学生的铅笔盒，却视若无睹，并不向他道歉。同时向学生暗示：刚才那一情形是不是在我们的生活中经常发生呢？你会怎么做呢？请同学上台表演接下来会发生的事情。学生在表演的过程中会想到向别人道歉，请求别人的原谅。教师让学生回忆一下曾经做过什么错事，却没有承认错误的。在学生陈

述完他们所做过的错事，并向朋友道歉后，教师顺势引导学生把心中要道歉的话写下来，送到别人的手中，请求他的原谅，同时希望收到道歉信的同学能够像老奶奶一样宽容地对待曾经做过错事的同学。

（由课文内容联系到生活实际，给予学生一个写作平台。由于练笔的内容非常贴近生活实际，学生都很感兴趣，乐于去写。）

【设计评述】

本案例在学生充分朗读感悟、理解课文内容的基础上，让学生通过角色互换、发挥想像来把握人物的心理活动，大胆地进行逆向思维的训练，培养学生的想像能力。通过课本剧的表演，学生提高了语言表达能力；由课文内容联系生活而要求学生写作，学生易写、乐写，在写作中又深化了对课文主题的理解。

（深圳市南山区月亮湾小学　刘诗成）

以读促悟　想像拓展

——《三个儿子》创新思维教学活动设计

（二年级适用）

【设计内容】

《三个儿子》讲的是：三个妈妈拎着沉甸甸的水桶回家时，她们的儿子都来了，但只有一个儿子接过妈妈的水桶。这个故事说明了只有关心妈妈、懂事明理的儿子才是真正的儿子，教育学生要懂得关心父母，关心他人。这里设计的是培养学生创新思维的教学活动。

【设计理念】

根据本文内容浅显易懂、人物对话较多的特点，重点放在朗读悟理上。围绕这个重点内容进行想像拓展的创新思维训练，以便达到多维教育目标的有效整合，提高学生的人文素养。本课教学活动设计立足于读，以读感悟，想像创新，以活动贯穿整个教学过程，让每个学生都积极主动地投入到学习中。通过学习本文使学生对父母的情感得到进一步升华，并延伸到关心他人身上。

【活动目标】

通过文中几处创新思维训练，给学生的想像插上翅膀，深化他们对课文内容的理解，使学生感悟到母爱的伟大及孝敬父母的道理，弘扬中华民族的优良品质，同时，提高学生的想像、表达、表演、写作等能力，丰富学生的情感。

【活动过程】

一、朗读感悟母爱的伟大

创设情境读文。教师让学生把自己想像成妈妈，感情朗读妈妈的话，读出妈妈对儿子的爱来。这样设计是让学生进入文本，入情入境，置身于课文的角色中，感悟人物的内心情感。

学生们在自读自悟的基础上，开展精读、赏读、赛读、分角色读等等，读书的气氛相当激烈。第一个学生刚读完，就有学生提出："他读前两个妈妈的话，没有读出得意的语气，语速太慢了，表情不够高兴与骄傲；读第三个妈妈的话，语气不够平稳，语速快了。"他说他能读得更好。说完他开始范读，刚读完，又有学生提出："他虽然比第一个同学读得好，但是我认为他读前两个妈妈的话时语气还不够得意，读第三个妈妈的话时语速还要稍慢些。”说完这位同学还配合动作范读起来，刚读完，又有学生提出……学生们通过反复评价读书，深深地体会到了母爱的伟大。这时，教师趁机问：“如果你是三个妈妈中的一个，你还会说什么话?”学生纷纷发言。

生1(自豪地)：“我儿子将来肯定是一个举重冠军或体操王子。”

生2(骄傲地)：“我儿子长大准能成为一名歌星或影视明星。”

生3(得意地)：“我儿子将来一定是一名音乐家或出色的音乐教师。”

生4(平静地)：“我儿子现在没有什么特别，相信他长大后能成为孝敬父母、乐于助人、关心他人的典范。”

生5(微笑着)：“我儿子将来一定不会令我失望的。”

……

在学生充分发言的基础上，教师进一步激发他们的求知欲：“刚才的‘妈妈’夸儿子时多么骄傲、得意啊！孩子是妈妈的宝贝，更是妈妈的骄傲，哪个妈妈能不夸、能不爱自己的孩子呢？同学们，你们愿意谈谈自己的妈妈是怎样夸自己的吗?”学生的思路异常活跃，各抒己见。有的说：“我作文得了奖，妈妈竖起大拇指直夸我棒!”有的说：“我帮邻居老奶奶扫地，妈妈夸我是个好孩子。”有的说：“我放学自己回家，妈妈夸我是个勇敢的孩子。”有的说……教师适时小结，然后让学生合唱歌曲《世上只有妈妈好》，将母爱之伟大推向高潮，深化主题。

(在学生感悟课文的基础上进行拓展思维训练活动，使学生切身感受到母亲无私、无我的爱，从而使母子、母女之情得到进一步升华。)

二、感悟老爷爷的话

明明是三个儿子，老爷爷为什么说只看到一个儿子呢？为了引导学生理解好老爷爷的话，设计了多种思维训练：

(一) 读。通过自读、情境读、角色读、赏读、表演读等形式多样的朗读训练，使学生的读步步深入，在读中整体感知，在读中培养语感，在读中受到情感的熏陶，从而优化自身的综合素养。

(二) 圈。引导学生边读边圈出文中的重点词句，自读自悟，认真作好批注。不理解的用“?”表示。然后进行自学汇报。这样做既调动了学生自主学习的积极性，又提高了学生的自学能力。

(三) 议。即在个体感悟的基础上，学生进行合作探究，解决带“?”的难题，相互印证、补充，从而达成共识。学生间的互动交流，展示了学生的主体作用，增强了课堂上学习的主动性。

(四) 说。即让学生交流探究：当这个孩子接过沉甸甸的水桶时，三个妈妈又会怎样说？有的说：“瞧，您的儿子多疼你!”有的说：“唉，你的儿子才是真正的好儿子。”有的说：“他经常帮我干活，没什么奇怪的。”有的说……这里给学生创造了自由想像、表露心声的空间。学生入境深思，真情流露。

(五) 演。让学生走进课文，当妈妈、当老爷爷、当儿子，通过不同的角色体验，与文本展开零距离的对话，实现“三维一体”的教学。

（六）评。即让学生评选心目中的好儿子。评选活动掀起了学习高潮，学生纷纷发表自己的见解，既得到深入的语言文字训练，又受到浓郁的思想熏陶。有的说："我心目中的好儿子是帮妈妈提水的。他虽然不会表演各种节目，但是他却能帮妈妈分担家务劳动。"有的说："老师，我心目中的好儿子也是帮妈妈提水的，他不像前两个孩子只会表现自己，他无声帮妈妈提水，十分关心妈妈。"有的说："我喜欢力气大的，他还会翻跟头，可惜他不会帮妈妈做事，太遗憾了。"有的说："我喜欢会唱歌的，他的歌声能给人带来快乐，但希望他以后能帮妈妈做事，做一个既有特长，又能孝敬父母的好儿子。"有的说："第三个儿子主动帮妈妈做事，比会表现的儿子更让人称赞、喜欢。"有的说……

学生经过六个环节的学习研讨，明白了"不懂得孝敬父母和为父母分忧的儿子，不能算是真正的儿子"的道理，从而弄清了老爷爷说只看到一个儿子的原因。在学生理解课文的基础上，让他们谈谈日常生活中自己是怎样孝敬父母的，或谈谈自己今后准备怎样做。学生回顾生活，真情流露。有的说："每天爸爸妈妈下班回来，我都给他们倒茶。"有的说："妈妈下班回来还要给我做饭，太累了，我今后要帮妈妈做力所能及的家务。"有的说："妈妈生病了，我给她拿药倒水。"有的说……

（这里的思维训练使学生懂得了儿女应该为父母分忧的道理，决心在生活中做个孝敬父母的好孩子，学生的情感得到升华，教学多维目标得以实现。）

三、拓展延伸

在学生对课文有了深刻的认识后，让他们充分发挥想像力，拓展思维。活动是这样安排的：把自己知道的古今中外孝敬父母的故事演一演，或把发生在身边的孝敬父母的典型事例说一说。（教师强调要根据情节、环境、人物的语言、行动、表情等进行合理的想像。）

学生有的演《黄香温席》，有的演《慈乌反哺》；有的互相交流爸爸妈妈是怎样孝敬爷爷奶奶的，邻居的叔叔阿姨是怎样孝敬父母的……教师或指导、或点拨、或释惑，将学生的思维不断引向深入。

最后，倡议学生完成弹性作业：每天为父母做一件事，写在日记上。

（拓展内容富于想像，促进语言发展，提高学生的创新能力，使学生的学习延伸到课外，建构起大语文的学习观，并以此带动形成家庭"亲情高潮"。）

【设计评述】

这篇课文的教学活动设计特点是：一、将思维训练和想像力的培养置于充分的朗读感悟上，做到有机整合。二、精心发掘思维训练点，每个点安排得恰到好处，有创新、有价值，训练到位，一举多得。三、将思维训练与课文理解、语言表达、情感深化等融为一体，实现多维目标的有效整合。四、善于调动学生的学习积极性，善于营造轻松愉快的学习环境，适时培养学生的想像力、创造力，高潮落在实践活动上，四十分钟的效率高。五、将课堂与生活进行有效整合，建构起大语文的学习观，全面提高了学生的语文综合素养。

【资料链接】

“黄香温席”:“能温席,小黄香,爱父母,意深长。”黄香小时候就已经懂得孝敬长辈。夏天,他扇凉枕席,赶走蚊子,放好帐子,才请父亲去睡;冬天寒冷,他就把父亲的床席睡暖之后,再请父亲上床。小黄香扇枕温席的故事千百年流传。有诗赞道:“冬日温衾暖,炎夏扇枕凉。儿童知子职,千古一黄香。”

在传统文化的熏陶下,我国人民都把孝敬父母作为自己当然的责任,感人的事例很多。我们可以上网或到图书馆查一查资料,了解更多关于孝敬父母的故事。

推荐学习的书:《新三字经》。

(深圳市南山区阳光小学　李赛红)

让语言与思维同构共生

——《乌鸦喝水》语言与思维训练活动设计

（一年级适用）

【设计内容】

《乌鸦喝水》旨在引导孩子在遇到困难的时候积极开动脑筋，寻求解决问题的办法，培养孩子勤于思考的好习惯。这里设计的是，利用课文内容和扩展资源让孩子在说话练习和创新思维的交替活动中学习、成长，使学生的语言能力和思维能力得到同步的发展，语文素养得到进一步的提高。

【设计理念】

培养创新思维是素质教育的核心内容之一，但语言是思维的外壳，没有完善、清晰的思维活动，不可能有完整、流畅的语言表达。相反，如果不能将思维以优美、流畅的语言表达出来，其创造性别人也无从得知。在教学中，将语言训练和思维训练有机地融合起来，让学生在理解课文的基础上，提升语言表达能力；让思维在语言的优化下，更独特、更流畅、更有创新性，从而实现多维教育目标的有效整合。

【活动目标】

在教学中，灵活把握学生特点，灵活运用教学方法，结合课文内容和丰富的课外资源，巧妙把握口语训练和思维训练的"生长点"，使两种活动有机地融为一体，促使学生口语能力和思维创新能力同步提高。

【活动过程】

一、我讲《乌鸦喝水》的故事

课文中有两幅精美的插图，它不但是教材的重要组成部分，更是形象化的语言，是触发学生想像的媒介和学习理解课文的依托。根据低年级学生的心理特点，课堂上，可出示课文中的两幅插图，以提问的方式展开教学。

"谁能用自己的话讲一讲《乌鸦喝水》的故事？"学生结合插图，自主创编故事、讲故事。"他的故事讲得非常棒，老师相信，你的故事肯定也很棒，快讲给同桌听一听吧。"

（《乌鸦喝水》的故事孩子们从小就听过，这里让孩子用自己的话来讲，就要求孩子必须把外部语言内化成自己的语言，才能讲得生动，讲得活泼。这是一个训练学生语言表达能力的好机会，因为有原始的语言积累和课文插图，又有初读课文做铺垫，又可以融入个体对故事的理解和改进，相信孩子们定会胸有成竹。从孩子的发言中随机选择创新的火花进行表扬鼓励，激发孩子的兴趣，再让孩子们同桌互讲，最大限度地保证了学生的训练范围，实现了发展的机会均等。）

二、我帮乌鸦想办法

学习课文时，借助课文中的疑问句引发学生的创造性思维。

“小乌鸦喝不到水，怎么办呢？同学们，谁能帮小乌鸦想想办法？”此时让学生自思自议，他们定会想出许多不同的办法。

（给孩子一双想像的翅膀，他们就能自由飞翔。孩子们通过想像，结合自己的生活实际，积极地为小乌鸦寻求解决问题的办法。相信他们通过积极的思维，一定能想出许多种好办法，创新的火花定能照亮我们的课堂。）

三、认识聪明的小动物

课文简单直白，学生很容易理解，这样的课文对于已有一定学习能力和学习需求的学生来说，显然过于简单。所以，为孩子准备几篇和课文题材相同、内容相关的课外阅读资料，让学生自由阅读，不但尊重了学生的个性发展需求，更能使学生的知识和能力得到“跨越式”的提高。

“教室里来了几位聪明的小伙伴，如果你想认识他们，就请进入“资料城”去读读它们的故事，想一想他们做了哪些聪明的事。”此时教师把学习的自主权完全还给学生，让学生自读自议，自主学习。

（丰富的表象是创新的基础。孩子通过扩展阅读，形成了丰富的表象，为他们的想像插上了有力的翅膀，这样，他们在自主创新的天地里就能飞得更高、更远。）

四、比比谁更聪明

学生读了四篇扩展资源《聪明的公鸡》、《狼医生》、《小兔伯尼》和《狐狸妈妈》之后，对小动物解决问题的办法提出了许多自己的见解。据此提问，学生以理解课文的方法为基础，以扩展阅读资料为支架，创新思维就有了更广阔的空间。

“你还能帮故事里的小动物想出哪些更好的办法？说给同桌听一听。说完了，再把你的想法通过电脑打写出来，送给你喜欢的小动物。”

（语言是思维的外壳。学生头脑内部的创新思维可以通过语言表达而变得更清晰、更流畅，而同桌间的相互学习，则进一步丰富了学习的广度和深度。让学生和小动物对话，让学生把想说的话写出来，这样的迁移，顺应了学生语言和思维的发展规律，既保证了学生说、写的兴趣，又让学生把思维中创新的火花记录下来，让它的光芒永远闪亮。）

【设计评述】

这个教学设计方案，体现了教者全新的教学观念。其新如下：

1. 灵活把握教材：在这个设计中，教材只是学习内容的一部分。执教者创造性地使用教材，使教材不但发挥了较好的范例作用，而且让学生凭借对教材的理解和把握，进一步地学习了相关的课外资源，使学生的知识和能力实现了“跨越式”的发展和提高。

2. 有效激活学生：学生是学习的主体，学生在课堂上的活动是教学的重中之重。活动设计中，教师多处设疑，通过发展学生有序的语言表达能力而带动学生创造性思维的进一步发展，教学层次由读到想、由说到写，适应学生的语言和思维发展规律，体现了教师激活学生的教学能力。

3. 巧妙串联活动：课堂中，教师利用课文和扩展资源设计了一系列的活动。通过活动的交替进行，使学生的语言能力和思维能力得到同步的发展。教学活动在精心设计下，灵活地串联在一起，学生学得轻松，学得快乐，实现了多维教学目标的有效整合。

（深圳市南山区向南小学　袁　茵）

发掘创造潜质　培养创新思维

——《黄山奇石》创新思维教学活动设计

（二年级适用）

【设计内容】

《黄山奇石》是一篇写景的散文。课文介绍了奇形怪状的黄山奇石，重点描写了“仙桃石”、“猴子观海”、“仙人指路”、“金鸡叫天都”这几块奇石。作者生动的描述、丰富的想像给黄山奇石赋予了更加神奇的色彩，也为学生开启了一个更为广阔的学习空间。

【设计理念】

新课标指出：“要注重开发学生的创造潜能，促进学生的持续发展。”创造性的培养不仅有利于学生充分地实现自我、施展自己的才华，而且有利于学生创新精神的形成。《黄山奇石》不仅文质兼美，还是培养学生创造性思维的好范本。本课的教学旨在运用生动活泼的教学形式，唤起孩子自主学习的积极性，发掘孩子们的创造潜质，培养创新思维，让孩子们在收获知识的同时，享受学习过程。

【活动目标】

结合图文，创设情境，引导学生富有创意地说说、读读、写写。通过活动的开展激发创造性思维，激起学生读书的兴趣，让学生在读中感悟，在读中提高语文综合素养，培养学生对黄山的热爱之情。

【活动过程】

一、以图为媒，再造想像

低年级孩子以直观形象思维为主，情感丰富，敢想敢说。本文图文并茂，教学中教师可以充分利用这一教学资源，留给学生充足的思考想像空间，允许并鼓励学生提出自己独到的看法。

片段描述：学生按自己的兴趣自由分成了“仙桃石”队、“猴子观海”队、“仙人指路”队、“金鸡叫天都”队四个队来学习。新的学习方式，新的学习伙伴，让孩子们格外兴奋，交流的欲望强烈。此时教师相机引导学生结合课文插图，开展交流：“下面请同学们先在小组里交流，说说自己喜欢这块石头的理由，可以加上自己的想像。等会儿请各队推荐代表上台说。”话音还未落，孩子们早已等不及似的开始了交流，因为交谈的都是自己感兴趣的内容，课堂气氛很热烈。随后的代表发言更是十分精彩，他们富有灵气的想像，使那一幅幅静止的画面变得充实而生动。

（教师在教学中贯彻新的教学理念，最根本的就是要以生为本。本环节的教学重在为学生创设宽松的学习氛围，以图为媒，开拓学生的想像空间，让学生创造性地说。）

二、巧设妙法，创造性朗读

这篇课文文质兼美，适合引导学生在朗读中感受和体会黄山石的奇妙，让学生在读中去感悟。要尽量避免抽象的分析，根据学生喜欢尝试新鲜事物这个特点，以要想当好导游就得说好导游词为饵，“哄”着学生高高兴兴读书，让学生过一回导游瘾。

片段描述：

教师通过让学生尝试当导游来激发学生读书的兴趣：“同学们，你们想当导游吗？老师给你们一个当导游的机会，不过好导游可得会解说，现在解说词也有现成的，就是这篇课文，你们能把课文读好吗？”接着教师让学生选择自己喜欢的部分练读，要求学生创造性地加上动作、表情，允许学生在文中加入自己想像的部分。在教师指导、学生反复演练的基础上再来分级开展导游比赛，由师生共同确定分级目标（一级导游要求情感丰富，表达流畅，并能发挥一定的想像力；二级导游要求能正确连贯地表达，并能加上适当的动作、表情）。分级目标照顾了不同学生的差异，因而学生热情高涨，参赛十分踊跃，把课堂气氛推向高潮。

（这一环节设计的目的不是真让学生去当导游，而是创设情境，让学生转换角色，以当导游这种形式引起学生读书的兴趣，为的是让学生把书读好，读出感情来，在读读、说说、演演中体悟情感，培养创新思维，从而提升学生的语文综合素养。）

三、读写结合，创编导游词

课文重点介绍了四种奇石，其余部分只是一笔带过。在学文的基础上，可以让学生充分发挥自己的想像力和创造力，自己创作一段导游词。

片段描述：

师：“做导游光知道这几处景点行吗？现在景点有现成的，名字也取好了。你能学着课文写几句导游词吗？选择一处景点写一写。”师相机出示奇石画面和仿写示例：

> 我也来学着写一写吧！
> 就说“仙人晒靴”吧！（什么样的靴子？怎样晒着？谁的靴子？为什么要晒？）
> ______________________________
> 在一座陡峭的山峰上，______________________________
> 这就是著名的“______________”。

因为有了课前广泛收集和了解图片、文字的基础，学生兴趣盎然地投入到练笔中，灵动的想像跃然纸上。

（这一环节的设计有一定的梯度，从模仿到创造，有扶有放，既使学生思维能力、观察能力、表达能力及写作能力得到充分有效的锻炼，又让学生的个性有了充分发展的空间。）

【设计评述】

《语文课程标准》提出了一切为了学生的发展、全面提高学生的语文素养这一先进的教学理念。在这种教学新理念影响下的《黄山奇石》便有了不同于以往的新的活动设计，即摈弃传统的对课文内容进行繁琐分析讲解的做法，以发掘学生的潜质、培养创造性思维为切入点，以生动活泼的教学形式，让学生在具体的阅读实践中主动地、富有个性地学习，从而培养学生的语文学习兴趣和信心，不断提高学生的语文综合素养。

（深圳市南山区海滨小学　宋淑芳）

在探究与辩论中放飞思维的翅膀

——《她是我的朋友》多维思维训练教学活动设计

（三年级适用）

【设计内容】

这篇课文写的是战争时期的一个故事：孤儿院的孤儿阮恒，误以为献血会死，但为了抢救受了重伤的同伴，还是毅然献出自己的鲜血。课文通过对小男孩的复杂心情进行描述，生动地展现了他为救朋友而无私奉献的优良品质。活动需根据本文人物真实、复杂的心理，激发学生体会人物内心世界，并学会真实表现情感的写作方法。

【设计理念】

通过辩论的形式，鼓励学生发散思维，求异创新。同时对学生的语言表达能力、语言概括能力进行训练，使学生在提高能力的同时，情感受到熏陶，实现多维目标的有效整合。

【活动目标】

结合教学训练点的运用和发掘，让学生通过对人物的神情、动作、复杂心情的揣摩，切实感受课文主人翁为救朋友而无私奉献的优良品质，学会在写作中真实表现人物的情感。

【活动准备】

课件（战争场面），讨论材料（表格见正文中）。

【活动过程】

一、渲染气氛，感知全文

（文章是在特定背景下发生的特殊故事，因此，让学生感知当时的恶劣环境及紧迫性，有利于为学生理解文章中人物内心世界、启发思维进行辩论作好铺垫。）

设计一：（播放课件战争的场面，一同感受文章发生的背景）请学生在最快速度内找出描写战争背景的词语。

场景一：学生找出词语并理解词语——迫在眉睫。

设计二：引导学生有感情地读文，并在自读的基础上整体感知全文，此时应该注意指导“啜泣、呜咽、抽泣”等重点词语的读音及意思的理解。

设计三：学生汇报读文的感受，教师整体把握学生学习情况。

（课堂教学应该立足于语文学科的根本，学语文，用语文，语文课程的“开放”、“拓展”都必须建立在对文本理解的基础上。因此,我们要正确处理文本的价值取向和珍视学生的独特体验,让学生从文本中感知当时的场景,有利于学生从整体上理解文意。)

二、自主探究,寻找依据

(教学应该满足不同层次的学生的学习需求,因此,在教学中,应开放教学空间、教法、学法,以学生自主探究为基础,让学生在参与辩论之前自我质疑、自我反思、互相帮助,才能切实保证各个层次的学生在自主合作学习中有所得,真正地发挥自主合作学习的好处。)

设计一:请持两种不同观点的同学在课文的句子中找出小男孩勇敢或者不勇敢的依据,打上序号,并在小组内进行交流。

设计二:小组合作研究

(1) 小组合作,找到证明论点的依据。

(2) 小组内个人发言,注意倾听,互相补充,记录员填写表格。

研究人物	依据(动作、神态)
我们的看法: 温馨提示:他是个勇敢的孩子吗?	
我们的理由 友情提醒:抓住关键词句说。	

(3) 讨论整理记录,形成共识。

(4) 发言人试讲,其他组员评议。

三、辩论交流,加深理解

(将讲台让给学生,尊重孩子的创造力,并启发他们发散思维,求异思维,创新思维,选择新的角度,学会将侧向与反向、纵向与横向、发散与聚合等各种对立统一的思维形式有机地融为一体,促进思维严密化。)

场景一:各小组以记录表为凭借,结合课文有关词句,向全班同学展示探究成果。以下几点为辩论中的要点(正方——勇敢;反方——不勇敢)。

正方:“阮恒是勇敢的,当医生告知如果不能补足小姑娘的血,她一定会死去,所有的人都沉默了,只有阮恒举起了手,他多勇敢啊!”

反方:“但是他举手时,表现得一点也不勇敢,是‘颤抖’着的,还放下去又举起起来,而且,在献血过程中一直在哭。”

场景二:学生找出课文中表示哭的词语——啜泣、低声哭泣、抽泣。

正方:“请别忘了,阮恒之所以哭,是因为他以为把血献给了朋友就会死去,所以才会哭,而且,他一直竭力掩饰,当医生安慰他后,他立刻不哭了。”

反方:“为了挽救朋友的生命,作者如果写他一直都没哭,不是更能表现他对朋友的无私奉献吗?”

正方:“他还只是一个孩子,我们设身处地为他想一下,当以为自己就快要死了时,怎么能不感到恐惧呢?他一直在竭力克制,他为了朋友,已经作出献出生命的决定,我们怎么能认为他不勇敢呢?”

场景三:教师引导学生体会:正是犹豫,才反映了阮恒的真实心理。他在极度恐惧的情况下,仍然能作出献出生命的决定,这很好地说明了他的可爱和勇敢。

(语文所提倡的是,以美好的事物感染孩子们的纯洁心灵,让他们体会到人间的真善美。因此,在课堂上,我们用辩论的方式,让孩子们在争议中理解,这体现语文所追求的另一个重要目标,即培养孩子们正确的人生观和价值观。)

四、深入内心,体验伟大

设计一:(打开思路,引导学生体会小男孩的感情)献血的过程中,阮恒有过犹豫、害怕,请谈谈对阮恒的看法。

设计二:请假设自己为站在旁边的小朋友,说说你想对阮恒说些什么。

设计三:自由谈自己的看法,也可以写下自己的感受。

(在充分理解了课文内容的基础上,让学生设身处地进一步体会阮恒思想矛盾中的可爱及可贵,既是加强情感熏陶,也是锻炼学生的表达能力及写作能力,可谓一举两得。)

【设计评述】

本设计注重培养学生的创新思维,鼓励学生打破常规,并利用辩论的方式训练学生的表达能力及思维能力。为辩论作铺垫的小组合作学习则为学生提出了合作思想及概括能力的要求,同时也使学生在辩论中自悟了体现人物情感的写作方法,实现了多维目标的整合。

(深圳市南山区学府小学　周柏君)

拓展思维活动　促进理解深化

——《司马光》思维训练活动设计

（一年级适用）

【设计内容】

《司马光》写的是司马光小时候和几个小伙伴在花园里玩，一个小伙伴不小心掉进了大水缸，司马光急中生智，举起大石头，砸破水缸，救出小伙伴的故事。这里设计的是本文教学中拓展性创新思维活动的过程。

【设计理念】

一般说来，集中思维有利于思维的确定性、规范性，发散思维有利于思维的灵活性、创造性。创造性思维是集中思维和发散思维的有机结合。本课立足于促进学生的思维发展，围绕教学重点内容，设计问题，展开讨论，对学生进行语言组织表达能力、思维能力的训练。

【活动目标】

通过朗读感悟，以讨论的形式激发学生积极思维，产生思维的火花，并在碰撞中不断完善，不断发展。用补充课题、小组表演等形式，使学生的语言组织概括能力得到进一步提高。

【活动过程】

一、朗读感悟，多向思维

学生初读课文，了解了课文大意，也认识了课文中的生字，识记了课文中的词语后，这时读书的重点应放在朗读感悟上。怎样让学生在读中感悟，读中思考呢？结合小学生的特点，实施如下指导步骤：

1. 多媒体引入，入情入境。在朗读课文之前，教师先播放一段录像：一群小朋友在公园的假山旁捉迷藏。突然，有一个小朋友爬到假山上，一不小心，掉进了大水缸里。观看录像后让学生体会，假如自己在场会是什么心情？接着指导朗读第一至三自然段，比一比，看谁读出了那种紧张的气氛。

2. 指导看图，对比朗读。在指导朗读第四至六自然段之前，先引导学生仔细观察课文的插图，思考：(1)别的小朋友看到这种情景表现怎样？(2)司马光又有怎样的表现呢？然后通过对比朗读表现出两种不同情景：别的小朋友急切、慌张，司马光沉着、镇定。最后要求学生配上动作、表情去读书，加深对课文的理解和感悟。

（这一活动过程，运用了多种教学手段，给学生创设了读书情境，使学生进入文本，体会当时场景，感悟人物的心情、神态，引导学生多向思维，达到了读中悟、读中思的目的。）

二、讨论问题，发散思维

在教学过程中，教师用图文并茂的形式将司马光砸缸的过程板书出来。课文中写到"有个小朋友……掉进了大水缸"，当时紧张的气氛，别的小朋友慌张、急切的心情以及司马光镇定的表现，学生都已经感受到了。在这么一个氛围中，教师顺势提出了一个问题："如果你遇到这种情况，你会怎么办？"让学生围绕这个问题展开讨论。

同学们议论纷纷，发表自己不同的见解。有的同学说："我会取一条绳子，套在大缸上，然后和其他小朋友一起把它拉倒。"马上有两三个同学反驳道："不行，不行，这种方法行不通。图上画得很清楚，花园里当时只有假山、草坪，哪来的绳子？等把绳子找来的时候，小朋友早都淹死了。""这种方法一定不行，把绳子捆在缸上不容易，又浪费时间，而且缸倒下来的话，里面的小朋友会摔伤的。""我在老家见过，水缸那么大，那么重，连大人都不一定推得动，小孩子就更难拉动了。"

有的说："我有一个办法，就是找很多小石子，把它们丢进缸里，缸里的水就流出来了，小朋友不就得救了吗？"立刻又有人反驳："这样不行的，把石子丢进去会砸到小朋友，把小朋友压在下面，可不能像《乌鸦喝水》里的乌鸦那么做，这两种情况是不同的。"

有的说："可以找一根树枝插在水里，让那个小朋友攀着树枝爬上来。"这个办法虽然很好，但同学们分析说，这一工具去哪里找呢？通过比较，同学们一致认为司马光的办法既简单又可行。

（这一思维活动的设计，给学生提供了一个讨论的平台。同学们讨论得非常热烈，思维非常活跃，一种观点提出后，马上有更多的观点反驳它，指出不合理的地方。在这一过程中，学生的语言和思维能力都得到了锻炼。更可喜的是，问题都由学生提出，学生解答，教师在整个过程中只是参与者、引导者。）

三、补充标题，拓展思维

在前面朗读感悟活动里学生感受到了司马光的沉着、冷静。接下来讨论问题，又让学生达成共识：在当时的情况下，司马光的方法比较可行。此时，教师请同学们补充课题，并说一说为什么要这样补充。这实际上是集中思维和发散思维相结合的训练过程。

学生们争先恐后地说出自己的想法："聪明的司马光"、"沉着冷静的司马光"、"爱动脑筋的司马光"、"不慌张的司马光"、"机智勇敢的司马光"……

有一个同学补充题目的结构方式和其他同学不一样，他补充的是"司马光砸缸"。我问他为什么这样补充，他说："课文就是讲司马光用砸缸的方法，救出那位小朋友的。"他想得多好啊！

（在补充标题时，学生纷纷开动脑筋，想了许许多多的题目，有的还一连说了两三个。这一活动，不仅培养了学生的概括能力，而且使学生对遇到困难不慌张、沉着机智才会想出好办法有了更深一层的理解。）

四、表演深化，激活思维

教师将学生每六人分为一个小组，并提出表演的具体要求：一名学生配乐朗读，五名学生表演，其中一名扮司马光，一名扮落水儿童，三名扮其他小朋友。配乐朗读的同学要读出感情，速度适宜。表演的同学要通过自己的动作、表情把人物心理和故事情景表现出来。

在分小组表演的同时，组织几位学生评委在下面观看各小组表演的情况，挑选出表演效果较好的小组上台进行表演，向全体同学展示汇报。

表演结束后，请同学们进行评析。在品评的过程中，同学们充分发表自己的见解。比如有的说，扮演落水的儿童没有把划水的样子与呼救的神情表现出来；有的说，那三位扮其他小朋友的同学表演得较好，他们跺着脚，抓着头，捂着嘴……表现出了着急、慌张的样子；有的说，司马光虽然表现出了沉着、冷静的样子，但举起石头砸缸的力量不够大……大家你一言，我一语，课堂气氛非常活跃。

（学生能通过表演把课文的内容展现出来，这是再创造的过程，说明学生对课文的理解与感悟达到了较高的境界。表演中更能体现学生的合作精神。品析表演这一环节激活了学生思维，使整个活动得到了升华。）

【设计评述】

小学生的思维是以形象思维为主的，要拓展学生的思维活动，必须借助多种教学手段。教学过程中引导学生观看录像，指导看图，开展讨论，小组表演，都是为学生的思维训练搭建平台。这些设计，能积极调动学生主动、自觉地参与讨论。在教学中，教师更为关注的是学生思维的过程。整个课堂气氛热烈，学生参与面非常广，学习兴趣浓厚，实现了集中思维与发散思维的有机结合，创造性思维也得到进一步发展。

【资料链接】

司马光（1019—1086），姓司马（复姓），名光，字君实，夏县涑水乡人。北宋时期著名的历史学家和文学家。小时酷爱学习，遇事善于动脑。由他主持修纂的《资治通鉴》，以编年体记载了我国自西周至五代一千八百年的历史，其鸿篇巨制，大逾前代，且史料考证翔实，文辞通畅，千余年来，为历代史学家所称道。

（深圳市南山区阳光小学　詹　焱）

点燃思维的火把

——《两只小狮子》思维训练活动设计

（一年级适用）

【设计内容】

《两只小狮子》是一篇童话故事，主要讲述了两只小狮子的不同生活态度：一只小狮子非常勤奋，每天练习生活的本领；另一只却认为凭着父母的地位就可以生活得很好，于是，整天懒洋洋地晒太阳，什么也不干。通过一勤一懒两只小狮子的对比，以及狮子妈妈对懒狮子的教育，告诉学生，从小应该勤奋学习，学会生活的本领，不能依靠父母的本领和地位生活。

本案例是根据本课教学中的拓展性创新思维活动进行设计的。

【设计理念】

创新教育是以培养人的创新精神和创新能力为基本价值取向的教育。小学语文教学中的创新教育是根据学科性质、语言特点，凭借教材和其他教学媒体，在儿童学习语言的过程中激发学生创新欲望，开掘学生创新潜质，培养学生的创新精神、创新能力和创新品格的教学实践活动。创新思维是对已知事物或未知事物进行前所未有的思考，小学语文教学活动中，培养学生创造能力的关键就是培养学生的创新思维能力。本课教学设计，正是基于这一点考虑的。

【活动目标】

通过几处创新思维训练点的发掘和利用，培养学生积极的求异性思维能力，敏锐的洞察力和创造性的想像力，对学生的已有知识进行突破和创新，捕捉学生敏锐的思维灵感，训练学生的语言表达能力，从而使学生更好地感悟课文内容，懂得从小应该勤奋学习，学会生活的本领，不能依靠父母的本领和地位生活。

【活动过程】

一、词语辨析与拓展

片段一

课文第二自然段的第一句话说："一只小狮子整天练习滚、扑、撕、咬，非常刻苦。"这句话惟妙惟肖地描绘了那只勤奋狮子苦练本领的画面。老师抓住"整天"这个词，设计这样一个问题：把"整天"换成"每天"可以吗？一石激起千层浪，学生要弄明白这个问题，首先要弄清楚"整天"和"每天"的区别，然后再结合这只小狮子的表现选择合适的词语，决定究竟是用“整天”确切，还是用“每天”更好。同学们展开激烈的讨论，通过深入感悟课文和一番比较，最后学生们得出结论：“整天”比“每天”更能说明这只小狮子的勤奋程度，同时也明白了准确使用词语的重要性。

片段二

另外一只小狮子懒洋洋的行为，使一棵小树发问了。课文只是写出了它们的对话，却没有具体写出它们的神态。此处设计填词训练，可以使学生互动学习，再次给学生深入解读课文的机会。

练习题如下：

1. 一棵小树(　　)问懒狮子：“你怎么不学点本领啊?”

2. 小树(　　)说：“那你以后怎样生活呢?”

3. 懒狮子(　　)说：“我爸爸和妈妈是林中的大王，凭着他们的地位，我会生活得很好!”

学生先给小树和懒狮子设计动作，然后在小组内合作表演，分角色朗读课文。大家争先恐后地给小树填上“关心地”、“好奇地”、“奇怪地”、“吃惊地”、“睁大眼睛”等等词语，给懒狮子填上“神气地”、“骄傲地”、“得意洋洋地”、“拍了拍胸脯”、“翘着大拇指”等非常形象的词语。

二、句子赏析与感悟

片段一

课文描述那只勤奋的狮子练习本领，只有一句话。老师设疑：“这只狮子刻苦练习什么本领？你能通过你的动作表现出来吗?”学生听了，非常踊跃地表演“滚、扑、撕、咬”等各种动作，老师先肯定和表扬同学们的表演，接着提问：“想一想：勤奋的狮子一天到晚地这么练会遇到什么困难呢？你想像得出来吗?”

设计这个环节，是联系学生的实际，把学生各种时间、空间内所获得的经验记忆唤起，激发学生的兴趣，扩大参与度，鼓励学生畅所欲言，充分尊重学生的所思、所想、所言，“你想我想”、“你说我说”的学习氛围就形成了。

同学们的回答会很精彩。有的可能会说：“他的手脚也许会蹭破皮。”有的会说：“他的腰可能会扭伤，屁股可能会摔疼。”有的会说：“小狮子是在森林里练功，可能树枝会擦伤他，风会把沙土刮到他眼睛里。他不怕，揉了揉眼睛，继续练!”还有的会说：“太阳把他晒得直流汗，他很渴，很热，但是他不歇息。”“寒风把他的脸都吹疼了，他的手也冻僵了，他还是坚持着。”……

通过这一情境的创设，学生进行了设身处地的体验，感悟到狮子的生命成长过程是苦练本领、自食其力的过程。

片段二

狮子妈妈最后说的一番话很有道理，懒狮子听了后，心里会想什么？以后他又会怎么做？课文没有写出来。此处可引导学生想像懒狮子的表现。大家各抒已见，一部分学生可能觉得懒狮子听不进去妈妈的话，依然懒洋洋地晒太阳；一部分学生可能认为懒狮子听了妈妈的话，知道自已错了，以后也勤奋练习本领。老师紧紧抓住这两条不同的思维线路，激励学生继续展开想像：“将来会发生什么故事呢?”接着小组合作编写故事。

通过这个想像训练，给学生一种思想的启迪：是做一个勤奋的人，还是做一个懒惰的人？做勤奋的人生活得更好，还是做懒惰的人生活得更好？于不知不觉中，使学生树立正确的人生观，明确科学的生活态度。

【设计评述】

本课的设计，重点在调动学生的情感体验，使其融入课文的情境之中，然后抓住几个训练点，进行发掘和利用，培养学生的创新思维能力。教师主导性和学生主体性都得到充分发挥。

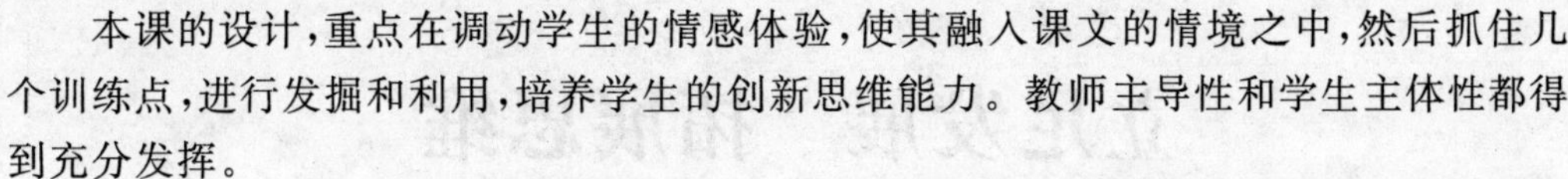

（深圳市南山区大新小学　曹英洁）

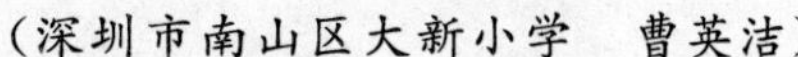

立足发展　拓展思维

——《月球之谜》创新思维训练设计

（三年级适用）

【设计内容】

《月球之谜》是一篇非常有趣的介绍月球知识的文章，从皓月当空的美好景象落笔，说到人类第一次登月后看到的月面，接着列举了一些与月球有关的不解之谜，最后以“对神秘的月球，人类还将继续探索下去”结束。这里设计的是本文教学中拓展性创新思维的活动过程。

【设计理念】

语文教学应注重语言的积累、感悟和运用，同时要注重开发学生的创新潜能，促进学生的持续发展，为学生的终生学习打下坚实的基础。本课教学围绕着教学的重点内容进行创新思维训练，以提高学生的语言表达能力为基点，深化学生对课文的理解，同时促进学生情感的不断升华，以达到多维教育目标的有效整合。

【活动目标】

以运用想像、资料交流、互相质疑等方法，引导学生就自己掌握的资料发现问题、提出问题，激发学生探索月球、宇宙奥秘的兴趣，培养学生的创新精神。

【活动过程】

一、想像是创新思维的翅膀

1．展开联想，直奔主题

课文的第一句语言非常优美：“夜幕降临，一轮明月悬挂在高高的夜空，那皎洁的月光曾引起人们多少美好的遐想！”根据小学生对具体直观的事物更感兴趣的特点，教师让学生欣赏课件后有感情地齐读第一句。在此基础上，教师以第一句为思维训练点，联系上下文提出：“人们都会有哪些遐想呢？”启发学生开展合理想像。问题一提出，学生兴趣浓厚，思维想像非常活跃，纷纷举手发言：“月球是从哪儿来的？”“月球上面有些什么东西？”“月球跟地球一样吗？”“月球年龄有多大？”……学生从不同角度进行遐想，无形中发散思维得到了延伸。

（这个环节教师只用一个问题就打开了学生想像的翅膀，让学生产生了丰富的联想，发散思维得到有效训练；同时激发了学生的求知欲望，为导入课文的主要内容作了极好的铺垫。）

2. 比较想像,深化主题

课文的第二个自然段是对月球表面奇异景象的描写。教师让学生先默读课文,然后观察月球的图片。在学生整体感知文意的基础上,教师指导学生结合文本,展开联想,通过比较地球与月球的不同,来进一步感悟月球的荒凉。学生依赖已有的文化知识、科学知识、生活阅历,在联系旧知识的基础上进入想像的空间,运用发散思维从不同角度比较、设想月球上的情景。不少学生想像丰富,感悟深切:

生1:月球的天空黑沉沉的,地球白天的天空湛蓝深远,夜晚才是黑糊糊的。

生2:月球上死气沉沉,地球上生机勃勃。

生3:月球上尽是环形山,地球上有各种各样的山,有光秃秃的山,有绿油油的山,还有奇形怪状的石山。

生4:月球上没有小动物,那是一个多么寂寞的地方啊!地球上万物欢歌,又是一个多么热闹的地方啊!

生5:我喜欢神秘的月球,更喜欢我生活的地球。地球的天空是那么高远湛蓝,森林郁郁葱葱,河水清澈见底,空气清新甜润,万物生机勃勃。地球是一个多么美丽的世界啊!

经过品读、感悟,学生源于生活实际而又超脱于生活现实的创造性思维能力得到了训练,并将知识内化成了自己的能力,阅读教学也就收到了较好的效果。

(这一教学环节是使学生通过比较,去发现月球与地球的不同。这个过程其实就是学生读懂课文的过程。因为是建立在比较的基础上,学生很容易投入其中。学生在这个过程中自觉地运用自己积累的词语和句子来进行描述,这样就很轻松地达到了训练学生语言表达能力的目的。同时在比较中,学生进一步领略到了月球的神秘,并生发出因生活在地球上而感到的一种幸福。可以说,此环节在发展学生语言能力的同时,还发展了学生的想像力和创造能力,让学生养成实事求是、崇尚真知的科学态度,并初步掌握科学的思想方法。)

二、交流是创新思维的平台

关于月球的来源,学生搜集到了不同的资料。这时,教师就给学生创造一个交流的平台,引导学生在自主阅读、自主感悟之后进行互动交流,通过读、议等形式鼓励更多的学生参与其中,发表自我见解,提高阅读效果。教师让学生先读课文,再根据搜集的资料,谈一谈自己对月球来源的看法。学生讨论后,各抒己见:"我相信同源说。有些科学家经过研究认为,月球产生于46亿年以前,与地球一样是由宇宙的气体和尘埃形成的。""也有科学家认为,月球是地球的孩子,是从地球分裂出去的。这是分裂说。""我搜集的资料表明,月球在很多年以前,偶然被地球的引力所吸入,意外地进入了地球的轨道。这种学说叫俘获说。"学生在交流中产生真切的感受和领悟,对作品进行自由、广泛、深入的讨论,最终形成更好的认识与解悟,其阅读能力便上了一个层次。

(无疑,交流已成为阅读教学中的一种重要形式,它展现学习主体间视界的融合、情感的交流和理性的碰撞。学生的互动交流,必然引发阅读个体展开联想和想像的双翅,再现作品的形象,领悟作品深刻的内涵。这一环节自然地把资料交流和引导学生深化对文章的理解结合起来。学生将搜集的资料整理出来,并运用自己内在的语言系统表达,不仅充分了解了月球情况,更进一步激发了对月球的兴趣。正所谓"集思广益",交流让学生学会倾听、表达，学会文明地进行人际沟通，学会接受别人的观点，从而达到训练思维深度、广度的目的。）

三、质疑是创新思维的灵魂

课文的第七自然段只是一个意味深长的省略号，它表示文中的列举没有穷尽，月球之谜还有很多很多。省略号使文章结尾具有了开放性，并给学生提供了质疑的广阔空间。教师让学生联系课文所列举的月球之谜，兼顾搜集的资料，展开质疑：月球还有哪些未解之谜？学生以小组形式展开讨论，然后派代表汇报。学生的疑问层出不穷："月球的起源有三种学说：俘获说，同源说，分裂说。到底哪一种学说才是对的呢？""月球与地球谁的年龄更大？""当时宇航员从月球上带回了四种土壤。做完实验后发现，第三种土壤具有杀菌的本领，其他土壤与地球上的土壤没有什么分别。为什么同样是从月球上带回的土壤，有的可以杀菌，有的却不可以杀菌呢？""宇航员从月球上带回来的岩石样品中，含有纯铁粒子。这些纯铁粒子带回地球后，好多年都不生锈。真是令人不可思议！"对于一些有思考价值的问题，教师予以充分肯定，对于不够好的问题，也不否定，重要的是学生参与品读、讨论、交流、联想，积极质疑，对作品有更深层的解读与感悟。

（应该说，让学生学会质疑比学会回答更重要。古人云："学贵知疑，小疑则小进，大疑则大进。"说的就是质疑问难的重要性。在质疑中，学生可以开阔视野，提高学习效率。这一教学环节设计的意图正是要充分挖掘学生的潜能，保护其智慧的火花，增强学生的自信心和求知欲望，启发学生大胆提问，敢于质疑问难，敢于超越教师，并让学生根据自我的求知需要来更新已有的知识信息量贮存，从而推动自身进一步的发展，为学生的学习提供一定的方法和规律。）

【设计评述】

这篇课文的教学设计胜在以学生为主体。教学中，教师关注的不是教材本身所蕴含的知识目标，而是追求获取知识的过程。整个课堂教学中，注重为学生创设良好的学习情境，尊重学生的个体差异，鼓励学生选择适合自己的学习方式来参与学习。教师采取合适的教学策略，充分激发学生的主动意识和进取精神，适时培养学生创造性思维方式，促进学生语文素养的提高，实现了多维目标的有效整合。

【资料链接】

月球之谜举例

1. 关于月球的起源人们莫衷一是。对月球起源的看法大致有三大派：有些科学家认为，月球是46亿年前，与地球一样由宇宙的气体和尘埃形成的；另一些人则认为，月球是地球的孩子，是从地球分裂出去的，然而，"太阳神号"几次带回的数据显示，月球和地球的组成成分大不相同；不少的科学家还认为，月球是在很多年以前，偶然被吸入地心引力范围，因而才意外地纳入地球的轨道，但也有人引用天体力学来反对这种说法。

2. 月球较地球古老。令科学家惊讶的是，从月球带回的岩石，有99％比地球上90％的古老岩石还要老。太空人携回的月球岩石，已被测定有43亿年至46亿年的历史，这已相当于太阳系的历史了。

3. 土壤比岩石更久远。美国太空人首次登陆的"宁静海"，土壤的年代竟比岩石久远。据分析，两者相差10亿年之久。化学分析显示，月球上的土壤并非由岩石演变而来，可能来自别的地方。

4. 受撞击会发出巨响。“太阳神号”在探月时，月球登陆艇和火箭返航都会撞到月球表面。每次，都会使月球像大铜锣或大钟一样响起来。“阿波罗 12 号”探月时，月球的回声还持续了 4 个小时。目前没有一个科学家能够解释这种现象。

5. 纯铁粒子不会生锈。宇航员们从月球上带回来的岩石样品中，都含有纯铁的粒子，科学家们认为这些纯铁粒子并非来自陨石。有专家报道，这些纯铁粒子带回地球后，好多年都未生过锈。纯铁不生锈在科学界还是破天荒第一次遇到的事情。

（深圳市南山区育才一小　朱红玲）

拓展思维活动　培养创新精神

——《玩具柜台前的孩子》思维训练活动设计

（二年级适用）

【设计内容】

《玩具柜台前的孩子》这篇课文讲的是：一个小男孩非常喜欢玩具小汽车，售货员阿姨让他妈妈买一辆小汽车给他，他坚决不要；售货员阿姨要送他一辆小汽车，小男孩也不要。这里设计的是本课教学中拓展性创新思维训练活动过程。

【设计理念】

本设计有意识地拓展课文内容空间，激发学生的想像力，引导学生体会人物的思想感情，全开放性地放手让学生去思考，去想像。既提高学生的语言表达能力，深化学生对课文的理解，又发展思维，培养学生的创新意识。

【活动目标】

通过几处课文内容空间的发掘和利用，引导学生展开想像，发挥学生自主理解课文内容的积极性和创造性，使学生提高语言表达能力，深化对课文内容的理解，体会人物的真情实感，懂得关爱他人。

【活动过程】

一、描述小男孩喜欢玩具小汽车的情景

课文第一自然段讲商场里玩具柜台前挤满了买玩具的孩子。有个小男孩只要看到谁买小汽车，就马上跟过去，目不转睛地盯着柜台上跑动的汽车，眼里闪着兴奋的光芒。这里有一个思维训练点，就是让学生想像小男孩是怎样喜欢小汽车的，思维训练活动可以这样进行：

在学生有感情地朗读“柜台前有个小男孩……他是多么喜欢小汽车啊！”后，教师让学生把自己当成小男孩，想像一下他是怎样喜欢玩具小汽车的，请大家用自己的话来说一说当时的情景。有的说：“小男孩看到谁买小汽车，就跟过去看别人怎么玩。”有的说：“小男孩看到别人买小汽车，就伸手不停地摸着。”还有的说：“小男孩想跟别人借来玩一下。”这样的想像说话训练，无形中锻炼了学生的口语交际能力，又训练了语言，发展了思维。

（这一思维训练让学生对小男孩渴望得到小汽车的情感加深了了解，为理解下文中小男孩是个懂事的孩子作了铺垫。)

二、想像小男孩的心理活动

第二自然段写售货员阿姨让小男孩妈妈买一辆小汽车给小男孩,小男孩坚决不要,售货员阿姨要送小男孩一辆小汽车,他也不要。对于小男孩为什么不要,心里是怎么想的,课文并没有写出来。教师可先让学生默读一下这部分课文,然后启发想像。

“小男孩非常喜欢玩具小汽车,可听售货员阿姨说让他妈妈买一辆小汽车给他,他为什么抢着说不要,他心里是怎么想的呢?”

由于许多学生在前面的想像说话训练中已体验过小男孩对小汽车的喜爱,对这一问题自然十分感兴趣,纷纷结合自己的体会和实践经验进行想像:小男孩想,我看看就行了;小男孩不想浪费家里的钱;小男孩想,爸爸常年病着,家里生活不富裕,还得给爸爸买药;小男孩知道妈妈为了一个家的生活,不容易。

为了让学生想像得更深一些,教师又提出:“售货员阿姨要送一辆小汽车给小男孩,小男孩为什么不要呢?”

小男孩想,别人的东西不能要。

小男孩不想浪费售货员阿姨的钱。

……

(让学生透视并走进小男孩的心灵,他们就会感受到小男孩是个懂事的孩子,会觉得应像小男孩那样关心体贴父母。这种心灵的互动使学生深化了对课文内容的理解,受到了情感的陶冶。)

三、拓展课文结尾内容

课文结尾写售货员阿姨天天盼着再见到那个小男孩,好把小汽车送给小男孩。这里有一个思维训练点,即售货员阿姨再见到小男孩会是什么的情况,课文并没有写出来,这里蕴含着丰富的内容,无疑为学生的想像提供了广阔的空间。

“过了一段时间,妈妈带着小男孩又出现在售货员阿姨面前,你想会怎样呢?”教师可让同学们以《再见面》为题,先自己想一想,然后同桌或四人小组一起议一议,想像编故事。学生会有多种设想:终于有一天,售货员阿姨见到小男孩,于是赶紧拿着小汽车给小男孩,小男孩却说:“谢谢!我不能要。”他不想要别人的东西。

有一天,售货员阿姨正在工作,见到小男孩,就拿着小汽车对小男孩说,是自己的女儿送给他的,小男孩听了很高兴,就收下了小汽车。

盼了很久,售货员阿姨终于见到小男孩,可小男孩愁眉苦脸,原来小男孩的爸爸的病更重了,小男孩是来给爸爸买药的。

一天,小男孩来到售货员阿姨面前高兴地说爸爸的病好了,并买了一辆小汽车。

……

想像丰富又贴近生活,富有创造性,实现了对课文内容进行创造性的拓展延伸。

(拓展课文结尾部分的学习活动,不仅可以使学生深化内容理解,感受爱心,而且还对学生进行了创新思维训练,激发了探索欲望,为学生的独特体验和想像创造了表达、交流的机会。)

四、体会小男孩的感激之情

在学生充分朗读感悟、理解课文内容的基础上，教师可引导学生进行更深一步的创新想像和拓展活动，即让他们体会小男孩得知售货员阿姨天天盼着再见到他、好把小汽车送给他时的感动、感激之情。

教师提出："小男孩得知售货员阿姨天天盼着再见到他、好把小汽车送给他时，非常感动。那么他会怎么想怎么做呢？"

这个问题对不善于表达情感的学生来说，无疑是一道障碍，但趁着学生对课文兴趣仍未减退，教师可引导他们去探索："你们通过再读课文逆向思考、同学交流等方法，一定可以体会到小男孩的感激之情。"学生的好奇心和求知欲被调动起来，充分的探索让学生深入体会到：

小男孩非常感激。他想，自己与售货员阿姨素不相识，售货员阿姨却关心自己，真要谢谢售货员阿姨。

小男孩对售货员阿姨说："谢谢您！"

小男孩感受到了人间真情。

教师引导："小男孩真是个懂事的孩子啊！让我们带着对小男孩的喜爱、感谢、佩服之情，把全文朗读给好朋友听，再请大家推荐读得好的朋友为我们作朗读表演。"

学生在探索过程中，增强了情感，还提高了创造想像能力。

(朗读是对课文理解认识的外化表现，因此朗读应该是带有浓厚个性化色彩的。本设计不从技巧入手，不追求抑扬顿挫的朗读效果，改变了传统教学中以齐读来升华课堂气氛的惯例，而是让学生在充分体验的基础上，自由选择听众，自由选择朗读方式，自由地将内心对小男孩或喜爱，或感谢，或佩服的情感，自然而然地释放于朗读之中。在这一设计中，朗读不再是机械的录放，而是学生个人情感的宣泄。)

五、表达对售货员阿姨的赞美之情

在体会小男孩的感激之情后，学生仍沉浸在兴奋之中，这时候，教师可继续给学生创造想像的空间，就是让他们表达对售货员阿姨的敬佩之情。

教师可在引导学生有感情地朗读课文后，提出："你觉得售货员阿姨怎样？你喜欢她吗？能用一句话称赞她吗？"

学生对课文内容有了理解，你一言我一语，如："售货员阿姨，您好，您是一个乐于助人的人，我要向您学习。""售货员阿姨，谢谢您关心小男孩，我也要向您学习。"各种表达，都赢得了同学们的阵阵掌声。

(这一设计，对学生进行的情感和价值观的教育不再是空洞无味、纸上谈兵，而是鲜活的、生动的，在学生的说话训练中渗透了思想教育，这比简单的说教更有说服力，思想教育得到升华。)

【设计评述】

这篇课文的教学设计挖掘了课文内容空间，创造性地理解和使用教材，激发了学生的学习兴趣，引导了积极思维。文章的空白处，是训练和培养创新思维的有利空间，组织学生对其进行扩充延伸想像，让概括叙述具体化，让未明示的内容多样化，可以使学生的思维以此为源点，辐射展开，深层次发挥，使学生在充分理解课文的同时，培养想像能力和创新能力，提高感悟语言文字的能力。

（深圳市南山区南山小学　刘爱萍）

三、情感体验活动设计

拓展学习范围 增进情感体验

——《风筝》情感体验活动设计

（三年级适用）

【设计内容】

《风筝》一文讲的是我小时候和伙伴们做风筝、放风筝的情形。不但写了放风筝时无拘无束的快乐，还写了风筝丢失后的找寻、伤心，体现了孩子们对幸福生活的憧憬、向往。

【设计理念】

语文课程应该是开放而有活力的。把学生的语文学习与丰富的语文生活联系起来，符合学生的学习生活需要，有利于引导学生利用教科书学习语文，拓展学习的领域和空间，在生活中学习语文，在语文中感悟生活。

【活动目标】

通过本次活动的参与体验，使学生初步认识到：语文学习的形式多样，生活本身就是学习的大课堂。课前实践，促使学生形成类似的生活体验；课堂体验，增进学生与文本的对话，产生共鸣；课后延伸，把同学们的学习目光引向生活。

【活动过程】

一、课前准备

1. 了解做一个风筝需要哪些材料。

2. 以小组为单位，准备制作的原材料。

3. 选择周末的一天，组织全班同学在一起分小组做风筝，然后进行放风筝游戏。

4. 写日记，表达出自己的真实感受。

（生活在城市的孩子，可能放过买来的风筝但没有亲手制作过，很难体会到作者复杂的情感。因为不了解，他们可能认为一个难看的风筝丢了就丢了，还去找干什么。因此，要使学生们真正地深入学习，就要求他们要有类似的体验，从而与作者产生共鸣，与文本产生共鸣。）

二、课堂体验

（先进行了常规的课堂学习即初读课文、识记生字词、概括大意、理清层次。）

1. 回忆体验

本环节设计以学生的回忆体验为出发点，通过回忆使学生形成类似的情感体验，或喜或忧，或歌或舞，或笑或悲。在回忆交流中，他们可能会有以下的几种说法：

① 对做风筝的过程印象深刻：在做的过程中，竹条差点把我的手划破；做完才知道，做一个风筝也不容易。

② 放风筝时很好玩，同学们在草地上跑来跑去，大喊大叫，很是开心。

③ 我们小组做的风筝不是很漂亮，但别的组笑话我们的还不如扔掉时，我很伤心。

④ 我当时也觉得伤心，但我想再难看也不能扔掉，因为那是我们自己亲手做的，特别有意义。

⑤ 我在日记里写了当时的心情："虽然我们组的风筝不是很好看，但看到我们自己亲手做的风筝歪歪扭扭地飞上了天，我们都忍不住欢呼起来！"

……

当学生有了类似的体验后，老师此时就可以顺水推舟：

"是啊，那天的情形我们到今天还是记忆犹新。来看看和作者相比，我们的体会和他有哪些异同呢？"

2. 对比体验

教师引导学生找出体现作者心情的段落，要求他们好好读一读，认真体会一下。再和自己的日记比较，看有什么发现。通过阅读思考讨论，学生可能会发现情感体验的相似点：

① 作者和我的感受有相同的地方。在课文第三自然段："我们快活地喊叫着，在田野里拼命地奔跑。"当时我们小组的同学也是这样，不过跑的地方换成了操场。

② 在课文第二自然段："我们精心做着，心里充满了憧憬和希望。"当时我也有这样的心情，就是希望我们的风筝做得最好，飞得最高。

……

情感体验的不同点：

① 他们的风筝叫"幸福鸟"，寄托着他们的希望。可我们起的名字"老鹰"没有体现出我们的愿望。我们想给"老鹰"改个名字，叫"环保号"，希望有更多的人来关心环保。

② 他们的风筝断线后，被风刮走了，他们都很伤心。我们的风筝线很结实，所以，风筝没有断线，我们没有伤心。

……

情感体验的分歧点：

老师，我觉得课文有点假。不就是一个自己做的风筝吗？被风吹走了，再做一个就是了，干吗要哭呢？

……

上面指导学生与文本进行了充分的对话，引导他们交流了独特的、与实际生活进行对比后的真实体验。

3. 辩论体验

在学生对"风筝被吹走是否该哭"提出异议时，教师要善于抓住学生情感体验的分歧点，引导他们进行思辨，以形成正确的价值观。可顺势引导学生再次阅读文本，找出各自的理由，进行辩论。他们可能表达以下的观点：

① 我认为应该哭。从这儿可以看出："童年的时候，我们这些孩子，最大的快乐就

是做风筝、放风筝。”因为那时候没有别的东西可以玩，又没有钱买，所以说风筝是他们最大的快乐。而风筝被风吹走了，他们的快乐也被吹走了，所以要哭。

② 我也赞成该哭。从这儿可以看出：“我们依然快活，把它叫做‘幸福鸟’，还把我们的名字写在上面。”风筝是他们幸福的寄托，风筝被风吹走了，他们害怕幸福也被风吹走了，所以才哭的。

③ 在他们的心中“幸福鸟”不仅仅是一个风筝，更是对幸福生活的一种追求，一种向往。假如丢失追求和向往，怎能不伤心落泪呢？

……

在学生进行辩论的时候，教师要审时度势，善于捕捉学生发言中的闪光点，以引导学生在思辨中形成正确的价值观。

（阅读是学生、教师、文本之间的对话过程。在引导学生阅读的过程中，要利用阅读期待、阅读反思等环节，拓展学生的思维空间，提高阅读质量，增进阅读体验。因此，本环节的设计就从学生的已知体会出发，激发阅读期待；接着从文本出发，促进阅读反思；最后从辩论入手，让学生在交流中碰撞出思维的火花，在讨论中形成正确的价值观。）

三、课后延伸

在学生已与文本进行深入的交流，有了各自的阅读体验之后，教师可引导学生把这些体验与平日的感受结合起来，试用文中的一些相关词语来表达。可尝试以下的话题：

1. 在日常生活中，有没有发生让大家兴高采烈的事情呢？说给老师听听。为了使你们说得更好，课文中有一些表示高兴的词语，找出来，试着用上它们。

2. 有没有发生让大家难过的事情呢？能不能像说高兴事那样用上文中的一些词语呢？

3. 有没有既使你高兴又使你难过的事情呢？想不想告诉老师或者自己的好朋友呢？这次就不说了，在日记里写下来，可要写清楚哟，让老师和你的好朋友也能分享。好吗？

（本环节的设计意图有三：一是激发学生的表达欲望，学会在日常生活中注意观察；二是促进学生的语言积累，学习恰如其分地表达自己的情感；三是指导学生学会合作交流，明白学习语文的根本目的就是为了准确地表达和交流。）

【设计评述】

这个活动设计主要体现“大语文”学习的观念，集中体现生活与语文的关系。主要有以下三个特点：一是将语文实践活动与语文课堂教学有机结合起来，使二者互为补充；二是注重学生阅读体验的层次与引导，强化学生、文本之间的对话；三是把情感体验与理解课文、训练语言表达和正确价值观的形成等融为一体，实现教学目标的多维整合。

（深圳市南山区月亮湾小学　孙晨曦）

潜入学生心灵深处　促进师生情感共振

——《找骆驼》情感教学活动设计

（三年级适用）

【设计内容】

《找骆驼》是一篇传统经典课文，主要情节是：一位商人走失了一只骆驼，在路旁向一位老人打听，老人在没有见过骆驼的情况下，仅凭观察到的现象进行准确判断，使商人找回了骆驼。这里设计的是促进学生情感体验的活动过程。

【设计理念】

结合课文巧设悬念、引人入胜的特点、抓住课文对话背后的“情感”主线，了解商人的骆驼有哪些特点、老人通过什么方法发现这些特点，理解老人看到的现象和他所作的判断之间的关系。通过系列学习活动，潜入学生的心灵深处，实现师生情感的共振。

【活动目标】

以关注每一个学生的情感和态度为发展目标。重点发展学生自我感受、理解、欣赏和评价的能力；珍视学生朗读中独特的感受、体验和理解。读出老人和商人的不同语气和他们各自的心情；理解老人看到的现象与他所作的判断之间的关系，渗透仔细观察、认真思考的教育。

【活动过程】

一、身临“现场”，在情境中体验情感

《语文课程标准》中指出：在教学过程中，不应以教师的分析来代替学生的情感实践。应让学生在主动积极的思维和情感活动中，加深理解和体验，有所感悟和思考，受到情感熏陶，获得思想启迪，享受审美乐趣。《找骆驼》一文通篇基本上由对话组成，教学中巧妙地运用与骆驼有关的影片节选，能有效地使很少见到骆驼的南方城市的孩子自主化地进入学习活动，而让学生在具有直观形象的“现场”中体会课文人物的心情，有效激发他们的情感共鸣。

首先，教师激发学生思考：你们听说过骆驼的一个美称吗？

当学生回答“沙漠之舟”时，教师进一步引导学生了解骆驼的特点，为感悟课本作铺垫。

教师问：“哪位小朋友知道，骆驼为什么叫做‘沙漠之舟’呢？”

学生交流：① 因为骆驼能在沙漠里行走，不怕风沙。② 骆驼很有耐力，在沙漠中运送货物很长时间不吃东西也不会饿。

当学生的发言只限于一般了解时，教师可利用多媒体影片引导学生入境：大家已经知道了骆驼的一些特点，那我们来看看一段和骆驼有关的影片，看了影片，大家再来说说对骆驼特点的新发现：

学生讲道：① 骆驼是有感情的。

② 骆驼勇往直前，很勇敢。

③ 骆驼是沙漠里主要的交通工具。

学生就在教学的现场，提出了疑问："看了影片，我有三个问题：第一个问题是，沙漠里的人为什么要穿黑衣服？第二个问题是骆驼在沙地里行走，脚会不会陷进沙子里去？最后一个问题是骆驼的驼峰有什么作用？"

教师及时赏识："这位小朋友看得可仔细了，能边观察边发现问题。那么，哪个小朋友能在观察中判断、解答这位同学提出的问题？"

学生在又一次的交流中互动解疑。有的说我来回答第一个问题，黑色衣服的作用是防晒、防风沙。有的说我觉得可能这是他们的习俗。有的说我来回答第二个问题，骆驼的脚会陷进沙子里，但很快就能拔出来。不然，不会叫"沙漠之舟"。还有的说，我回答最后一个问题，骆驼的驼峰是用来贮存脂肪和水分的，这使它能在沙漠里生存，很长时间不吃东西不会饿，不喝水也不会渴。

当学生形成对骆驼的关注，有足够的热情时，教师又把现场引入文本，相机板书：驮、跛。然后提示道："看到黑板上这两个字，你们难道不想说点什么吗？"

学生回答："看到驮字，我想到课文，骆驼背上驮的是米和蜜。看到跛字，我想到骆驼的一只脚是跛的。"

二、进入角色，在演读中表达情感

真正意义上的朗读应该是情感体验的表现、心灵碰撞的厚积薄发，使课文中人物所说的话就像从自己嘴里说出来的一样，把自己的独特情感体验在朗读中体现出来。以下教学片断，在学生朗读、感悟、体验情感的基础上，教师应结合当时的情形说说该以怎样的语气朗读。商人走失了一只骆驼，他找了很多地方都没有找到，心里自然十分着急，心情也不太好，见人就问；而老人家因为仔细观察，早已胸有成竹，准确地知道骆驼有哪些特征。他们的心情不同，说话的语气自然也不一样。师生在角色扮演中边朗读边体会课文主人公的心情，与主人公发生了情感的交流、碰撞与共鸣，从而真正实现了演读的情感内化。

教师首先对演读中学生应该体会的情感进行引导，并提出探索方向："从现在起，我就是那位商人，你们就是那位老人家。请注意：我丢失了骆驼应该读出什么样的语气？你们作为指点迷津的老人家，又该怎么读？"

生："你问的那只骆驼，是不是左脚有点跛？"

师："是的。"

生："是不是左边驮着蜜，右边驮着米？"

师："不错。"

生："是不是缺了一颗牙齿？"

师(着急地)："对极了！您看见它往哪儿去了？"

……

师生在角色体验中完成对话后，教师发问："伙伴们，'我'丢失了骆驼，说话时是什么样的语气？"

有了深刻感情体验的学生有的回答道："要读得快一点，读出你的着急来，因为你丢失了骆驼，找了很多地方也找不到，肯定很着急。"有的学生在更深层体会后说："还要读出'你'的气愤来，'你'后来以为老人家藏了你的骆驼，对他很不信任。"

教师在学生自我情感体验的基础上再次引导："那你们呢？老人家应该读出什么样的语气？"

学生在情感交流中有条不紊：① 要读得很沉稳，因为老人经验丰富，见多识广。② 要读得慢一点，读得胸有成竹，因为老人能够通过经验判断出骆驼的特点。

三、互动交流，在思考中丰富情感

在朗读活动中，除了加强情感体验以外，还应为"尊重学生在学习过程中的独特情感体验"创造互动交流的机会。这其中可以是师生之间、生生之间交流，让学生自己的独立思考取代统一的答案，让学生自己的感性体验代替整体划一的理解和指导，使学生求知的渴望、探索的乐趣、成功的喜悦和文本学习整合为课堂生命活动，从而产生个性化的情感体验。

教师在学生整体情感把握的基础上，再次将现场引入文本，提示板书：看见______判断______。"我们读完了课文，各位聪明的老人，请告诉我你究竟看见了什么，又判断了什么？用直线画出你看见的，用波浪线画出你判断的。"

学生根据自我情感体验，相继回答道："我看见骆驼的脚印右边深，左边浅，就知道骆驼的左脚有些跛。""我看见路的左边有些蜜，右边有些米，可以知道骆驼驮的一定是这两样东西。""我看到骆驼在树叶上留下的牙齿印，便想到骆驼缺了一颗牙。"

教师也根据学生回答板书：① 左浅右深 左脚跛。② 左蜜右米 驮两样东西。③ 牙齿印 缺一颗牙。

教师此时对学生的精彩体验给予赞赏："你们的经验真丰富"。而后导入下一个文本话题："能不能用'因为……所以……'这组关联词语把刚才观察和判断连起来说？"

学生依据已有的观察和判断，一一回答道："因为骆驼的脚印左边浅右边深，所以我知道骆驼的左脚有些跛。""因为我看见路的左边有些蜜，右边有些米，所以知道骆驼驮的一定是这两样东西。""因为我看到骆驼在树叶上留下的牙齿印，所以知道骆驼缺了一颗牙。"

教师再次对学生的聪明和睿智给予肯定。在文本理解整体感悟以后，再对文本进行整体的总结回顾，但应注意人文化的处理："我现在就是商人。你们想劝告我什么呢？"

学生兴趣盎然、一本正经地卖起了老资格："你应该向我学习，多观察。""你要学会讲礼貌。""你应该好好想想自己为什么找不到骆驼。""你要多思考，不要胡乱责怪人。"

教师此时也应似大受启发般地赞赏道："谢谢您，提醒得真好，我以后一定要注意。"

并且进一步启发学生："那么老人家，你们又想对自己说些什么呢？"这一问题提出后，学生有许许多多的话题，因为他们已经历了对文本的感悟和自身情感的体验，自然而然地说出了：①"我以后要继续动脑筋，多思考。"②"我以后还要去帮助更多的人。"

老师相机小结:“对,只要肯勤动脑筋,认真思考,仔细观察,我们就都是聪明的‘老人家’。”在这样的教学片段里,学生的情感与价值观得到了有效的提升。

【设计评述】

《找骆驼》的课堂教学设计,旨在通过各种情感体验活动发展学生以善感的心灵去触摸、去感悟、去表达的能力,使学生个性化的认识在广阔的情感世界里自由飞扬。教学特点表现在:1. 巧设“现场”,激发学生想学;2. 角色扮演,促进学生要学;3. 情感交流,赏识学生会学。

三年级学生有他们观察事物的角度和方法,他们的认识或许还很稚嫩,但他们的回答中既有老人家被误解的委屈和对冒失商人的责怪,也有自己希望去帮助更多人的真诚和善良,窥斑见豹,我们可以从中看出孩子们在学习活动中所获得的独特情感体验。他们独特的个性也从中得到彰显。教师应当充分尊重学生的感受和理解,尊重个性就是尊重生命,体验情感就是体验生命。

(深圳市南山区南油小学　童　玲)

用感悟解读心灵　以关爱传播真情

——《借生日》情感教育活动设计

【设计内容】

《借生日》是小学语文一年级上册的一篇课文，课文讲述了家庭生活中的一个小故事。小云生日那天，妈妈送给她一只布熊，因为妈妈总是忘记自己的生日，小云就把生日借给妈妈，并将布熊送给妈妈。全文语言浅显，体现了母女之间真挚的情感。这里设计的本文的情感教育活动，主要通过点燃学生在学习活动中真切的情感体验，使学生在用爱铺就的活动过程中奏响真情的乐章，从小懂得关爱他人，懂得感恩。

【设计理念】

语文学习的过程，不单要提升学生的语文综合素养，还应该引导学生领略课文中字里行间所歌颂的人性的真、善、美。教育不单要教给学生知识本领，更需要教会学生如何做人。教学活动中的情感体验教育显得尤为重要。本课的情感体验教育力求以声传情、由感动情，使学生在声情并茂的朗读过程中自读自悟，不知不觉地进入课文中的情感世界，从中感受母女之间真挚的情感。

【活动目标】

通过几处情感教育训练点的挖掘与体验，使学生真切感受文章中所包含的人文关怀。让学生通过师生、生生之间的对话活动和对自己生活的回味、咀嚼，学会用爱的眼光看父母，看亲人，看世界，感受人间真情。活动中的几处思维训练和对话，不但是为了引导学生深化课文内容理解，提高表达能力，还要让学生在剖析自身内心世界的过程中懂得对生活感恩，使情感世界渐渐走向成熟和真诚，真正懂得关爱他人。

【活动过程】

一、交流生活感受，描述生日在心中的重要地位

交流一　老师提出问题："同学们，你们喜欢过生日吗？为什么？平日里，你们会向别人借东西，也会把东西借给别人，听说过借生日吗？"（过生日在孩子的心中是很重要的事情，每个孩子都有自己的切身体会。孩子的回答将会十分真实，而且比较丰富。）学生真情表白："很喜欢。因为过生日的时候可以收到很多的礼物，有很多人的祝福。非常开心。""把生日借给别人，我怎么过生日呢？爸爸、妈妈就不会带我去麦当劳，就不会有很多的小朋友为我唱生日歌了。""把生日借给别人，我就收不到很多礼物了。"也有的学生提出质疑："怎么可能呢？生日怎么可以借呢？"

（在热烈而真实的情感交流中，学生已不知不觉地融入课文的角色情境，进入了文中所构建的情感世界，为理解好下文小云把生日借给妈妈时的内心世界作好了铺垫。）

交流二 老师提出问题，轻扣学生的情感之门："把生日借给别人了，你会是什么样的心情呢？"大部分学生的回答表现出非常的不情愿和特别的难过。即使有的同学同意，也十分勉强。

（这处对话意在进一步突出生日在每个学生心中的重要性，是教师与学生之间心灵的沟通。学生此时表现的更多是对自己的爱，在考虑问题时仍从自己的角度出发。真实的对话场景，折射出师者对学生内心的充分尊重。）

二、进入小云妈妈的内心世界，感受她关爱女儿的情怀

课文第二自然通过小云和妈妈之间的对话，写出了小云的妈妈从来不过生日。小云由此产生疑问："妈妈，您怎么从来不过生日。"小云妈妈回答："我忘了。"这一处对话蕴涵着母亲深沉的爱，是点燃学生情感世界，让学生懂得关爱他人的一个很好的契机点。

老师提出问题："小云的妈妈怎么连这么重要的日子——自己的生日都忘记了呢？是真的忘记了吗？为什么呢？"学生在充分朗读之后回答："小云的妈妈只想着为小云过生日，一忙就忘记自己的生日了。""是因为没有人为小云的妈妈过生日，她一个人过生日会很孤单，觉得没意思，所以就说是自己忘记过生日了。""小云的妈妈不是真的忘记了，是因为她实在太忙了，没有时间给自己过生日。她白天要忙着上班，晚上还要做家务、辅导小云做功课，根本就抽不出时间来过生日。"

（开放式的对话活动，营造出了自由而充满温情的情感氛围，为学生提供了宽松的交流平台，使学生在真实的体验下，能感知他人的想法，通过人与人之间心灵与心灵的互动、心灵的互相启迪，充分认识到妈妈心中只想着女儿而忘记了自己的深沉母爱。学生感受着妈妈的感受，感动于妈妈的情怀，感悟到整篇文章所蕴含的人文关怀。学生在表达自己独特的生命感受和观点的同时，获得了精神的升华，从而真实地体验到母爱的无私与深沉。）

三、赏读小云的天真，在轻松活泼中将"关爱"的种子撒播

师、生、文本间的交流进一步深入。老师引导学生观察课文插图，请学生来提出质疑。学生提出了很多问题："妈妈在包里发现了自己送给小云的生日礼物——布熊，这到底是怎么回事呢？""小云为什么这样做呢？""此时此刻，妈妈的心情又如何呢？"教师在电脑屏幕上整理好这些问题后，请学生自由讨论，自由评说。学生可以与小组内或其他小组的同学讨论，也可以与老师一起探讨。

（此时的课堂，呈现为一个自由思考、自由言说、自由判断的空间，释放着每个学生的个性。学生耳濡目染，接受这种情感辐射，已沉浸在温情的沐浴之中。）

老师进一步引导："如果你是小云，你心里会怎样想？你会这样做么？"此时，每个学生的心里已经有了自己的答案，一双双闪亮的眼睛早已放射出爱的光芒。

（学生早已被妈妈的爱满满包容。小云妈妈爱的行动也感染了孩子们。她对他人的爱使她忘记了自己。教师以爱唤爱，妈妈以爱育爱，此时此刻，爱也在每一个孩子的心灵深处流淌。）

【设计评述】

这是一个很有特色的情感教育活动设计，其“情感”线索十分清晰，“情感”引导自然得当，“情感”活动内容丰富。当孩子的醒世意识从朦胧走向明晰的时候，她身边父母、老师给孩子的示范，往往会影响孩子的一生。本课教学，教师正确而有效地引导，把孩子带入了真善美的情感世界。在情感教育活动中，教师正是紧紧抓住了小云妈妈无私的母爱来呼唤孩子，感染孩子。将学生引向了课文中所蕴涵的丰富的情感世界，同时教师用爱的眼睛欣赏孩子，用爱的耳朵聆听孩子；用爱的“活动”引导孩子，在孩子的心中播下从小关爱他人的种子。

（深圳市南山区西丽小学　周立英）

情境—情趣—情感

——《葡萄沟》情感交流活动设计

（二年级适用）

【设计内容】

《葡萄沟》这篇课文文字优美，图文并茂。读过之后，令人陶醉，令人向往。这里设计的是本文教学中情感交流的活动过程。

【设计理念】

本课设计通过创设情景，激发学生的学习兴趣，让学生主动学习语文。在语文课堂学习中，孩子们对待语文学习，不应是被动地学，旁观者般地学，而应该让孩子们感到语文学习的过程是生活的过程，生命成长的过程，一次交流情感经历的过程。也就是说，要让孩子们在语文的世界里真正走一趟，用情感驱动语文知识。

【活动目标】

1. 通过虚拟的情景，让孩子们在葡萄沟游览一番，在情感的世界里深深感到：葡萄沟真是个好地方。

2. 通过活动教学，让学生在朗读、比较中认记生字、新词。

3. 通过合作交流，培养学生利用对话与人热情相处的能力，使学生从课文对葡萄沟的介绍和描绘中，知道我国新疆吐鲁番的葡萄沟是盛产水果的好地方，激发学生热爱大西北、热爱祖国各族人民的思想感情。

【活动准备】

1. 新疆葡萄干。

2. 视频（课文内容录像）、水果图片。

【活动过程】

一、创设情境，诱发兴趣

大家都知道，水果对人的身体有益。小孩子对自己喜欢吃的水果特别钟情，所以一开课，老师首先让学生谈谈自己最爱吃什么水果。学生会敞开胸怀谈出自己平时最爱吃的水果。肯定有不少的学生会谈到自己的最爱是葡萄，而且还会说出为什么喜爱。这时候，老师再问："你知道我国盛产葡萄的地方在哪里吗？"学生会说在葡萄沟。教师用投影演示中国简易图。首先勾画出新疆维吾尔族自治区，接着画上吐鲁番，最后画出葡萄沟。老师边画边口述："新疆在我国的大西北，新疆有个地方叫吐鲁番，吐鲁番有个地方叫葡萄沟。"边口述边出示相应的词语让学生认读。

学生初步知道了葡萄沟是个好地方，老师再引导学生虚拟到葡萄沟去观光游览的情景，和同学们一起去欣赏那神秘、诱人、令人向往的地方。

（这一活动环节，教师利用日常生活中的事例，虚拟、创设情境，激发学生的学习兴趣，同时结合简笔画，用边画边口述边自主识字的方法，吸引孩子们的注意力，有效地调动其学习的积极性。）

二、进入情境，充当导游

音乐能陶冶孩子们的情操，孩子们在优美的乐曲中，很快就能进入情境，主动参与学习。所以在学习第一自然段之前，可以创设情境，播放一段有着浓郁新疆风情的乐曲，让孩子们有身临其境的感觉。

教师用一段优美的语言导入情景："金秋九月，我们踏上了开往葡萄沟的旅游大巴。一阵凉爽的秋风吹来，让我们心旷神怡；一首动听的新疆乐曲，让我们仿佛闻到了葡萄的芬芳。这时，车上的导游开始工作了。"接着教师范读课文的第一自然段。然后让学生谈谈听后知道了什么，鼓励学生像小导游一样，用自己的语言向大家介绍葡萄沟，让同学们感受到人们对葡萄的喜爱之情。

（这一活动设计其实是给学生留下最大的空间，培养学生认真说话和专心听别人说话的好习惯。因为爱表现是孩子们的天性，教师通过创设情境，语言激励，让学生像导游一样，用自己的语言复述出来。这样既培养了学生的说话能力又激发了他们的学习兴趣。）

三、整体感悟，合作练说

学生通过有滋有味地读第一自然段，知道了葡萄沟出产水果，其中葡萄是人们最爱吃的水果。这时播放葡萄园的视频，把孩子们带入生活情境。看完视频后，接着让小导游来介绍葡萄。小导游会告诉大家：茂密的枝叶向四面展开，就像搭起了一个个绿色的凉棚；葡萄一大串一大串地挂在绿叶底下，有红的、白的、紫的、暗红的、淡绿的，五光十色，美丽极了。接着教师顺势引导学生读相关句子，合作练说，感悟课文。然后再演示图片，通过图片演示使学生更清晰地分辨葡萄颜色的不同。让学生自己去发现、比较"五光十色"、"五颜六色"的意思，悟出其异同点。然后，通过实物演示，让学生感悟"一大串"与"一大串一大串"的意思。

（这一活动设计中，教师利用视频的优势，把孩子们带进生活情景，让孩子们在轻松愉快的学习环境中进行情感交流。既培养了学生的观察能力，又提高了学生听话、说话的能力，同时让学生在实物比较、图画演示中理解重点词语，感悟课文，使学生丰富了词汇，拓展了思维，发展了想像力。）

教师可相机引导："葡萄沟是个好地方，不仅因为那里有最好的葡萄，更因为那里有勤劳勇敢、热情好客的维吾尔族老乡。"读这篇课文，不但要让学生对葡萄沟的物产和景色有所感悟，还要让他们产生对祖国各地风情的向往，增强对少数民族人民的热爱之情。利用学生最喜欢表演的特点，戴上头饰开展对话活动：教师扮演维吾尔族老乡，同时邀请愿意扮演维吾尔族老乡的学生上台，接受同学们的提问。

（这一活动设计，教师创设了情感交流的环境，师生平等对话，生生友情对话。虽然是虚拟情境，但同学们却十分投入，十分认真，合作默契，仿佛身临其境。老师把课堂还给了学生，让学生真正体现主角的地位。）

四、升华情感，开拓思维

学生通过朗读、看视频等对课文感悟深刻，对葡萄沟这个好地方依依不舍。这时，教师引导学生把想要说的话写下来交流，可以说是水到渠成。

【设计评述】

这篇课文的情境交流活动设计以激发学生的求知欲望，乐于主动学习知识为主线，创设虚拟的情境，营造民主、和谐、宽松的课堂教学氛围，让学生全情投入语文学习中。教学中，教师放下“师道尊严”的架子，“蹲下身子看学生”，尊重每一位学生，把自己看成是共同探究、学习中的普通一员，做孩子们的合作伙伴，师生共同创造开放性的课堂教学气氛。正是在这种平等、民主、宽松、和谐的氛围下，学生才能感受到语文课堂学习充满乐趣，才能积极、活跃地参与学习活动，才能真实、自信地展示自我。

【资料链接】

葡　萄　沟

葡萄沟位于新疆吐鲁番市东北角，是火焰山西侧的一个峡谷。车进峡谷，只见两山夹峙，中间是草木芳菲的沟壑，宛如一道绿色的画廊。吐鲁番人在谷底筑了鹅卵石和水泥板砌成的河渠，长流不息的河水浇灌着整个葡萄沟。

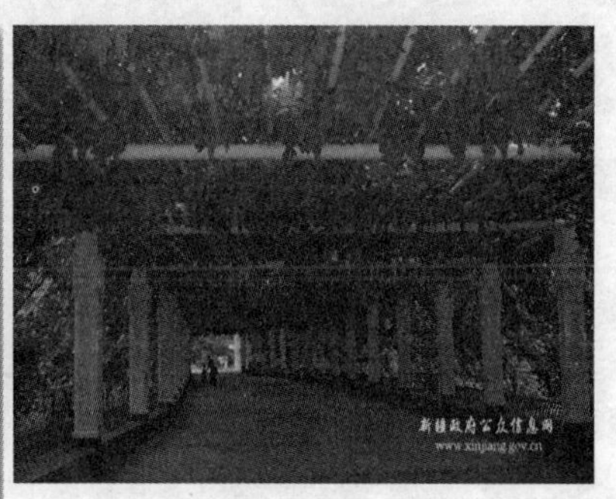

葡萄沟约长8公里，宽0.5公里，是名副其实的“葡萄王国”。别说那田地里连绵不绝的葡萄园，就连宅前屋后、渠旁路边都栽满了葡萄。这里的葡萄品种繁多，有马奶子、红葡萄、黑葡萄、无核白、比夹干、琐琐等。有的色如翡翠，有的艳如玛瑙；有的小似珍珠，有的大似橄榄；有的皮薄汁多味美，有的肉脆汁浓味酸甜。其中的名贵者，莫过于无核白葡萄，简称“无核白”，因其无核白如玉、晶莹透明而得名，粒小，汁多，味甜，在国际葡萄市场被誉为“绿珍珠”。

阴　　房

在葡萄沟较高的坡地上建的一种特殊的房屋，它的四壁都用土坯叠砌，但在墙上密密匝匝布满气孔。较大的房屋约有两层楼高，远望像个古城堡惹人瞩目；置身跟前，又觉得它像养“蝈蝈”的方形巨笼，十分别致、奇特。这就是晾葡萄干的房子。这种房子，当地维吾尔人称作“群结”，汉语叫作“阴房”。阴房里有许多木架子和木钩。到了葡萄成熟的季节，人们把新鲜葡萄一筐筐地运来，挂在木钩上，整个阴房挂满之后，将门关死，凭着从气孔吹进来的吐鲁番盆地特有的热风烘烤，40天左右，鲜葡萄就变成了葡萄干。这种天然晾制的葡萄干，颜色呈黄绿半透明状，干韧绵软，蜜甜鲜香。

据古籍记载，葡萄沟种植葡萄瓜果已有千年以上的历史。现今，当地已开办果酒厂，利用丰富的瓜果资源，生产葡萄酒、葡萄罐头等各种产品。

（深圳市南山区珠光小学　王文娟）

让课堂充满生命的活力

——《妈妈的账单》情感教育活动设计

（三年级适用）

【设计内容】

这是一篇略读课文，讲的是小男孩彼得给妈妈开了一份账单，索取每天帮妈妈做事的报酬；当小彼得在他的餐盘旁看到他想要的报酬时，也看到了妈妈给他的一份账单；这份账单让小彼得感到了母爱的无私与无价，他惭愧地把索取来的报酬塞进了妈妈口袋。

【设计理念】

学生是学习的主体，是学习的主人，只有建构平等、开放而又活泼的课堂，让学生学会自主地、愉快地参与学习实践，才能更有利于提高其语文综合素养，让其个性得到充分发展。

【活动目标】

通过辩论、探讨等交流形式，激发学生积极主动参与语文学习活动，让学生充分发表自己的观点。学生个体感受得到尊重，在自由表达中思维及口语能力皆得到发展。

【活动过程】

一、"小彼得的账单开得是否合理"辩论会

教学中，首先由对课题中的"账单"的理解引出课文中妈妈开的账单，让学生把妈妈的账单内容板书在黑板上，再由"妈妈为什么开这份账单"引出彼得给妈妈开的账单，同时也把账单内容板书在黑板上。此时，让学生针对彼得开的账单的内容是否合理进行辩论。

师：看着小彼得的账单，请你认真分析一下，他开得是否合理。

学生会有不同的回答，有的会说彼得开得合理，也有的会说不合理，针对这一情况引导学生展开辩论。辩论中学生会根据自己的理解找出理由。

认为合理的学生：劳动就应该得到报酬，课文中说了，彼得的父亲是个商人，彼得经常看见别人帮父亲干活索取报酬，因此自己也索取劳动所得，未尝不可。

认为不合理的学生：彼得所做的都是帮助自己的父母，小孩子是受父母养育的，我们需要什么可以找父母要，个人没有必要拥有钱。

这一活动，给了学生充分发表自己观点的机会，由于大家意见不太统一，而且双方都有充分的理由，于是更激发了学生思索、探究以及阅读课文的兴趣。

（活动安排学生在读懂课文的基础上结合自己的生活经验进行辩论，因此每个人都有自己的看法，大家各抒己见。老师自始至终不发表自己的意见，充分尊重学生的独特感受，不强求他们接受唯一的答案，学生完全敞开心扉畅所欲言。辩论中，学生的逻辑思维得到了训练，口语表达能力得到了提高，而且充分展示了自己的个性，体现出自己的价值观。）

二、对两份账单进行比较，学生情感得到升华

仔细观察板书中的两份账单，并进行比较，畅谈内心真实感受。

生：两份账单两种不同的人生观。小彼得太精明，但不太懂感情，有点自私。妈妈却只求奉献，不求索取，她是无私的、伟大的。

学生还会谈到自己在日常生活中都帮助妈妈做了些什么，同时把自己同彼得进行比较。

……

（比较两份账单，实际上让学生对文本有了更深的理解，可以更深层次体会文本蕴涵的情感，结合生活谈体会又让学生自觉地在理解课文时融入自己的情感体验，寓情感熏陶于无声中。）

三、我来为小彼得开账单

在学生充分理解体会文本意蕴，并能将自己的真实情感融入其中时，设计这样一个环节：让学生根据自己的理解体会结合感受，把自己当成文中的主人翁彼得，针对彼得所开的账单，重新为彼得开一个账单，也可以为自己的妈妈开一个账单。如果有触动，还可以给妈妈写几句心里话。

这里又为学生创造了充分的自由表达的机会，学生不仅在表达形式和内容上随心所欲，还能充分表达自己的观点与情感。每个人都会有自己独到的见解与启发，从而抒发不同的情感。

（这一活动的开展，打破了课本与生活的界限，学生结合自己的生活更真实地用心去寻找母爱与真情，体会母爱的无私无价，同时也明白了不仅要珍惜他人的爱，还要学会奉献爱，从而促进学生智慧、精神、情感等多方面的综合生成。）

【设计评述】

这一课的几个小设计，将执教者平等、开放而又活泼的教学特色清晰地展现在眼前。德国教育家第斯多索说过，教学的艺术不在于传授的本领，而在于激发、唤醒、鼓舞。激发兴趣，唤醒学生对知识的渴求，对他们获取的情感体验给予鼓舞，开放活跃的课堂环境，使学生的思维变得更灵活，更个性化；学生学会了思考，更加有了自己的思想，不掩饰自己的内心真实想法，有独到的见解。在相互交流与探讨中，他们成为富有丰富的情感和想像力、敢于创新、明辨是非、有独立的人格和个性的孩子。

（深圳市南山区沙河小学　吴　莉）

激发情感　深化感悟

——《丑小鸭》情感教育活动设计

（二年级适用）

【设计内容】

《丑小鸭》讲的是一只丑小鸭自从出世以后就被人看不起，谁都欺负它，结果它被迫离家出走，仍摆脱不了厄运，最后却意外地发现自己不是丑小鸭，而是一只漂亮的白天鹅。本课设计充分利用教材情感深沉真挚的特点，通过激发学生的想像使他们获得情感的体验。

【设计理念】

本课教学的目标是激发和培养学生的想像力，训练学生的语言表达能力，使学生对课文的理解不断深化，同时促使学生的情感不断升华，从而达到多维教育目标的有效整合。

【活动目标】

通过几处想像思维训练点的发掘和利用，激发和培养学生的想像力，让学生在想像中读书，在想像中说话写话，从而提高语言表达能力，深化对课文内容的理解，感受美好的情感，领悟故事的多重人生意义。

【活动过程】

一、突出丑小鸭之形

播放《丑小鸭》出生时的影碟，教师配乐朗诵第一自然段，使学生的视觉、听觉各感官受到强烈冲击，从而迅速进入到课文中去，直观地感受到丑小鸭之形。接着，让学生边表情朗读第二自然段，边感悟丑小鸭的形象，用“从这里，我看到一只______的丑小鸭”说话。然后，根据自己的想像把丑小鸭的样子画下来。

片段一

课件出示：从这里，我看到一只______的丑小鸭。

师：“同学们能从课文里找到一些词语来填空吗？”

学生边读边找。小组交流意见。

教师引读：“他的毛——嘴巴——身子——难怪大家叫它——”

师：“同学们就根据自己的想像，把这只丑小鸭的样子画下来好吗？”

学生分小组合作完成图画。

（自读收集信息、讨论判断信息、叙述串联信息、回归文本积累有效信息，这四步体现了掌握信息的基本过程，使学生对信息的收集和整理有了初步的了解和实践。通过画丑小鸭激活孩子们的想像，使学生初步感受到丑小鸭的可怜。）

二、渲染丑小鸭之苦，彰显丑小鸭之志

课文第三至六自然段反映了丑小鸭出生后的生活状况，这里可以引导学生边获取信息边展开想像，抓住重点词句自读自悟，然后完成下面的填空，从而体会丑小鸭的处境。

片段二

课件出示：

就因为他丑，
大家都（　　）他。
在家里，
哥哥姐姐（　　）他，
公鸡（　　）他，
连养鸭的小姑娘也（　　）他。
在外面，
小鸟（　　）他，
猎狗（　　）他。
为了（　　），
他悄悄地离开了家。
为了（　　），
他只好白天躲起来，晚上才出来找吃的。
一天傍晚，
他望见洁白美丽的天鹅，
又（　　）又（　　）。

小组合作填写，全班交流。

师："丑小鸭自从来到这个世上就受尽欺负，历尽磨难，虽然如此，但他仍然有着自己的美好理想，课文中哪一句写了这个意思呢？"

生："丑小鸭望着洁白美丽的天鹅，又惊奇又羡慕。"

师："'惊奇'和'羡慕'怎么理解呢？"

生："丑小鸭从未见过这么美的天鹅，所以感到'惊奇'。'羡慕'就是希望自己能和它们一样，丑小鸭一定希望自己也是一只美丽的天鹅，那样就不会被人欺负了。"

（以填写诗歌的形式引导学生从文本中获取信息、选择信息，有利于激发学生的学习兴趣；通过重点词语的理解引导学生自悟，增强学生的自主精神和创造精神，有利于发展学生的个性。这一活动设计的目的是要使学生从丑小鸭的遭遇中想像丑小鸭的可怜模样，从丑小鸭的所作所为所感所想中感悟丑小鸭的性格特征：虽有自卑，但不自贱；虽屡遭厄运，但仍坚忍不拔；虽身处逆境，却不甘平庸；虽自觉卑微渺小，却从未放弃追求；他生活漂泊无依，理想却始终坚定不移，那就是追求快乐，渴求理解，向往美丽。）

第四自然段写了丑小鸭离家出走、来到树林里的遭遇。教师让学生默读这段课文，然后启发想像："丑小鸭还会来到哪里？还会有怎样的遭遇？"

片段三

课件出示：丑小鸭来到__________，__________他，__________他……

学生自主填空，全班交流。

第五自然段中"秋天到，树叶黄了，丑小鸭来到湖边的芦苇里，悄悄地过日子"这句话，蕴涵着丰富的内容，可启发学生想像丑小鸭当时的境遇："这句话让你想到了什么？"

生："秋天来了，芦苇丛中多冷啊，他有温暖的家却不能归。"

生："他一定又冷又饿，昏倒在冰湖上，可能都要冻僵了。"

……

课件播放丑小鸭昏倒在冰湖上的图片，配以凝重的音乐。教师配乐朗诵："看，这就是那昏倒的丑小鸭，他又冷又饿，就躺在冰冷的湖面上。寒冷的北风一阵接一阵地打在它瘦小的身躯上，雪花大片大片地落在它的身上，它会被大雪淹没的……"

（把音乐艺术与语言艺术结合起来，创设与学习内容相配合的音乐以渲染学习情境。令人伤感的音乐旋律，使学生沉浸在悲凉的想像中，产生了情感的共鸣，加深了对课文的理解。）

学生有感情地朗读第三至六自然段。

师："此时此刻，如果你就站在冰湖上，望着昏倒的丑小鸭，你会对他说什么？"

生："丑小鸭你不要伤心，会有人来救你的！"

生："丑小鸭你千万要坚持住啊！"

……

（丑小鸭的几次磨难是几个不同的思维训练侧重点。教师在教学中可以紧扣课堂脉搏，及时稳妥地抓住契机，引导学生设身处地地去想像当时的情景，去想像丑小鸭的心情，去想像丑小鸭孤独的境遇。）

三、赞叹丑小鸭之变

最后一个自然段故事进入了高潮：丑小鸭变成白天鹅后从心底发出快乐的呼喊："啊！原来我不是丑小鸭，我是一只漂亮的天鹅呀！"这里教师可以引导学生通过比较丑小鸭前后的不同感受来体验丑小鸭此刻的幸福感。

片段四

师："当丑小鸭发现自己变成了白天鹅时，心里会怎么想呢？"

生："他一定非常高兴，会叫起来。"

生："他会非常惊讶，简直不相信是真的。"

师："湖边的小动物看到这只美丽的天鹅，会怎么说呢？"

生："多美的天鹅呀！我们能和你做朋友吗？"

……

学生有感情地朗读课文最后一句。

（这一活动设计的目的是激发孩子们的感情，加深孩子们对丑小鸭由经历磨难到最后成为天鹅的那种快乐的感悟。当孩子们在经历了几次感情的跌宕起伏，与丑小鸭一起从心底发出快乐的呼喊时，丑小鸭的形象、丑小鸭的感情、丑小鸭的精神真正走进了孩子们的心灵。)

四、拓展延伸,加深感悟

读完课文后,让学生阅读《安徒生的故事》,让孩子们发现安徒生的经历与丑小鸭的相似之处:都是历经磨难,最后终于成功。由此延伸开去,让学生明白:丑小鸭式的人物,在生活中比比皆是,他们经过自己的拼搏奋斗,最后成为了人人羡慕的白天鹅。

片段五

师:"读了《安徒生的故事》之后,你听到安徒生对你说了些什么?"

生:"我听到了安徒生在对我说:'人的一生会遇到很多磨难,但只要相信自己,坚持到底,成功就会来到你身边。'"

生:"我听到了安徒生在对我说:'孩子,当你遇到困难时,别忘了丑小鸭经历过的种种磨难,相信自己吧,幸福的那一天一定会来到!'"

……

(这一活动设计的目的是进一步引导孩子们去关注丑小鸭和安徒生自身命运之间的内在联系,关注丑小鸭和安徒生的经历给人的启迪,使"丑小鸭"的精神真正融入孩子们的生命。)

【设计评述】

想像来源于生活,来源于观察,来源于丰富的情感体验。本设计在平等和谐的环境中,让学生站在自己的角度上,畅谈自己的独特感受,用感性教育去呼唤学生心灵深处最美好的情感,去引出他们对课文内涵的感悟。这种方式注重学生学习的心理过程,强调熏陶感染,易于达到语文教育的三维目标。

(深圳市南山区南山小学　潘倩芳)

以读悟情　以情促思

——《可贵的沉默》情感体验活动设计

（三年级适用）

【设计内容】

《可贵的沉默》一文讲的是上课时，老师从孩子们那里了解到，几乎所有的爸爸妈妈都知道自己孩子的生日并向他们祝贺，孩子们因此感到骄傲和快乐；而知道爸爸妈妈生日的孩子只有几个，并且没有一个孩子向爸爸妈妈祝贺过生日。强烈对比之下，孩子们沉默了，老师抓住这一契机，引导孩子们懂得了要关心父母，并学会以行动回报父母对自己的爱。文章贴近儿童生活，富含真情，蕴藏哲理。这里设计的是本文教学中通过指导学生读书帮助学生感悟真情、发展思维的活动过程。

【设计理念】

个性化的阅读和阅读的个性化要求学习主体的情感投入，要求学习主体去仔细体会语言形式所反映的鲜活的人物形象、生动的生活景象等，去感受语言形式的表现功能，去领悟情感，与文本、作者实现视界的融合、心灵的碰撞，使阅读真正成为学生快乐的精神家园。本篇教学活动设计拟从读文悟情入手，提领学习过程，努力使“知识和能力”、“过程和方法”、“情感态度和价值观”三方面相互渗透，在相互作用的动态过程中实现教育目标的有效整合。

【活动目标】

通过感情朗读加深对课文的理解，体会文章蕴涵的情感，知道在享受父母的爱的同时还要关心父母，并以行动回报父母对自己的爱；学习联系实际生活体会文章情感的方法；拓展活动，练习书面表达，丰富语文实践的机会。

【活动准备】

课前为每个学生准备一个心形小卡片。

【活动过程】

一、联系自己的生活，感受真情

“生日”永远是孩子们最感兴趣的话题，课文第一部分写的是老师引领大家讨论生日话题的内容，无需多言，让孩子们联系自己的生活实际，也来想想、说说自己生日的难忘情景，就能让他们体会到文中孩子们兴奋的心情，想像到教室里热闹的场面，读好课文便会水到渠成。

师："这是一个由'生日'的话题引出的故事，老师这里有几张咱班同学过生日时拍的照片，想看看吗？看之前，我有个小小的建议，那就是你们看的时候，可以指指点点，可以议论纷纷！"

伴随着背景音乐《生日歌》的悦耳旋律，照片上诱人的生日蛋糕、摇曳的生日烛光，还有一张张喜悦的笑脸，勾起了孩子们多少幸福的回忆——他们个个小脸上挂着笑，小眼中闪着光，兴致勃勃地跟小伙伴比划着、品评着，兴奋、满足溢于言表。看孩子们的情绪被调动起来，老师接着问："你们过生日的时候是什么情景？有什么有趣或者难忘的事吗？"恰当的时机，热衷的话题，孩子们纷纷打开话匣子，积极踊跃地发言，思维火花不断迸现。

有了和文中小朋友同样的心灵体验，相信孩子们一定能把课文读好，接下来安排四人小组合作朗读课文的第一部分。朗读形式由他们自己商定，可以轮读，可以分角色读，还可以边读边加上动作表演。在此基础上让一两个小组把他们的精彩朗读呈现给大家欣赏。最后，教师适时总结："你们读得真好，肯定在读的时候想到了自己过生日的情景。看来，读书的时候，把自己当成课文中的主人公设身处地去体会，就一定能把文章读得声情并茂。"

（宽松的氛围，轻松的话题，让学生在表达的过程中自然而然地生成与文本主人公相同的心灵体验。随后的读书过程又给他们创设了一个充分自主的实践空间，在释放情感的过程中深化了对课文的理解。阅读叙事性作品时，把自己的情感投入到故事中，把自己的心与主人公的心贴在一起，去感受人物的感情，去了解他们的喜怒哀乐，从中受到熏陶，得到启迪，是一种十分有效的读书方法。最后，教师的评述将这种读书方法适时地作了总结。）

二、展开丰富的想像，体会真情

课文第十三自然段，当老师问有谁向爸爸妈妈祝贺过生日时，孩子们沉默了，而他们的内心正波澜起伏。让学生在课文留白处展开想像，不仅能激发他们丰富的情感体验，还是一次很好的思维训练。

抛出问题："激动万分的孩子们一下子沉默了，你知道沉默的孩子们在想什么吗？"学生试着去揣摩，去想像，可能会说："我怎么从来都没想过向爸爸妈妈祝贺生日呢？""爸爸妈妈是我最亲的人，我怎么连他们的生日是哪一天都不知道呢？"……

师："是啊，父母的爱像阳光，同学们都是沐浴着爱的阳光长大的孩子，能说说父母关爱自己的小故事吗？讲给自己的好朋友听！"孩子们两个一伙，三个一群，讲的动情，听的入神。一个个看似平常却饱含深情的小故事拨动着孩子们的心弦。

老师也来凑份热闹，讲故事《妈妈的礼物》，让孩子们谈感受，孩子们可能会说："妈妈的爱真伟大！""父母的爱是世界上最无私的爱！""有爸爸妈妈爱我们，我们是多么幸福的孩子呀！"……

情感体验达到高潮，教师点击鼠标，音乐声起——"把爱全给了我，把世界给了我……"款款的爱意温暖着每一个孩子的心，浓浓的亲情感染着在场的每一个人。

师轻轻地点拨，将孩子们放飞的思绪收拢回来："得到的是世界上最博大的爱，却从没有想过付出一点回报，哪个词最能表达此时孩子们的心情？""内疚。""惭愧。""后悔。"……"读好这两句话！"带着各自的体悟所得，孩子们朗读课文："教室里寂然无声……我和孩子们一起沉默着……”

（切身的体验，动人的故事，让学生全方位、多角度感触文本主人公愧疚的心。）

三、采用换位思考的方法，感悟真情

课文最后两个自然段叙述了故事圆满的结尾，读，仍要读出情感，悟出味道来。

跟家长换位：“请大家看倒数第二自然段父母们说的那几句话吧，你们有什么发现？”学生会发现它们都是感叹句。师：“是啊，多少欣喜在里面啊！能读出来吗？”学生齐读第十六自然段中父母们说的话，激动中洋溢着喜悦。

跟老师换位：“作为一名教师，最大的幸福莫过于看到孩子们的成长了。谁来教我读好全文的最后一句话？”生深情范读。

（换位思考不仅是一种思维方式，也是一种读书方法。在这里，孩子们不仅与文中的孩子们换位，还与家长、老师换位，用心灵感应心灵，用朗读宣泄情感。这不仅仅是简单的读的训练，更是情感的熏陶、方法的习得，语文功力就在其中渐渐丰实起来。）

四、通过动笔实践，表达真情

获得了这么多真切的情感体验，孩子们的内心一定是澎湃难平，想向爸爸妈妈表达点儿什么的愿望一定在孩子们心头激荡，给他们一个尽情抒发的机会——

师：“文中的小朋友用自己的方式向爸爸妈妈表达了自己的爱，你又想为爸爸妈妈做点什么呢？”

学生畅所欲言。

教师可鼓励学生，把最想对爸爸妈妈说的话写下来，并提示学生用一种最巧妙的方式将这个“心灵小卡片”献给爸爸妈妈。

（随着对课文理解的步步深入，学生的情感体验也愈加丰富而成熟，这时候从学生所“需”出发，安排书面表达的练习，学生写起来得心应手。最后让孩子们将“心灵卡片”送给爸爸妈妈，无疑又是一个实践体验的好机会。）

【设计评述】

文章有“文眼”，主题有“题眼”，感情有“情眼”。刘勰在《文心雕龙·附会》中说“附辞会义，务总纲领”，意思是调理文辞，处理内容，最重要的是抓住纲领。抓“眼”导读，提纲挈领，既能避免浅、碎、平的教学弊端，又能使学生有更多的时间去直接接触课文，参与语文实践，实现教师的主导作用和学生的主体地位的最佳结合。本课例从读书悟情入手，顺着情感线索听、说、读、写，使学生在情感与情感的共鸣中主动参与阅读实践活动，有利于培养学生自读自悟的能力。活动设计站在以人为本的角度，充分发挥了学生的主体作用，让学生真正成为学习的主人。

【资料链接】

妈妈的礼物

方崇智

有个孩子，在他出生的那天，妈妈就离开了人世。

从此，每当看到别人从妈妈那儿得到礼物，他就非常伤心：“啊，我真命苦，我的妈妈，竟来不及给我一件礼物！”

一天，这孩子想起这件事，又伤心地哭了。他独个儿在街头徘徊，泪水模糊了双眼，撞在一位老人身上。老人并不生气，却关心地问："孩子，你哭什么？"

孩子向老人倾吐了自己的哀伤。

老人听罢，严肃地说："孩子，你错了！其实，你的妈妈给你留下了最珍贵的礼物，你应该珍惜才对！"

"那……我怎么会不知道？"孩子诧异地问。老人抚摸着孩子的头，语重心长地说："首先，妈妈从你出生那天起，就把整个世界，都作为礼物送给了你，这难道还不够吗？"

孩子听了，眼睛忽地一亮。

老人接着说："不仅如此，妈妈还给了你明亮的眼睛，让你去观察世界；给了你聪明的耳朵，让你去倾听世界；给了你一双腿，让你去走遍世界；给了你一双手，让你去改造世界。这些，难道还不够吗？"

孩子听着，陷入了沉思。

老人又说："孩子，最重要的，妈妈还给了你一颗充满热血的心，那，是为了让你珍惜生活——去热爱这个世界！"

（深圳市南山区育才一小　朱青筠）

创设情境　促进共鸣

——《陶罐和铁罐》情感体验活动设计

（三年级适用）

【设计内容】

《陶罐和铁罐》这篇课文，讲的是骄傲的铁罐经常奚落嘲笑谦虚友善的陶罐，最终自己却在时光中被氧化掉的故事。本课设计充分运用各种教学手段，创设特定情境，让学生自主融入文本，互动交流，产生情感共鸣。

【设计理念】

德育美育是人文素质教育重要的组成部分，教师在课堂教学中要做好学生人生价值观的导向。开放课堂，以学定教。这一过程需要教师和学生一起互动，调动一切课堂积极因素去创设情境，让学生全身心融入到文本中去，接受道德美的熏陶。

【活动目标】

创设和文本相匹配的情境，培养学生的道德与审美素质，塑造美好的心灵，促进个性的全面和谐发展。

【活动准备】

课前准备好课件、字卡、彩色人物表情图。

【活动过程】

一、锁定重点词语，初步感知品质

课文中有几个描述陶罐和铁罐基本品质的重点词语。它们是文本内涵感悟的切入点，理解它们，也是学生情感升华、自主感悟的第一步。教师在黑板上事先贴好陶罐和铁罐的图片，同时准备好相应的词卡叫学生上台贴．看到那栩栩如生的图片，学生的眼睛一下子亮起来，气氛十分活跃。贴好词卡，教师表扬他们，表示下面将有更难的组词活动，并迅速地打开课件，让学生玩找“生字朋友”的游戏。同时把各种表情图准备好。这时他们全都凝神贯注，争先恐后地举手。

生可能组成“谦虚”、“吵嘴”、“恼怒”、“朴素”等词语。

师可提示：“‘谦虚’相反意思的朋友是谁?”

生可能会说是“傲慢”或者是“骄傲”。

师：“‘谦虚’、‘骄傲’、‘恼怒’这三个词语该贴在哪一幅表情图的下面?”

生踊跃举手上台找准字卡贴在对应的表情图下。

（这个环节的意图是抓住低年级的学生对具体直观事物易感知的特点，通过鲜明人物的表情图吸引学生的注意力，把抽象的词义转为具象，让学生对文中人物的性格品质有总的印象。这种图文结合方式，学生容易理解接受，为下面学生在情感朗读中受熏陶、辨别体验高尚情操打下扎实的基础。）

二、读中心灵触动，深悟道德情操

在上一个环节学生已经抓住重点词感知了人物形象，现在让学生带着浓厚的兴趣走进宽广的文本世界中激情翱翔体会，细细地从一言一行、一举一动中品味人物丰富的内心世界，去发现其中的美好和不足之处。由词语感知进入到重点句子具体情境立体感知，学生在组织有序又生动活泼的活动中，走入这个童话世界和人物相融合同呼吸，在自己创设的情境里动起来，发挥主观能动性自导自演亲身体验，让他们的心灵自主发现。

首先组织学生赛读自己喜欢的段落。学生迫不及待地练读起来。不一会儿，小手就齐刷刷举高了！一位同学读陶罐可能读得谦虚文雅有礼："我们生来就是盛东西的，不是用来碰撞的。"很快另一个不服输地站起来，配上惟妙惟肖的表情动作挑战。读铁罐的更是傲气逼人："你敢碰我吗？你是什么东西！"这时候的教室里，学生读得津津有味，沉浸其中；教师看时机成熟，打开课件出示可爱的动画形象，组织全班表演读，把感悟推向高潮。

师可提出更高要求："那我们就先在小组里练习，配上表情动作，只读对话，练完后，想扮演陶罐和铁罐的同学分别站在两边。"生兴致高涨、满怀激情地投入到课本剧表演中。

（这个教学环节的意图是通过多媒体课件的配合，创设特定的教学情景，让学生更进一步地深入到文本中触动心灵感知。由于放开课堂，学生能在喜欢的表演活动中自由发挥，所以学生在这个过程中表现出很强的学习自主性、探究性、创造性，比教师单纯说教的效果深刻得多。在特定的情境下，学生引导自己升华情感，为下边自由拓展高潮的到来作好了铺垫。）

三、自由抒发情感，产生强烈共鸣

在激情的朗读过后，为了让学生更全面客观地受到启发教育，教师让学生思考默读第十至十七自然段，沉淀刚才的感知收获。

首先教师可设疑问："为什么出土后的陶罐会受到人们的欢迎？他不是一个经常被奚落的对象吗？"学生很快就感悟出人们喜欢陶罐的原因是："陶罐洗干净后显得光洁、朴素、美观，同时也是珍贵的文物，并且有一颗善良的心，总是能为他人着想！"学到这里，课室里的气氛再次高涨，孩子们的眼睛闪闪发亮，似乎有一肚子的话要倾诉。这时，教师再用激情的语言感染学生："读了这个有趣的童话故事，同学们一定有不少的想法，说吧！"同时拿出"留言板"让学生心灵感悟的结晶尽情洒落：

1. 我想对陶罐说：……
2. 我想对铁罐说：……
3. 我想对自己说：……

下面是一些学生非常美好的感悟心声：

1. 陶罐子，你真善良！被人嘲笑了还想着埋在泥土里的铁罐子兄弟！

2. 铁罐，你太自私了，总是奚落人家的短处，结果呀，自己反倒被氧化掉了。

3. 我们要学陶罐的真诚友爱，不要学铁罐的骄傲自大！

人不能光看别人的缺点，还要看别人的优点！

我想对自己说，平时别太小气啦，要跟同学好好相处！我不但想跟自己说，还要跟大家说，让我们团结友爱吧！

（经过反复充分的情感朗读和表演体验，学生已完全入情入境忘我地融入到文本的情感世界中去；由点到线再到面展开，节节推进，感悟越来越深，共鸣越来越强。学生水到渠成地受到启发教育，明辨了其中的真善美，心灵得到熏陶净化！）

【设计评述】

这篇课文的教学设计妙处在于抓住文本内涵主线，教师层次分明、循序渐进地引导学生自主创设情景，水到渠成地实现预期教学效果。这是一个学生自主感悟、情感不断升华的过程，而不是被动灌输接受式的学习。教师只是做好由点到线到面的引导，即由重点词语到重点句子再到全面展开，真正做到以学定教，让学生和文本自由交流，心灵对话，每一点一滴的感悟过程都渗透着德育美育的熏陶感召，促进学生向更高精神层次发展……

（深圳市南山区海湾小学　谭　丽）

在活动中熏陶学生心灵

——《四个太阳》教育活动设计

（小学一年级适用）

【设计内容】

《四个太阳》是一年级下册的一篇课文，作者凭着丰富的想像力和独特的创造力，画出了四个不同的太阳，送给四季。读这篇课文，可以了解四季的特点，还可以体会到太阳对人类的作用，以及作者善良的心地和美好的心愿；语言优美，适合朗诵。

【设计理念】

语文教学的最终目标是培养品德高尚、行为文明、有正确的人生观和良好的审美情趣的人。因此语文教学需要有文化底蕴和人文精神来支撑。如何通过课堂教学让孩子从小感受到品德高尚、行为文明、情趣高雅的人格魅力，体味到汉语言文化的丰厚博大，敬仰她，爱慕她，从而如饥似渴地去追求她？如何让孩子掌握学习语文的金钥匙，学会调动自己的每一个细胞，自信、开心地去阅读、倾听、思考，诵读、体味、创造？这是语文教学孜孜以求的理想境界。

【活动目标】

通过多种幼儿喜爱的活动让孩子体验语文学习的乐趣，培养对语言文字的理解运用能力，提高语文水平；通过师生的一言一行来培养行为的文明规范，塑造美丽心灵。

【活动准备】

课前请同学们自读课文，查阅有关太阳的知识、故事，最好有书面的材料（如绘画、谜语、故事、歌曲等），还可以自编本课生字谜语、小故事。

【活动过程】

一、猜谜攻擂，创设高昂的情绪基调

请有准备的同学上台来做擂主，视频展示，谜语多是猜太阳、猜生字的。

谜语很浅显，同学都能猜出来，攻守双方都有成功感，容易调动起高涨的情绪。

（这个教学环节，最重要的是课前的准备。学生在上课前读课文、查资料、画画、编谜语，本身就已经进行了阅读、思考、创造，有了一定的知识，这不仅为上课作了知识的铺垫，更重要的是，在这个过程中孩子投入了情感，他就会爱这课书，这就激发了孩子们学习的兴趣；有了兴趣、有了知识基础，又为课堂知识点、情感点的有机生成打好了心理、知识基础。打个比方说，课前准备，就是在孩子的心里种下了不同的种子，而猜谜游戏，就是第一缕春风，让温度升高，让种子发芽。）

二、故事竞赛，激发读书的兴趣热情

指名请课前准备较好的同学上台来讲《夸父逐日》、《太阳神阿波罗》等等，可以用视频仪展示图画，孩子指图讲故事，其他同学图文结合，倾听理解。故事讲完后，引导孩子用一句话概括故事的主要意思。一年级孩子讲故事往往不能讲出含义，孩子讲完后，教师要总结，这些古代神话故事都反映了老百姓在不可抗拒的大自然面前，希望有人能改造自然，造福人类。比如，《后羿射日》可能是天太热、太干旱了，才会希望有英雄射掉多余的太阳，然后冷暖适宜，风调雨顺。这都是美好的愿望。我们学习的课文也是作者对太阳的美好希望。

（这个环节不仅可以放在本节课中，而且可以成为一个常规教学环节，增加学生上台来讲故事的机会，促使孩子读故事，讲故事，培养爱读书、爱讲话、会讲话的兴趣和能力。故事最好是能配上孩子自己的画，这样不仅能形成多学科整合学习，而且这种多感官参与的学习好似春风化雨，能促使学生全情投入，更利于浸润孩子的心灵。）

三、师生对歌，培养观察积累的习惯

在常规性的课文教学后，学生对四季的特点有了初步的了解，基本体会了作者的心愿。这里，采用师生对歌的形式，以使学生更全面地了解四季，弥补感性认识的不足，丰富词汇积累。

出示视频或图片，老师做鸽子妈妈，扑动翅膀，带小鸽子飞过四季，一边飞，一边对歌，如能同时加入表情、动作就更好了：

春天，春天，什么样的天？

春天，春天，温暖的天（美丽、多彩……）

春天，春天，下什么雨？

春天，春天，下小雨（毛毛雨、绵绵细雨……）

春天，春天，开什么花？

春天，春天，开桃花（迎春花、油菜花……）

春天，春天，吹什么风？

春天，春天，吹暖风（和风、软风、柔风……）

春天，春天，什么色彩？

春天，春天，五颜六色（五彩缤纷、万紫千红、柳绿花红、山清水秀）

……

（对歌形式比较活泼，与小孩子的天性切合，在师生载歌载舞的对歌中，学生情绪活跃，各种感官都参与体验文本所包含的情感，同时也体验着学习的乐趣，集体的乐趣。如果长期这样训练，孩子就会养成注意观察、想像学词、积累语言、灵活运用的好习惯。此时孩子的心灵如同五六月的小苹果，不断成长。）

四、载歌载舞，陶冶高雅的人生情趣

学习进行到这时，孩子们对四季不同的特点已经了解。教师引导：“在寒冷的冬天，卖火柴的小女孩冻死了，在炎热的夏天，人们叫苦连天。如果你可以指点山河、重整日月，你会怎样呢？”此时让世界充满爱的种子已播在了每一个孩子心田，但他们毕竟语言的积累不够，不知如何去表情达意。正所谓“嗟叹之不足，乃歌咏；歌咏之不足，乃手之舞之，足之蹈之”，随着清新优美的旋律，教师打出歌词，师生一同歌唱，进入到这首震撼人心而又轻松活泼的歌曲中。

“我有一个美丽的愿望，长大以后能播种太阳。播种一颗，一颗就够了，会结出许多许多的太阳。一颗挂在南极，一颗挂在北冰洋，一颗挂在冬天，一颗挂在晚上。啊，到那个时候，世界每一个角落都会变得温暖又明亮。”

一遍唱完，出示《种太阳》歌词，让学生先自读，然后相互教读生字，读正确、熟练；再指名让同学感情朗读，通过唱、读、品，体会作者美好的愿望。接下来再一次跟唱歌曲，让孩子已经意会尚不可言传的情感通过跟唱，表达出来。当同学对曲调歌词比较熟悉时，伴着音乐，自编歌舞表演，促使孩子对歌曲的理解更加深入，情感也更加投入，相信在唱这支歌的时候，他们盼望着长大，因为长大意味着可以创造美好。

（《种太阳》歌词很美，旋律清新，它曾经净化、升华了一代又一代人的心灵。播种太阳，奉献光明和温暖给世界每一个角落，这是美好的人生目标。插入这首歌的欣赏阅读，丰富了学科内容，提升了学生对课文的理解，自然而然地进行了人生观的情感熏陶。同时，这种整合多学科教学资源而又侧重语文学科教学的综合性学习，符合幼儿的心理特征：它使课堂气氛更加活跃，孩子乐于学；它弥补了孩子语言表达的不足，给了他们另一种表达的方式，能使语言发展滞后于艺术的孩子更加喜爱语文学习，而那些语文、艺术都优秀的孩子则能够把这两者结合起来，两方面都得到提高，陶冶高雅的性情。这一环节犹如给果树施的肥，能让小果子长得更丰满。）

五、诗画合作，培养文明的社交能力

在了解了作者的心愿后，小朋友自己的心愿也一定呼之欲出。课下作业，请同学画出自己关于太阳的心愿，并配上一首小诗。抽一点时间，同桌相互讲述、相互评改。

师示范同桌合作：

A 指着自己的画，对 B：“肖涛请你来看看我的画：一只小鸡落水了，全身湿透了，冻得直发抖，太阳公公快出来吧，晒干小鸡的羽毛，给它温暖。请你给我提提意见吧！”

B：“玲玲你画得很好，从画里可以看出你很有爱心，你的诗写得也很棒，不过这一句能不能这样改一下呢？……”

A：“谢谢你肖涛，这样一改就更好了！现在看看你的吧。”

……

（这个环节让孩子用画表达心愿，配上简短的诗句，既开发想像力，又弥补了一年级孩子识字写字不足带来的表达不便，便于提炼思维、提升情感。即使画不好、写不好也无所谓，因为我们不是要所有的孩子成为画家、诗人，而是要让他们通过合作来学习与人交往时的彬彬有礼，相互协作时的协调礼让，让他们乐于发现他人长处，乐于帮助他人，培养能够取长补短的宽阔胸怀。这样的活动以往都有，但教师的关注点不同，这种处理与只关注学科知识的教学截然不同，它使孩子明白一言一行都要文明和如何文明，使语文教学成为育人的乐园，从而培育文明、高尚、健康、现代化、国际化的人才。）

【设计评述】

靳家彦老师说：“理念决定设计，设计决定呈现，呈现决定效果。”

这节活动课的设计理念从培育全面发展的人才出发，以心灵的塑造为追求，教师关注点更高一个层次。活动内容的选择以太阳、四季为核心，以孩子的心理特点为基点，整合各门学科，从词汇积累、思维训练、文明艺术、人生观几个维度进行愉快的、不着痕迹的熏陶，效果自然是从学科技能到心灵的全面提高和升华。

（深圳市南山区南山实验学校　邓艳红）

让爱的教育形象化、活动化

——《三个儿子》情感教育活动设计

（二年级适用）

【设计内容】

《三个儿子》这篇课文讲的是三个儿子面对他们的妈妈拎着沉重的水桶走来时，只有“没有什么特别的地方”的儿子帮助妈妈拎水的故事。本设计寓道理于丰富的阅读材料和多样的互动活动中，让学生在活动中体验为人母的内心世界，萌生做个孝敬的好孩子的心愿。

【设计理念】

情感态度价值观的培养是语文教学三维目标之一。对于低年段的小孩来说，“兴趣是学习最好的导师”，“游戏是孩子们天然的爱好”。结合孩子们的心理接受特征，围绕课文中的主题，设计多种有趣的活动，可以让孩子们在丰富的阅读材料中朗读感悟，潜移默化中情感得到提升，心灵得到净化；于轻松快乐中，实现教书育人的目的，使孩子们懂得孝敬父母的道理。

【活动过程】

一、班级座谈会

二年级的小孩还是很依赖父母的。谈妈妈，是他们很感兴趣的话题，因此可以利用他们的兴奋点，让学生畅所欲言自己在父母心目中是个怎样的孩子。

教师创设一个温馨的座谈会，分四人小组围坐一起，在轻松和谐的气氛中谈一谈他们各自在父母心目中的形象。当然，“世界上没有两片相同的绿叶”，每个孩子的个性特点迥然不同，每个孩子都是唯一的，每个妈妈谈起自己孩子的时候都不一样，所以学生回忆起平时他们的妈妈跟别人谈起他们的时候，答案都不一样。有的学生得意洋洋地告诉大家说：“我妈妈跟别人谈起我的时候，总是眉飞色舞，很自豪的，她夸我是个懂事的孩子。”有的学生羞答答地站起来，很不好意思地说：“我妈妈经常说我是个懒虫，起床不叠被子。”有的学生大声自信地说：“我喜欢帮我妈妈做家务，扫地、浇花、带妹妹等等，妈妈在别人面前说我很孝顺。”还边说还边配上动作。还有的略带抱怨着说：“我妈妈很疼我，什么事情都帮着我干，我要帮她的时候，她总是说我还很小。”……学生们你一言我一语，整个座谈会有序而热烈。

（从学生感兴趣的话题入手，有利于打开学生的话匣子。学生在互相座谈交流中重新认识了自己在母亲们心目中的形象，初步认识到了自己应该做个怎样的孩子。）

二、“小大人”表演队

课本是阅读的载体，从课文出发，通过深入了解课文而编剧，通过编剧、表演（可对课文进行适当改编），悟出“为人子，方少时，孝与亲，所当执”的深刻道理。

教师让学生深入朗读课文，小组进行编演课本剧。教师巡视，相机指导，选出优秀的小组上台表演。下面是其中一组的表演。

旁白：“儿子，这个字眼在妈妈的心里是神圣的；儿子，是妈妈的掌中宝；儿子，是妈妈生命最重要的一部分；儿子，也是妈妈之间茶余饭后的焦点话题。这天，三个妈妈又在谈论自己的儿子，碰巧，三个儿子走过来，当面对他们的妈妈拎着沉重的大桶时，他们三个表现如何呢？请欣赏‘小大人’表演队自编自导的课本剧。”

儿子一：“妈妈，我给你表演我最拿手的翻跟头！”他边说边翻起跟头来，一个接着一个，可谓精彩绝伦！

儿子二：“这有什么了不起的，妈妈，我给您唱几首世界上最动听的歌曲吧！”说着，放开歌喉，高歌起来。

儿子三：“妈妈，我没有他们的好本领，不过，您累了，我来帮您拎一拎吧！”只见他大步流星地走到妈妈面前，不由分说地抢过沉重的水桶拎走了。

三个妈妈：“瞧，这就是我们的孩子！”三个妈妈异口同声地说。

旁白：“这时，一直在旁边的老爷爷捋了捋胡子，眯着眼睛看了看第三个儿子。”

老爷爷：“我怎么只看见一个儿子呢？”（很奇怪的样子）

旁白：“这真是奇怪了，明明老爷爷看到了三个儿子，可是为什么他说只看见一个儿子呢？聪明的小观众们，你们能告诉我答案么？”

（孝敬父母的大道理，二年级的小孩是不容易弄明白的，然而，本课文字浅显易懂，加上学生投入课文，他们在自编自导课本剧的过程中，可以轻松领悟出老爷爷的话中的含义，激发思维，渐渐地明白自己应该做个孝顺的好孩子。）

三、我给妈妈写封信

“足够的量变才能引起质变”，在“资料城”里为学生提供更多的“黄香温席”、“卧冰求鲤”等颂扬子孙孝心的阅读材料，拓宽学生的视野及思维，最后可通过写信的形式，培养学生孝敬父母的情感。

在这个活动里，教师请学生一起到“资料城”里去读一读那些优美的小文章，并且带着“攻城”的小任务：“边读边想一想，你最喜欢文章中的哪些孩子？最不喜欢哪些？为什么？”学生一旦有了明确的任务，阅读起来迫不及待，如饥似渴。读完之后，跟同桌谈一谈体会。之后结合自己的实际情况给妈妈写一封信，跟妈妈说说自己的心里话，并告诉妈妈打算以后当个怎样的孩子。

（由读到写是语文学习的深化，学生通过给妈妈写信，自然而然地悟出了以后应该做个孝顺的孩子，以报答父母的养育之恩。）

【设计评述】

情感价值观的培养是语文教学三维目标之一，但是要悟出“为人子，方少时，孝与亲，所当执”的深刻道理，对于二年级的小孩来说并不是一件容易的事。本文试图通过多种形式，如“班级座谈会”、“‘小大人’表演队”和“我给妈妈写封信”等，让学生借助文字这个载体，在各种不同的活动中，慢慢懂得儿女应该孝顺父母的道理。案例注重学生的兴趣，寓讲理于阅读材料与有趣的活动中，既突出了语文教学中的学科性，又达到了教书育人的目的。

（深圳市南山区平山小学　陈春月）

爱的理解　理解的爱

——《七颗钻石》情感教育活动设计

（三年级适用）

【设计内容】

《七颗钻石》写的是地球上发生了旱灾，许多人和动物都焦渴而死，一个小姑娘抱着水罐出门为生病的母亲找水，爱心使水罐一次次地发生着神奇的变化，最后水罐里涌出了一股巨大的清澈又新鲜的水流，地球上终于有了水。本课设计的是情感教育的活动过程。

【设计理念】

新课标阐明，作为现代社会的公民，应具备良好的人文素养，形成健全人格。因此在教学中，积极挖掘教材的重点内容，合理激发、引导学生理解课文内容，不仅可以训练学生的语言表达能力，使学生对课文的中心思想有深入的理解，而且还可以使学生的情感得到不断升华，水到渠成地培养学生的良好品质——做个有爱心的人，自然达到三维目标的有机整合。

【活动目标】

通过运用多媒体辅助教学，创设情景，调动学生学习的兴趣，提高课堂的学习效率，使学生对课文的内容理解得更透彻，并唤起学生对小女孩的爱心产生崇敬之情，唤起学生对这种高尚行为的追求的愿望。

【活动准备】

1. 辅助学习第一段内容的课件，以及水罐几次发生变化时配有文字的课件。
2. 课文朗读的配音磁带。
3. 歌曲《爱的奉献》。

【活动过程】

一、讲故事创设情景，体会当时水的重要

师："很久很久以前，地球上发生过一次大旱灾。接连几个月没有下一滴雨，每天火辣辣的太阳炙烤着大地。所有的河流和水井都干涸了，草木、丛林、庄稼也都干枯了，许多人和动物都焦渴而死……请问：此时水意味着什么？"

学生七嘴八舌地说起来。

"是呀，水与生命在此时是多么的重要啊！不幸的是，当时有个小姑娘的母亲生病了，急需要水。小姑娘为了生病的母亲，拿着水罐去找水，结果水罐发生了神奇变化，水罐发生了哪几次变化，你又有什么疑问，请朗读课文。”

（此教学环节，通过讲故事创设教学情景，激发了学生的学习兴趣，让学生产生了情感上的共鸣，体会到水的重要，还激发了学生对下文的阅读兴趣。）

二、从水罐的几次变化，体会爱心的神奇力量

1. 学生带着阅读的兴趣自读课文，很快就找到了水罐发生的五次变化。“学而不思则罔”，质疑是思维的火化，利用问题可以培养学生的合作精神、探究能力。学生纷纷举手提出了以下的问题：

① 为什么水罐里装满了水？

② 为什么水没有洒？

③ 为什么水罐变成了银的？

④ 为什么水罐又变成了金的？

⑤ 为什么从水罐里会跳出七颗钻石，还会涌出一股巨大的水流，钻石还会变成星星，越升越高？

⑥ 为什么水罐会发生神奇的变化？

……

2. 趁学生的兴趣正高涨，再次质疑：“哪组来解答这些不解之谜？请讨论。”各组讨论得非常激烈，然后竞争回答。各组自然有自己的独特见解(结合放课件)。

组①：小姑娘为了她的母亲，不辞辛劳到处去找水，也许她翻山越岭，跋山涉水，脸被树枝划破了，衣服也被钩破了，手指也已经流血了，她却不喊一声累，这是多么孝顺的孩子，多么善良的心灵啊。神仙被感动了，观音菩萨拿着神水从天而降，用柳枝轻轻一挥，她的手中就有了一罐清澈新鲜的水。小姑娘对母亲的爱，即她的孝心使水罐发生了神奇的变化。

组②：她急着为母亲去送水，这也是她的孝心，使上天又给了她一个奇迹。小姑娘对母亲的爱，使水罐再次显示出它的神奇。

组③：小姑娘不但爱自己的母亲，还用真挚的爱心对待小动物，她的爱心是广博无私的，所以水罐又发生了变化。

组④：小姑娘对母亲的爱与对陌生人的爱心，使水罐变成了金的、变成了星星。星星晶莹闪烁，照亮人间，象征小姑娘美好的心灵……

组⑤：由于这个故事中的人都有“爱心”，所以水罐发生了一次次神奇的变化。

3. 在理解感悟的基础上，顺势引导学生读第二、三自然段，并配上音乐，学生的朗读语气很快就表现出对小姑娘的由衷赞美。

（此教学环节，通过自读、质疑、讨论、汇报、朗读及结合看课件的形象画面，使学生一步步加深对爱的理解：由血缘关系的爱，到对动物的爱，到对素不相识的人的爱……对爱的理解不断升华。学生内心深处也进一步感受到爱的神奇力量，印象会更长久、更深刻。）

三、联系生活，体会爱的意义

学生都喜爱音乐，音乐既给人一种美的享受，又能感染人。先让学生闭上眼睛欣赏歌曲《爱的奉献》,慢慢激起学生与音乐旋律的共鸣:只要人人都献出一点爱,世界将变成美好的人间。

随后启发学生把知道的与“爱”有关的行为讲给大家听听,学生的话匣子也就打开了:

从小要帮助他人;

要听爸妈的教导;

要保护小动物;

要保护环境,爱护地球;

……

其中一位学生,联系学校近期发生的事,动情地说:“我知道我们学校的田永红兄妹开学初被火严重烧伤后,不但我们学校的老师同学踊跃捐钱,而且社会上很多不认识的人也不断捐款。校长说共捐了差不多20万元呢,现在他们不但没生命危险,还快要出院了。我觉得他们虽然不幸,但不幸中的万幸是得到了那么多热心人的关爱和帮助。”

接着,全班学生情不自禁哼起那首歌:“只要人人都献出一点爱,世界将变成美好的人间……”

(学生结合自己的切身实际以及耳闻目睹的有关“爱心”的事,对爱的理解不断深化、升华,从中感到爱与被爱的快乐幸福,也加深了对课文内容的理解。)

【设计评述】

这个设计的独特之处在于不仅仅停留在让学生理解体会课文的含义精髓,而且将朗读感悟、自主质疑、语言说话训练、思维拓展训练等有机地结合在一起,实现了多维目标的有效整合。教学中以“爱心”为主线,层层深入,逐步揭示中心,最后使学生的思想感情得到熏陶与升华,整个教学过程使人有“水到渠成”之美感。

(深圳市南山区白芒小学　徐小琼)

在辩论中放飞个性　在引导中感悟道理

——《妈妈的账单》情感教学活动设计

（三年级适用）

【设计内容】

《妈妈的账单》这篇课文讲的是小男孩彼得给妈妈开了一份账单，索取每天帮妈妈做事的报酬，当看到妈妈给他的一份账单后惭愧地把索取来的报酬塞进了妈妈的口袋的事。这是一篇略读课文，本设计打破传统的教学方法，采用活动的形式进行教学，让学生积极主动地投入到学习中来，深化了情感体验。

【设计理念】

《语文课程标准》指出在阅读教学中应"珍视学生独特的感受、体验和理解"，在实施建议中又指出应"重视情感、态度、价值观的正确导向"。在阅读教学中，如何做到既尊重学生的独特体验，又适时引导，让他们形成正确的价值观呢？本设计尝试追求两者最佳的契合点，通过辩论的形式，让学生在两种不同的观念中碰撞，激发学生主动探究阅读的愿望，让他们真正成为课堂的主人；老师再抓住契机，点石成金，引导学生形成正确的情感、态度、价值观。在课堂中充分发挥师生双方的主动性和创造性。

【活动目标】

以多种形式的教学活动让学生深化对课文内容的理解，提高口头语言表达能力，形成正确的价值观——体会母爱的无私与无价，懂得主动帮父母做事。

【活动过程】

一、自主阅读，畅谈感受

学生先整体阅读课文，读的方式由学生自主选择（自由放声读、默读、小声读……）。学生在充分感知课文后，畅谈感受。选一名学生当记者，以采访的活动形式让其他学生说出自己的感受来。学生一定会有许多感受：有的学生可能觉得小彼得有商人的精明，有的则可能觉得小彼得不应该向妈妈索取报酬，还有的可能觉得妈妈太伟大了，一分钱都不向小彼得要……

（这一教学环节是让学生与文本对话之后，谈自己的感受，充分给予学生说话的权利，让学生说真话实话，将自己的感受说出来，把自己的观点亮出来。既锻炼了他们的概括能力，又为辩论活动起到了铺垫作用。）

二、设置冲突，展开辩论

"仁者见仁，智者见智。"由于学生的兴趣不同，阅历各异，个性不一，所以对于同一篇课文，学生有着不同的理解与感悟。有的学生可能认为小彼得劳动了就应该找妈妈要钱，有的学生可能认为小彼得不应该向妈妈要钱，两种不同的价值观在碰撞。教师抓住这一契机，就学生争议最大的问题，展开一次别开生面的辩论会。

辩论题目是："小彼得应不应该向妈妈要钱？"认为小彼得应该向妈妈要钱的同学为正方，认为小彼得不应该向妈妈要钱的同学为反方。正反两方同学按各自观点、自行调换座位，全班分成两大组，推选出组长。首先每位学生将自己所支持的观点、理由写在纸上，整理好自己的思路；然后组内讨论，制定辩论策略。紧接着正反两方展开辩论，老师在一旁观战。一番唇枪舌剑、据理力争后，学生一定会有许多自己独特的观点想法冒出来，如：有的学生可能认为小彼得获得报酬是理所当然的，有付出就应该有收获，因为小彼得劳动了，他就应该获得报酬；有的同学则可能认为小彼得太不懂事了，父母给了他生命，养育了他，他帮妈妈做一点事是应该的，不应向妈妈索取报酬……

（学生通过阅读，已有了自己独特的感悟与体验，已经到了不吐不快的时候。教师抓住这一时机，巧妙地设置了冲突情境，营造竞争型的学习环境，借辩论会这个形式激发学生阅读的兴趣、探究的欲望，锻炼了学生口头表达能力，训练了学生的思维，调动了学生学习的主动性，使学生的个性得以张扬，成为课堂真正的主人。）

三、抓住契机，适时点拨

学生在经过与文本对话、生生对话之后，已经对课文有了自己的理解与体验了，但学生可能各执已见、意见不一，谁也说服不了谁。这时，教师就要适时点拨，加以引导，使学生的认识更全面、更准确。

教师将小彼得给妈妈的账单和妈妈给小彼得的账单对比出示，让学生反复阅读，认真观察，谈谈感受或提出疑问。就"为什么妈妈的账单上写的都是'0 芬尼'呢？"这一问题展开讨论，感悟理解母亲的无私与伟大，体会亲情是无价的，从而认识到小彼得帮妈妈做一点事是应该的，他不应该向妈妈索取报酬。

（三年级的孩子还没有形成成熟的是非判断机制，当学生对事物、对人、对社会等方面的认识不够全面、正确时，教师巧妙地加以点拨、引导，让学生形成正确的情感、态度、价值观，体现了教师在课堂中的主导性，深化了学生对课文内容的理解。）

四、课外拓展，深化认识

学生拿出自己与母亲的合影，谈谈生活中自己与母亲之间的事情，说说母亲为自己所付出的关爱。

师生共同设计作业：如：1. 代小彼得给他妈妈写一封信。

2. 帮妈妈做一件力所能及的事情。
3. 阅读有关母爱的文章。

（学生在点滴回忆中，感悟母亲对自己的爱，领悟到母爱的无价，充分调动了情感参与；在师生共同设计作业的活动中，学生既充分发挥了他们的创造性，又加深了对课文的认识，激发了他们学习的主动性。）

【设计评述】

这篇课文教学活动设计，其教学有三妙：一、打破传统的教学模式，采用辩论等各种活动形式进行教学，充分调动了学生学习的主动性、积极性与创造性。二、在尊重学生独特感受的同时，对学生进行了正确的引导，让他们形成了正确的情感、态度、价值观，实现了阅读教学个性与共性的较好统一。三、在尊重学生主体地位的同时，充分发挥了教师的主导作用，实现了二者较好的统一。

【资料链接】

美国作家克里腾登写过一篇题为《母亲的价格》的文章，提倡应把母亲所做的各项工作量化，给她们应有的肯定。她指出，母亲的工作是一种“技术性的中级管理”工作，若母亲的工作可获薪水，合理的年薪约为 6 万美元。而有名的“埃德尔曼财经服务组织”则经过缜密的计算与评估，得出这样的结论：若将母亲所做的各类型工作改为出钱聘人代劳，那么，子女一年所付出的工钱高达 63.5 万美元。可以说，母亲的工资足与大公司总裁相比。

（深圳市南山区育才二小　杨　柳）

空白 其实丰富得很

——《检阅》拓展教学活动设计

（三年级适用）

【设计内容】

《检阅》讲述的是波兰一所学校的儿童队员在国庆节来临之际，做出了一个重大的决定，在国庆节游行检阅时，让拄拐杖的博莱克参加检阅，并且让他走在第一排。游行时，他们的检阅队伍获得了大家的一致喝彩。

本课设计通过挖掘课文的空白点，在平等对话的基础上调动学生的情感体验，让他们去想像思考，从而获得情感的升华。

【设计理念】

有句话说："画留三分空，生气随之发。"这道出了空白艺术的魅力。文章也如此。有了空白，才能留给读者思考、拓展和想像的空间。教学过程中，捕捉课文的空白点，以空白点为契机，能打开学生丰富的想像之门，培养学生良好的口语表达和写作的能力，培养学生的创新精神。

【活动目标】

通过几处空白点的发掘和利用，让学生深切地体会人物心理及其想法，懂得站在别人的角度进行换位思考，想其所想，思其所思，使学生感受到浓浓的人文关怀：要自尊、自强，要尊重每一个个体平等的权利，关爱弱势群体的美好心灵。

【活动准备】

有关"检阅"的录像。

【活动过程】

设计一

课文第三自然段讲到还有重要的事情要商量，但是谁都不愿意第一个开口。学生通过阅读下文可以知道还需要商量的重要事情是：游行检阅时靠拐杖走路的博莱克怎么办呢？

这里留下了一处空白：究竟是什么原因使谁都不愿意第一个开口呢？

为什么谁都不愿意第一个开口呢？可让学生观看有关"检阅"的录像，使学生直观感受到：参加检验是一件相当严肃和隆重的事情，对参加检阅人员的仪表形象有严格的要求，能被选中是相当光荣的。

有了对"检验"的直观认识，学生可以理解到，大家是担心博莱克腿部的残疾会影响检阅的队伍，但如果不让他参加，又会伤害到他的自尊心，这是一个令人左右为难的问题，因此大家的心情都很矛盾，所以都不愿意开口。

（三年级的学生对"检验"可能只有一种模糊的认识，通过观看录像，让学生在具有直观形象的"现场"中感受"检阅"的庄严和隆重，就为体会队员们为难矛盾的心情提供了一个平台。学生只有从队员们为难矛盾的心情中才能理解到大家从一开始就很关心博莱克，理解博莱克渴望参加检阅的心情。"理解万岁"这个口号曾经响彻神州大地，只有站在别人的角度想其所想，才能去真正理解和体会别人，只有理解了，才能更好地去关爱别人。这样为理解下文"大家对队长作出的重大决定而欢呼"作了很好的铺垫。）

设计二

"不让他去？要不把他放在队尾？还是把他藏在队伍中间？"这三种想法为教师挖掘学生心灵深处更为珍贵的东西找到了契机：

"如果你是儿童队员中的一员，你会怎么处理呢？为什么？"面对这样的问题，孩子可能有以下几种看法：

一、不让他参加，因为让一个靠拄拐走路的人参加检阅是件不可思议的事。

二、把他藏在中间，因为这样既让博莱克参加了检阅，又不会影响到检阅的队伍，岂不是两全其美？

三、把博莱克藏在中间，他会觉得大家还是嫌弃他，他会更自卑的。

四、让博莱克参加，至于让他站在哪里，我会按从高到矮的顺序来决定，这样做就很公平。

……

只靠文本，孩子还是很难与博莱克的心灵产生共鸣，毕竟学生还是较难体会一个残疾人内心世界：作为残疾人，因为身体的缺陷会觉得自己与别人不一样，或许会感到自卑，或许性格会变得自闭等。他们不但要享有个体平等的权利，并且应得到更多的关爱。为了拉近学生与博莱克之间的距离，教师可以设计这样的问题：

"同学们，你们碰到过类似博莱克这样的事吗？"

孩子们会有自己的经历。比如："我长得胖，有些同学就取笑我，还给我取绰号，我现在想找他们玩都不敢了。""我因为跑步跑得慢，一些同学就不让我参加接力赛，其实我很想参加，我觉得好难过。""我妈妈经常说我笨，对我几乎都没信心了，我觉得好难过，我对自己越来越没信心了。"

……

听了学生的心灵对话，教师可以追问："同学们，你们想想，腿有残疾的博莱克是不是更需要大家的鼓励和信任呢？那么此时的你会怎样处理博莱克这件事呢？"

此时，学生会情绪高涨，并说："我一定要让博莱克去，并且我要告诉他，他一定能行的。""我不但要让他参加，并且要让他走在队伍的最前面，让大家都羡慕我们。"教师可以聆听学生来自心灵深处的美妙之声。

（《语文课程标准》指出：阅读教学是学生、教师、文本之间的对话。学生在平等的对话过程中，才有了以石击石的火花迸射，以心连心的心潮相逐，以思促思的智力引爆，以情生情的激情奔涌。同时语文课堂应该是开放而有活力的，要以学生的生活经验和成长需要为依归，把教科书这本“小书”与生活这本“大书”融为一体。这个片段在学生与学生、教师、文本的对话中，使学生的思想获得了提升。当学生与文本人物思想交流产生距离时，应调出学生成长中的情感体验，这样才能与文本人物拉近距离，更好地对话，使学生明白要给作为残疾人的博莱克更多的关爱，从而明白课文中大家为什么为队长作出的重大决定而欢呼。）

设计三

检阅结束了，他们的队伍获得了大家的一致喝彩。此时此刻的博莱克正沉浸在激动和幸福之中，大家想对博莱克说些什么呢？

同时，博莱克又会对大家说些什么呢？可以为学生创设一种情境，让同桌两人互相来扮演，进行博莱克和大家之间的对话。

学生可能这样说：“博莱克，虽然你的腿残疾了，但你的表现却如此出色，你真了不起；博莱克，我觉得你很坚强，也很自信，我为你感到骄傲。”“博莱克，你使我认识到，当遇到困难时，我要坚强地去战胜它。”“博莱克，你使我认识到，以后我不应该去取笑别人，而是应该关心别人。”

……

下面是博莱克对大家说的话：

“我觉得我太幸福了，有这么一群好伙伴。”

“我之所以表现这么出色，离不开大家对我的鼓励和信任。”“我要谢谢我们的队长。”“我要画一颗很大很大的爱心送给大家。”

……

学生畅所欲言，“动人心者莫先乎情”，这时，教师抓住这些激情，提出：“同学们，想不想把你们所说的话写下来？”

（在理解他人的基础上，学生学会了关爱他人，特别是对有困难的人给予更多的关爱；在关爱的基础上学生学会了欣赏他人，尤其是欣赏有缺陷的人；学生的情感得到一步步的提升，获得升华，发出了耀眼的光芒。活动也让学生插上想像的翅膀，使课堂焕发出生命的活力。在教学过程中穿插写话，体现了习作与阅读教学的统一。）

【设计评述】

这是一个善于挖掘课文空白点的教学设计，让学生联系自己在生活中的情感体验，推己及人去换位思考，然后用对话、写话的形式表达自己的想法，这样能让学生深切体会人物的心理和情感，较好地发展学生的表达能力和思维能力，并让学生获得情感的升华。

（深圳市南山区南油小学　王斯瑜）

四、教学拓展活动设计

拓展学习空间　深化情感体验

——《一次成功的实验》拓展开放活动设计

（三年级适用）

【设计内容】

《一次成功的实验》讲的是一位教育家在一所小学让三个小学生做“逃生”游戏，三个小学生相互配合，使实验得以成功的事。课文记叙的仅仅是一次试验或者说游戏而已，但作者与编者的意图却不仅仅如此，他们是想让学生懂得讲求秩序和加强合作的重要性。此为文本的空白之处，为设计学生的学习活动留下了空间。此设计利用相关资源，以活动的形式进行拓展探究，使学生能够深入理解课文蕴含的道理，进而内化成学生的精神力量。

【设计理念】

“知识不应灌输给学生，而应引导学生去发现它们，独立地掌握它们。”情感、态度、价值观同样不能灌输给学生，语文教学要关注学生的情感体验。学生不是一只简单的盛装知识、观念的容器，而是一个个活生生的有血有肉有独立思想情感的人，要用生动感人的事例感染打动他们。只有在平等开放的教学过程中，学生才能主动参与，乐于探究，才能习得知识，悟得道理，形成良好的个性、健全的人格。

【活动目标】

1. 动手实验，增强直观感受，深入理解课文。
2. 拓展阅读，升华情感。
3. 联系实际，自主探究，从而懂得加强合作、讲求秩序的重要性。

【活动准备】

玻璃瓶、拴好线绳的铅锤若干、影片《闪光的彩球》光碟、现实生活中一些因拥挤踩踏造成伤亡事故的资料。

【活动过程】

一、对比实验，亲身感受

课文以简明易懂的语言讲述了这个故事，有较强的现场感，学生读后定会跃跃欲试。在学生初读课文的基础上，引导学生做对比实验，让学生从中懂得实验获得成功的原因。

实验一：组内同学开展比赛，比比谁先将小球拿出来。

由于这次实验中每个学生只考虑自己如何快速将小球拿出，结果大多数小组同学的小球卡住，谁也出不来了。

实验二：组与组之间开展比赛，比一比哪组同学先将小球拿出来。

这次实验是以组为单位参加比赛，组内成员考虑的是如何相互配合，尽管各组牵出小球有快有慢，但各小组都顺利将小球牵出。

（学生都有较强的竞争意识，游戏也好比赛也罢，取胜是每个人追求的目标。在游戏过程中如果只顾自己，不懂得合作，就会导致团体失败。通过读课文，学生可以了解到这一点，但是，只有让学生亲手实验、亲自感受，才能使语言文字抽象的描述变得具体鲜活。两次不同方法的实验活动形成鲜明的对比，学生很容易辨别出课文中实验成功的原因，为深入理解课文奠定了坚实的基础。）

二、观看影片，触动心灵

在读文、实验的基础上学生明确了实验成功的原因，但与本课情感目标的达成还有一定的距离，因为教材和实验都仅仅停留在游戏本身，不能触及学生的心灵深处。不触及学生心灵深处的情感教育是失败的。教育必须做到以情激情，使学生的心和作者、编者的心产生共鸣。这里利用电影《闪光的彩球》片断这一学习资源，弥补教材的不足。

活动动员："同学们，你们想知道这几个小学生是怎么懂得这个道理的吗？这次实验的成功引起了轰动，记者对他们作了一次专门的采访，现在我们就看看采访的实况。"

观看电影《闪光的彩球》片段。

学生自由畅谈观看电影的感受。教师伺机点拨：矿长先人后己镇定自若的指挥和矿工听从指挥、秩序井然的撤离是使人员伤亡降到最低限度的原因。

（情感是人们对客观事物在心理上及态度上产生的反应，积极的情感能够使语文课堂充满人文魅力。这一环节的活动设计，凭借直观生动、感人肺腑的电影片段，架设起了文本与生活之间的桥梁，拉近了学生与教材之间的距离，使实验不再单单是实验，而与生活、与人的生命、与人的品格产生了紧密的联系，使学生真切地感受到先人后己、团结合作、讲究秩序的巨大作用。）

三、查阅资料，拓展延伸

不讲秩序造成的惨案屡见报端，对于小学生来讲，培养安全意识和避免安全事故的发生至关重要。本课正是对学生进行安全意识培养和紧急逃生方法教育的良好契机，可引导学生在网上查阅相关事件的报道，报道中的数字、图片定会让学生觉得触目惊心，从而在学生幼小的心田中深深地埋下讲秩序最重要的信念。

教师提供以下文章的网址：

《内蒙古学生拥挤致 21 人死亡案宣判》

http://edu.tom.com/1267/2004226－5770.html

《南非发生球迷拥挤重大伤亡事故 47 人死亡》

http://sports.sina.com.cn/g/12129909.shtml

《北京市密云县灯会发生因拥挤造成 37 人死亡的事故》

http://news.sina.com.cn/c/2004－02－06/00161734471s.shtml

教师动员："小小的实验告诉了我们浅显而又深刻的道理，大家想到没有，秩序与合作有时还决定着人们的生命呢！人们不讲秩序，会造成伤亡事故；当安全事故发生时，人们如果不讲秩序，会丢失本来可以保全的性命。”

学生查阅、交流资料，自主选择阅读，并和小组同学交流阅读体会。

（引导学生运用网上资源，活生生的事实能使学生知道在特殊的情况下秩序与合作决定着生死与安危，进而理解作者与编者的意图，受到深刻的教育。）

四、联系实际，引导探究

“当学生发现知识的个人意义时，他们学得最好。”将课内习得与生活实践有机结合，将学生的情感与客观需要紧密联系，能帮助学生形成正确的价值取向。在上述几项活动的基础上，学生自然而然地将课文和自己的生活联系起来，此时下一环节的活动安排已水到渠成、顺理成章了。

1. 比赛：以小组为单位，写出在哪些场合要遵守秩序，哪些事情要讲合作，比比哪个小组写得又多又快。

2. 思考：联系一些拥挤踩踏事件，说一说在学校、在公共场合应怎样讲求秩序。

（这个教学活动与学生的生活联系紧密，教育更有实效性，更具现实意义。它不仅使学生懂得在许多情况下，许多事情要讲秩序、讲合作，而且让学生知道应怎样讲秩序、怎样相互合作，从而使学生形成良好的意识和习惯。理想的教学不是老师说教，而是学生的情感被深深地触动后独自思考探究。）

【设计评述】

这是一个典型的以活动为主线的开放型课堂，设计者巧用文本和文本的空白，层层深入，触及学生的心灵深处。兴趣被激发了，情感被激活了，智慧被开启了，学生不仅仅理解了课文，还受到了教育。设计做到了课内与课外的结合，文本与生活的链接，充分地体现了语文课堂教学的开放性和综合性；利用相关资源，以活动的形式进行拓展探究，使学生能够深入理解课文蕴含的道理，进而内化成学生的精神力量。有理由相信这节课的学习对学生今后一生的学习、生活、工作都将产生深刻的影响。

拓展教学资源是本设计的又一显著特点。教材是课堂的重要资源，要深入地挖掘教材的内涵，但教学又不能只限于教材。教师和学生都是课程资源的开发者。教学中根据教材、学生的实际和教学的需要，充分地利用、补充教学资源，才能更加灵活有效地开展教学活动，完成教学目标。

（深圳市南山区赤湾小学　周连艳）

驰骋网络　跨越空间　创新思维

——《太空生活趣事多》教学拓展活动设计

（二年级适用）

【设计内容】

《太空生活趣事多》讲的是一些新奇有趣的太空生活知识。这里设计的是本课在网络环境下的有关信息搜集以及创造性思维的拓展活动。

【设计理念】

"语文课程应植根于现实，面向世界，面向未来。应拓展语文学习和运用的领域，注重跨学科的学习和现代科技手段的运用"，这是新课标所倡导的理念之一。本设计正是在这一理念指导下，在网络环境中开展语文拓展性学习活动的一个案例。旨在培养学生想像力、搜集和处理信息的能力。

【活动目标】

通过"搜集材料，了解太空"、"观看图像，话说太空""采访英雄，体验太空"、"想像创造，设计太空"等活动，激发兴趣，开阔视野，为学生创造想像的空间，培养学生的想像力、创造力、语言表述能力以及信息加工能力等，激发学生热爱祖国航天事业的情感。

【活动过程】

一、网上搜索——搜集材料，了解太空

在孩子们的眼中，太空那么神秘神奇，有那么多诱惑、那么多向往，这个梦幻神奇的世界似一块巨大的磁石，吸引着学生们去探索发现，去研究创造。《太空生活趣事多》的课题一出现，就以无穷的魅力一下子抓住了学生的注意力，为此，可以设计这样一个课前预习："太空，令我们心驰神往，那么，太空知识、太空趣闻你们知道多少呢？请你们在网上进行大搜索吧，搜集有关在太空生活方面的信息，然后进行加工整理，准备以小组为单位采用不同的形式（比如用文字、图片、投影片、图画及其他形式）进行汇报展示。"

活动引导："同学们这几天就在搜集有关太空方面的信息，有的用文字写下来，有的用画笔画成了图画，有的则用 PowerPoint 制作成了精美的投影片，请各小组派代表展示你们的杰作吧！"

文字组（略）

图片组（略）

图画组（略）

（课前，让学生动手通过网络获取信息，使学生在信息的海洋里充分地、自由地汲取知识。课堂伊始，让学生对搜集到的信息进行展示，既是对课前准备的检查，也是锻炼学生搜集、处理加工信息能力的良好时机，同时也为更好地学习课文作好了铺垫。）

二、网上视觉——观看图像，话说太空

课文只对宇航员在太空中有趣特殊的、不同于地球的生活进行了描写，那么广垠无边的太空到底是怎样一番景象呢？这是进行语言实践的一个很好的落脚点。课堂教学活动可以这样进行：播放有关太空景象的视频和图片，请同学们把看到的或想像到的太空景色用自己的话描述出来。

生："太空是广大的、深邃的、美丽的，无数颗星星似珍珠洒落在宇宙间，又似无数只眼睛一眨一眨，闪耀着光芒。在这银光闪闪的世界里，一条白亮亮的银河蜿蜒穿过，跨越宇宙，仔细一看，原来那似云似雾又似水的银河是由无数颗星星和星群组成的，那里面有许许多多奥秘等待我们去探索呢。"

师："太空中除了星星和银河外，还有什么呢？把你能看到的感兴趣的景物都描述出来。"

生："在太空中我看到了美丽的地球，它是蓝色的球体，外面裹着一层漂亮的白纱衣，透过纱衣，隐约可以看到绿色的森林，蓝色的大海，还有那横亘于中华神州大地的万里长城，那是中国的象征，是炎黄子孙的骄傲。"

生："在太空中我看到了不该看到的东西，一缕缕带着有害物质的烟雾，穿破了地球美丽的纱衣扩散到了太空中，地球这位温柔的母亲的脸上挂着忧虑，她在担忧她的孩子们如果再不注重环保，迟早有一天他们会毁掉自己生存的家园。"

师："科学技术的发展使人类更多地认识了解了太空，可是在古代，由于人们缺少科学的知识，对太空产生了许多神秘的猜测，因此创造出了很多神话故事。请同学们拓展思路，走进想像的世界，在现实和神话中去话说太空（去朝拜玉皇，去探见嫦娥，去与玉兔和诗）。"

（这一训练，在现实和想像间开展说话活动，使学生对太空有更深的认识，培养了学生的口语表达和想像能力。）

三、网上体验——采访英雄，体验太空

千百年来，人类一直有着"上天"的梦想，而今，这一梦想成为了现实，"上天"不再是什么新奇的事情了。2003 年 10 月 15 日，我国"神舟五号"载人飞船发射成功，这是中国人的骄傲，是具有划时代意义的伟大时刻。结合这一课的学习，可让学生再一次感受这一庄严的时刻，感受做中国人的自豪，也为学生创造一次口语交际的机会。

师："同学们，随着'神舟五号'发射成功，航天英雄杨利伟这个名字也走进了每一个中国人的心中，让我们再一次观看他遨游太空的情景吧。"（播放"神舟五号"遨游太空视频）

"现在假设飞天英雄杨利伟来到了我们中间，我们该怎样采访他呢？请小组合作，设计采访过程——分好角色，写好记者词和被采访者杨利伟的台词。"

各小组作汇报表演。示例：

小记者："请问杨叔叔，您在太空中的感受与在地球上有什么不同？"

杨利伟："那是一种失重状态下的感觉，不像在地球上能够自己完全控制自己，身体轻飘飘的，没有脚踏实地的感觉。"

小记者："您在飞船里看到的太空世界是什么样的？"

杨利伟："看到许多星星从飞船的窗口闪过。"

小记者："飞在太空的时候，您更多地想到的是什么？"

杨利伟："一定按规定操作好程序，完成祖国和人民交给的重任。"

……

（教学中适时适处地为学生创造语言互动的机会，提高口语的表达能力。此处正是为实现这一目标而设计的。在学习课文的同时，让学生亲眼目睹太空英雄遨游太空的生活，是现实与文本的连接，也是课文内容的一个延伸，这样不仅增强了学生作为中国人的自豪感和使命感，而且使学生树立起了为祖国航天事业而发奋学习的远大理想。）

四、网上发送——想像创造，设计太空

通过课文的学习以及网上搜集，学生对太空已经有所了解，此时教师可引导学生动手设计人类的太空生活。

师："人类人口数量在不断膨胀，有人设想有一天人类能移居到太空去住。如果人类要去居住的话，我们要怎样改造太空才能使他适合人类生存？"

生："建一个大大的磁场，使物体不失重。"

生："造一个大大的太阳，为人们照亮。"

生："建一个原子能造水厂，还有空气供给站。"

师："请同学们设计未来的太空，想像它将是一个怎样的世界，发送到留言板上。"

生进行网上写作，设计未来的太空。

（此处让学生动脑去设计、动手去写未来的太空，是训练学生创新思维的一个很好的切入点。有了前几项活动作铺垫，学生对想像、描写未来的太空不但没有畏难的情绪，反而是跃跃欲试，洋洋洒洒的文字跃然而出。）

【设计评述】

"语文课程应该是开放而富有创新活力的"，"想像力比知识更重要，因为知识是有限的，而想像力概括着世界上的一切，推动社会的进步，成为知识进化的源泉"（爱因斯坦）。此设计正是在网络环境下对学生进行想像创新思维训练的一个很好的范例，其特点在于它依托教材，利用网络大量的信息和超大视野为学生开辟了崭新的学习空间，实现了课本教材与生活实际、现实社会与虚拟空间、动手能力与思维训练的有效整合，增强了教与学的交互性和实效性，实现了学习的主体化和多元化，学习过程更富独立性、合作性和创造性。

（深圳市南山区育才二小　张小兰）

自主开放　拓展整合

——《乌鸦喝水》教学拓展的活动设计

（一年级适用）

【设计内容】

《乌鸦喝水》是讲一只口渴的乌鸦把小石子一个一个放进水瓶，瓶里的水渐渐升高，乌鸦终于喝着了水的故事。

【设计理念】

《乌鸦喝水》的故事已经家喻户晓，有些小朋友在幼儿园时已有所了解，因而本文的教学活动设计重在合理地运用课程资源，灵活地处理教材，既以课文为资源，又不局限于课文。通过拓展整合，构建自主开放的课堂格局，使学生学得愉快，学有所得，更重要的是促进学生语文综合素养和多元智能的发展。

【活动目标】

通过“说”课前搜集的故事，拓展教学资源，培养学生学习语文的兴趣与良好习惯；通过“说”、“演”课文故事，深化对文本内容的理解；通过“议”故事激活学生创新思维，培养口语交际能力；通过学“唱”赏析，激发学生积极参与学习活动；通过自“编”故事进行语言文字能力的训练。

【活动准备】

学生课前搜集有关动物王国的小故事，如《狐狸与乌鸦》、《小白兔与大灰狼》、《狐假虎威》等。教师课前制作《乌鸦喝水》的 Flash 动画，配上以课文内容编成的歌词。同桌学生自备一个装满三分之二水的小水瓶和一些小石子。准备好作奖励用的王冠头饰、写有“明星演员”的佩饰、“智慧之果”的纸贴、写有“小小作家”的奖章。

【活动过程】

一、争当“故事大王”，说故事

（或说课前搜集的故事，或说文中故事。）

将学生分成若干学习小组，准备两个写有“故事大王”的王冠头饰。

师出示王冠头饰：“现在老师这儿有两个漂亮的头饰，你们想得到吗？”

生：“想！”

师：“这两个漂亮的头饰将奖给今天故事讲得最好的同学。”

1. 学生先在小组内交流课前搜集到的故事（也可以就是课文故事），师边巡视了解，边暗选目标。

2. 师生共同推选出代表汇报交流。

3. 师生共同评选“故事大王”的王冠得主。

（这一教学环节既激起了学生的兴趣，又拓展了学习资源。学生在了解课文内容的基础上，了解了更多的信息，了解了《乌鸦喝水》之外的更多故事。同时给学生创造了表现自我、提高自我的机会与平台。）

二、争当“明星演员”，演故事

师：“刚才同学们用出色表现赢得了‘故事大王’的王冠，现在老师这儿还有精美的礼品等着你们呢！我们即将当一回‘演员’……”师出示写有“明星演员”的佩饰，激励学生。学生迫不及待想知道要求。

1. 教师提出练习要求(练习要求可文字出示)：“同桌合作，一人当旁白，表情朗读课文，一人演乌鸦，两人合作把课本剧表演出来。其中演乌鸦的演员可拿出备好的小水瓶和小石子配合表演。”

教师启示：“表演中的动作表情可自由发挥。如，当旁白读到：‘瓶子里的水不多，瓶口又小，乌鸦喝不着水。怎么办呢？’大家可以把乌鸦喝不着水的情形表演为皱眉头，也可表现为捏拳头，甚至还可表现为咬牙切齿……”

2. 学生自由练习，分别排课本剧。

3. 优秀合作小组(两人合作协调，表情、动作丰富且有创意的组)得到“明星演员”的佩饰。

4. 教师以记者身份采访优秀合作小组中的演员：“乌鸦为什么能喝着水呀？你能结合课文谈谈看法吗？你能模仿课文中的话把‘乌鸦把________放进瓶子，瓶子里的水渐渐________，乌鸦就________’说完整吗？”强化学生对文本中重难点句的理解。

（在这一学习活动中，学生通过自己的主动参与，及与别人的合作学习，所探求的内容远远比教师牵着他们学得深，学得透。培养学生的合作探求精神的同时，也训练学生的语言表达能力，可谓一举多得！）

三、勇夺“智慧之果”，议故事

师设计三个议论问题，备好“智慧之果”的纸贴作为这一环节的奖品。

一议：“你认为这只乌鸦是只怎样的乌鸦？为什么？”

教师启发学生自由讨论、自由发表看法。学生可能有多种说法：是只聪明的乌鸦……是只会想办法的乌鸦……是只会动脑筋的乌鸦……是只没有被困难吓倒的、很勇敢的乌鸦……(见解得到大家肯定或有创意的学生可获得智慧之果。)

（此教学环节促进了学生对文本内容的深化理解，让学生的情感得到了升华。）

二议故事中、故事外的问题：“瓶子旁边没有石子怎么办？你能帮助乌鸦想出别的办法吗？”

1. 学生小组讨论交流。

2. 抽学生汇报，学生发挥：用沙子！用土！用吸管！用草！把瓶子弄倒，砸破水瓶！叫另一只乌鸦或小白兔来帮忙……

3. 教师相机引导深化讨论以上汇报的方法：“你们帮乌鸦想到的办法有的可取，有

的不太好，哪些更可取呀？"学生发挥："把水瓶弄倒不好，那样会喝不着水……""用土也不好，水会被土吸干的……"

三议："你知道动物王国里还有哪些动物有乌鸦这么聪明？"

1. 学生自由表现："猴子！它吃核桃时，知道往地下使劲砸……""还有狐狸，它也聪明，狐狸在老虎想吃它时，会装死来逃生……""狐狸还能骗走乌鸦口里的肉呢！"

2. 教师或相机启发提问，或相机评述发奖，如："你在哪看到的？从哪知道的？……""为什么？……""你能够仔细观察生活，现在还能想起来，你真是太棒了！你能当之无愧地得到一枚智慧果！……""你们平时注意在生活中去学习，老师也要奖给你们智慧之果。"

（以上两个教学环节既能激活学生的创新思维，又能抓住机遇引导孩子去联系生活学语文。）

四、开心一刻，唱故事

教师出示课前制作的《乌鸦喝水》的 Flash 动画，动画配有以课文内容编成的歌词及模仿《小汽车真漂亮》的音乐，师生拍手跟唱或欣赏。

（这一活动，让学生再次熟知文本，更把学生的情绪带到一个高潮。通过学唱赏析，激发和吸引了学生积极参与学习活动，学生轻松愉快，课堂充满了生机与活力。）

五、小小作家，编故事

在学生对课文内容有了较深理解的基础上，让学生充分发挥自己的想像力和创造力，编写故事。教师备好"小小作家"的奖章。

师："同学们当了故事大王，当了明星演员，现在老师再提供一个当小作家的机会给大家，好不好？故事编得好的同学，老师将给你挂上小作家的奖章。"

教师出示编写要求："可以改编课文的故事，可以续写乌鸦喝着水后发生的故事，还可以写其他动物之间发生的不一样的故事。"

（小学生想像力丰富，编写故事难度不大，他们会很有兴趣。这同时也是紧扣教材开发的一次书面语言训练机会，是进一步培养学生的想像力、创新思维能力的一次好机会。）

【设计评述】

这是一个教学拓展的典型案例。教师既以课文为资源，又不局限于课文，通过拓展整合，构建出了自主开放、充满活力的课堂格局。表面上是学生在主动而愉快地参与说、演、议、唱、编等多种形式的学习活动，实质上是教师给学生精心构建出了培养创新思维、说与能力等语文综合素养的平台。案例体现了如下三个特点：(1)开放性强。教师从促进学生的发展出发，进行了创造性的劳动。教师根据教学内容的特点(故事浅显、学生熟知)、教学对象的不同，突破了固定的教学模式，大胆创建了适合学生主动参与的多种教学形式。(2)注重创设情景，运用有效手段调动学生积极性。(3)通过多角度的拓展整合，体现了课改理念的大语文观，同时也较为充分地体现了学生"自主、合作、探求"的学习方式。

（深圳市南山区学府小学　何　萍）

优化课程资源　拓宽学习视野

——《画风》拓展开放活动设计

（二年级适用）

【设计内容】

《画风》以“画风”为线索，讲述了三个小朋友相互启发，相互合作，用不同景物的变化展现风的故事。这里设计的是本课教学中拓展开放的活动过程。

【设计理念】

教材是一种重要的课程资源，但不是唯一的。我们应该创造性地理解和使用教材，积极开发课程资源，为学生留出选择和拓展的空间，灵活地运用多种教学策略，注重各学科的整合，引导学生在实践活动中自主学习。因此，这篇教学活动设计抓住风做文章，充分地让学生在实践中积累、感悟和运用。

【活动目标】

通过一系列和“风”有关的拓展实践活动深化对课文内容的理解，鼓励学生用自己喜欢的方式去表达自己对大自然的热爱。将音乐、美术与文学进行有机整合，在“赏风学词”和“读诗吟风”中丰富学生的语言积累，培养其口语交际的能力；在“听风律动”和“谈景画风”中培养学生的艺术素质与语文素养。

【活动准备】

教师：剪辑编录各种风声。

学生：观察风中的事物。

【活动过程】

一、赏风学词

开课板书揭示课题后，立刻接触到“风”这个话题。让学生用“风”组很多他们自己熟悉的词语，如：吹风、大风、微风……充分调动了他们的知识储备。但是这些词语是十分平常的，我们还可以借助这一契机，帮助他们积累更多更好的词语。因此结合“风”这个话题可以设计赏画学词的拓展活动。

师：“大家能给‘风’组这么多的词语，看来对风是非常熟悉了。老师最近也学了不少关于风的词语，而且还给这些词配上了画面，大家愿意认识他们吗？”

在孩子们的一片欢呼声中，教师播放带有词语的画面，引导学生赏画学词。

风和日丽　　风平浪静　　风雨同舟

风雨无阻　　风吹草动　　风驰电掣

风雨交加　　一帆风顺　　风吹草动

风雨无阻　　风调雨顺　　捕风捉影

学生接收了这样的信息以后，会忍不住想把他学会的词语表达出来，于是纷纷举手交流："我学会了……"

（这一活动的安排，开阔了学生的视野，不仅让学生在不经意中进行了词语积累，而且有效地渗透了积累词语的方法。可谓教得巧妙，学得轻松。）

二、听风律动

"自然是美的，是生动的。"我们忌讳这样直白地告诉孩子们，但我们可以把他们"带到水草茂盛的地方，让他们自由自在地觅食"。风的声音是每一个孩子都很熟悉的，孩子们对风有各种各样的感受，如何让他们的体验得以抒发呢？

播放剪辑的各种风声，学生听音乐自由律动。

顿时，教室里一片沸腾，音乐时抑时扬，时急时缓，时而舒展时而激进，学生借助肢体语言"张牙舞爪"，兴奋不已，对风充满好感，对风逐显好奇。

（音乐是一种生动的语言，这个活动中，音乐的播放唤起了孩子们对风的感知，在宽松的氛围里，孩子们活泼起来。他们开始发现，原来风还可以这样进行表达，从而真正感受到了大自然的美与生动。）

三、谈景画风

文中的三个小朋友通过"风把旗子吹得飘起来了"、"风把雨丝吹斜了"等来表现了自己眼中的风，那么我们孩子们眼中的风又是什么样子呢？

为了开启学生的思维，教师此时可选择从身边的事物入手，进行动情的描述：

"风来了，我们周围发生了什么变化呢？瞧，风把我们的窗帘——"

孩子们的视野就这样随着窗帘的吹开而开阔起来。他们环顾四周，猛然发现自己的书本被风吹动了，头发被风吹乱了……此时，学生的思维已经被激活，何不趁机给他创设一个更大的空间呢？教师可以真诚地邀请孩子们"闭上眼睛，我们一起走到大自然去吧。呀，春天到了，春风轻轻地吹着……"引导孩子们放眼望去——

孩子们在大自然的感召下，争先恐后，各抒己见。

生："老师，我仿佛看到柳树在风中梳着辫子。"

生："我看到几个小朋友在草坪上放风筝。"

生："春风吹绿了柳树，吹红了桃花，吹来了燕子，吹醒了青蛙。"

孩子们对春风的感情似乎深厚一些，为了避免孩子们认识上的局限，教师还可以让孩子们把视觉转换到夏天的风、秋天的风、冬天的风。在静静的思考之后，孩子们有的说"蒲公英乘着风高高兴兴去旅行了"，有的说"地下的落叶被风吹得沙沙响"，还有的说"北风把雪花吹到了山尖、房顶"……毫无疑问，他们已经真正地走进了风的世界，走进了美丽的大自然。

在接下来的时间里，孩子们拿起画笔，自信地描绘起风中的景物。气球、落叶、烟雾、行人、船帆……跃然纸上。

（这个拓展活动是在给学生提供一个交流与创造的机会。教师首先创设情境，激活孩子们的思维，然后巧妙引导他们把自己眼中的风用“把”、“被”的句式生动地展示出来。在师生、生生的互动中，一幅幅风中的画面在头脑中呈现。于是及时给予他们画笔和纸，让他们在自己的一笔一画中得到更多的享受，让他们发现原来风还可以用图画来表达。）

四、读诗吟风

我们要凭借教材，超越教材，抓住契机，合理引进有效的课程资源，优化我们的课堂教学。叶圣陶的诗歌《我们知道》非常形象生动地描绘了风，对孩子们来说既是一首值得一读的好诗，更是进行创作不可多得的范例。

师：“爱动脑筋的小朋友把看不见摸不着的风变成了画，我们敬爱的叶圣陶爷爷却把风变成了诗。”

引读《我们知道》。

生自由朗读感悟。

师：“你们可以像叶爷爷一样，用诗来说一说你们画的画吗？”

生即兴创作：

“谁也没有看见过风，
不用说我和你了。
但是蒲公英在空中跳舞的时候，
我们知道风在那儿了。
……”

（语文学习不能脱离语文实践，语文教学要注重语言的积累、感悟和运用。这里设计的读诗活动，融积累、感悟和运用于一体。它让孩子们在读诗中明白，除了可以用我们平常的“风把……”和“……被风……”来描绘风以外，还可以用更美的语言进行表达。这个活动给孩子们提供了表达的范例，创造了表达的机会，也让他们体会了表达的快乐。）

【设计评述】

这个拓展活动设计最突出的特点就是巧妙整合了各种学习资源，给学生提供了广阔的实践空间。在这里，我们感觉到，课堂是开放的，教师的教学内容已不再局限于课本，学生的视野也不仅仅在课堂。那形象生动的词语，琅琅上口的诗歌，童趣四溢的图画，激情荡漾的音乐，使语文课堂变得那么有吸引力。与其说孩子们是在学习语文，还不如说他们是在享受语文！

【资料链接】

我们知道

叶圣陶

谁也没有看见过风，
不用说我和你了。
但是树叶在枝头颤动的时候，
我们知道风在那儿了。

谁也没有看见过风，

不用说我和你了。
但是树木微微点头的时候，
我们知道风正走过。

谁也没有看见过风，
不用说我和你了。
但是河水泛起波纹的时候，
我们知道风来游戏了。

（深圳市南山区华侨城小学　莫　荧）

播撒希望种子　描绘纯真愿望

——《假如》教学拓展活动设计

（二年级适用）

【设计内容】

《假如》以诗歌的形式，借“马良的神笔”，表达了对小树、小鸟、残疾人发自内心的关爱。孩子的眼睛是明亮的，孩子的心灵是明净的，孩子永远最富有同情心，他们拥有世界上最纯真的愿望。许多成年人认为微不足道的事物正是他们关注的主要内容。本篇课文正是以孩子的眼光，用孩子的心灵，感受世界，表达了孩子对小树、小鸟、残疾儿童的关爱和深切同情。这篇课文可以从调动孩子的情感，拓展写话到续写课文，述说理想等一系列的语文拓展活动把语文的课堂从教室推向社会，从课文内的情感教育走向树立理想的人文教育。

【设计理念】

每一个儿童都是一名诗人。儿童充满了想像力、创造力，他们希望认识自然、改造社会。在儿童的心灵里，有着赤子般的真情，有着火山喷发般的力量。虽然他们往往只能“假如”，但是这些“假如”都是他们对生活、对大自然的独特认识，是他们对美好事物的向往和追求。语文是工具性和人文性统一结合的学科，充分激发孩子的潜能，调动他们的想像力，并且通过各种语文拓展活动让孩子能够透过语文的小课堂走向知识、实践的大课堂，就是我们教育者的目标。

【活动目标】

让学生有感情地读课文，加上教师有意识的拓展活动，打开孩子思维的天窗，打开他们想像的翅膀，塑造孩子关心自然、贴近生活的金子般的心。让孩子在感受课文和拓展活动之后提高写话的能力，学会仿照课文形式续写课文，养成关心周围世界的习惯，培养善于想像的能力。

【活动过程】

一、资料拓展，引发情感

课文的最后一段“假如我有一枝马良的神笔……”用省略号代表了更多没有说出来的愿望。通过自己的想像，将省略号之后的内容仿照课文格式写完，是本文的一个训练点。在孩子们充分感悟了课文之后，孩子的视野容易局限在对课文中几样事物的关注上，此时，可以通过其他材料打开孩子的视野，调动孩子的思维，以此激发孩子的创作愿望。

教师播放课前收集的关于战争给人们带来的灾难、重病中的人们、失学儿童渴望上学等等的图片，展现受自然灾害侵蚀的地区，被破坏的土地、森林。图片播放出来，能让孩子对世界的同情心从课本的小世界走向自然、社会的大世界。

教师提问："看了这些图片，你们想说些什么？"各种人世间的种种痛苦已经深深打动了孩子的心："生病的老人真可怜。""我真想让那些砍树的人不要再破坏树木了。""我想把我的书送给刚才那个小孩，让他有书看。"

……

（拓宽视野是此处的训练点，让孩子从种种值得人们同情、关注的事件中，产生我要怎样、我想怎样的愿望，为下一步的写话奠定情感和素材的基础。）

二、述说愿望，交流合作

在孩子纷纷述说完自己的愿望之后，教师出示课后练习：把"我要给……"这个句式补充完整，让学生将刚才的随意述说规范到按照课文的格式述说。出示句式后，教师问："你们能用这种方式说出刚才的愿望吗？"生首先进行第一次的汇报，教师在听取了第一次汇报后，让学生在小组内再讨论、交流，在和同伴的交流中拓展自己的思维。有了第一次的个别汇报说愿望，学生们的想法就好像开了闸的洪水一般涌泻出来。教室里马上热闹了起来，同学们个个在小组内畅所欲言。

"假如我有一枝马良的神笔，我要给没有水的地方画许多口井，让所有的人都能喝上水！"旁边的同伴马上纠正："把'没有水'换成'干旱'更加好。"另一组，轮到一位同学说话了，他急得一个劲地挠头，怎么也想不出句子，他们的组长马上提醒他："你可以从刚才的图片中找一找嘛，有什么不好的你想改变的。"他马上一拍脑袋："假如我有马良的神笔，我要给猎人画一颗善良的心，让他不再杀害小动物！"……

平时让语文教师头疼的不规范的语言，在同伴交流中得到了互相纠正。"该说什么"这一难题，在同伴交流中得到解决。

（在此处安排个别说—小组说—再个别说的阶梯式汇报，以快带慢，逐步提高说话水平。个别说是让说话能力强、思维反应快的孩子给相对慢的孩子一个范例。小组交流，让每一个孩子得到练习、表达的机会，不仅可以互相纠正，也让孩子学会倾听，倾听同样也是语文能力的一个重要方面。孩子在小组说话中倾听别人说，学习别人的优点之后再进行全班汇报，便提高了第二次的汇报水平。）

三、驰骋思维，续写课文

拓宽视野、自由练说、全班汇报之后，学生的思维处于一个积极活跃的状态，此时续写课文，已经是水到渠成、自然而然的事情了。

教师出示课文的最后一自然段"假如我有一枝马良的神笔……"，提问："有谁能够把最后一段补充完整？"

由于已经有了前面的基础，学生对于补写课文已经胸有成竹，纷纷举手。听听他们的回答："假如我有马良的神笔，我要给人们画一颗和平的心，让世界不再有战争。""假如我有马良的神笔，我要给妈妈画一张好看的脸，让妈妈不再对着镜子轻轻叹息。""假如我有马良的神笔，我要给小朋友们每人画一枝马良的神笔，让每个人都能实现自己的愿望。”……

（记得曾经在一本教育类的书上看到过：“孩子的潜力就是一口深井，关键看你能挖多深。”的确，作为挖掘者的教师，我们的每一个教学环节是否都激发了孩子的潜力，还给了孩子自由的想像、思维空间？）

四、展示愿望，付诸实践

从孩子们积极、巧妙的发言中，教师可以感受到孩子对这篇课文有着极强的兴趣，有续写课文的强烈愿望，也可以看到孩子心目中透露出来的那种对世界、对人生的关注，那种强烈的为自己生活的环境、为自己周围的事物贡献自己力量的心愿。因此，教师可以在课后布置续写课文的作业，鼓励孩子将自己能想到的愿望仿照课文的格式都写出来，并且在班级的板报设置一个愿望墙，展示他们的童真希望，让理想的种子在他们幼小的心灵中开始发芽。

愿望不能光说不做，光想不动。教师可以利用班会课的时间，开展一系列的理想教育活动，以此启发孩子实践自己的愿望。比如：读马丁·路德的《我有一个梦想》，讲述他如何去实现自己愿望的事迹；讲述周总理的“为中华之崛起而读书”的故事，告诉他们周总理第一次背井离乡，在远渡异域的轮船上，他仰望星空，心中所想的全部都是如何报效祖国，如何使祖国更加强大。用伟人的事迹去感动孩子，树立他们崇高的理想，再让孩子们写出自己的理想，在班会课上与大家分享。

（“首在立人，人立而后凡事举”，这是鲁迅先生说的，这里的立人中就包括了树立理想，树立自己的人生航标。这个实践活动，班级的每一个孩子都参与其中，每一个孩子都可以勇敢地说出自己心中的理想。希望的种子播种下去，若干年后必定有丰硕的果实结出。）

【设计评述】

这个设计主要以训练学生的写话为基本点，结合了说话、写话、写话后拓展的一系列语文专题活动。整个教学过程，课文之情、课外之意与孩子的内心世界相互融合、碰撞，做到了读文悟情，课文和孩子的心灵真正地整和、交融。在充分调动学生思维的基础上，情感是一个着眼点，并且调动了孩子的想像力。资料拓展激发了孩子情感，是孩子驰骋想像的一个起飞点。说话训练完全基于孩子对生活的热爱、对世界的关注之情，其实也就是立足于孩子的天性，用逐步提高的方式不断提高说话质量。开展课堂外活动进一步深化了情感，将孩子的愿望转换成孩子学习的动力，进行理想教育，让语文学科闪耀人文的光辉，将理想的种子撒播在每一个孩子的心中。

（深圳市南山区育才一小　谢中华）

让实践活动成为课堂的一汪活水

——《秋天的图画》拓展活动设计

（二年级适用）

【设计内容】

《秋天的图画》向我们展示了一幅色彩艳丽的秋天图画。这里设计的是本文教学中拓展性创新思维的活动过程。本活动设计体现以人为本、注重实践的教学理念，大胆放手，让学生在“玩”中拓展思维，让课堂成为一汪活水。

【设计理念】

新课标指出：“语文是活动性很强的课程，应注重培养学生的实践能力，而培养这种能力的主要途径也是语文实践。”众所周知，“玩”是孩子们的天性，是孩子们的乐趣所在，将“玩”引进小学低年级语文课堂，使学生把“玩”的兴趣逐渐迁移到语文学习上，无疑是一种激发学生学习兴趣，让语文课堂教学充满生命活力的好办法。

【活动目标】

根据低年级小学生模仿能力强的特点，精心创设课堂内外宽松愉悦的“玩中学”气氛，通过开展比赛、拼图、模拟场景、说话等活动形式，鼓励学生自己尝试着从秋天的落叶中进一步认识秋天的特征，并以此开展创新思维训练，培养热爱大自然的情感。

【活动过程】

一、捡落叶

《秋天的图画》授课完毕，教师专门腾出另一节语文课带领孩子们来到校园内的小林子里。灿烂的阳光从树的缝隙里射下，草地上的落叶分外黄红。昔日从未引起孩子们注意的秋叶，今天却变得新鲜而有趣。

教师趁机提出这节课的第一个活动方案：“这节课，我们来比赛‘谁捡的落叶与小伙伴的不一样’，并接受老师的采访，好吗？”孩子们一听，齐声欢呼，兴趣盎然，立刻分头行动起来，活像勘察队员找宝藏似的寻找着他们心目中最奇特的最与众不同的秋叶。他们寻找着、比较着、鉴赏着……教师不失时机地在学生群中穿梭着，寻觅着最佳采访对象。当发现有两个学生从众多的叶片中各自挑出一片，小心地放在纸夹中时，教师立即凑过去，亲切地采访他们：“小朋友，你们能说说为什么留下这一片秋叶吗？”一个学生回答说：“因为这片秋叶有几种颜色，格外引人注目。”另一个学生也道出了自己的心声：“因为我觉得这片秋叶形状像我喜欢的一种小动物，很奇特！”说完，该生露出如同获得

“宝藏”般的欣喜笑容。教师见状更是穷“追”不舍:“那么你们是否觉得自己已经找到了最满意的一片秋叶了呢?”“当然不是啦！我们还要继续寻找……”

教师也在学生群中继续寻觅着……当看见一位学生伸出两只小手,仰着脖子,在树下等着那刚刚从树上落下的叶子的场景时,教师的采访兴趣又上来了:“小朋友,能解释一下你为什么这样做吗?”

“我想刚从树上飘下来的秋叶是一片别人还没找到的秋叶,肯定与众不同!”该生的回答令人耳目一新。

教师大声地对全身心投入到捡落叶活动中的孩子们说:“老师很欣赏你们寻找‘宝藏’时搜寻的目光和认真的态度,也想向你们学习,能欢迎我加入你们的‘寻宝’行列吗?”“太好了!”孩子们异口同声。

在孩子们的雀跃欢呼中,教师兴致勃勃地加入到了他们的行列中,和他们一起捡着落叶,在秋风的捉弄下,追着一片片树叶,最后学着孩子们的样子郑重其事地把十来片秋叶夹在书本里带回教室。

(这一教学环节意在让学生从“捡秋叶”中进一步认识秋天的特征。孩子们通过寻找、比较、鉴赏眼前的秋叶,既形成了想像,又认识了现实中的秋叶的美。实现了在美感中想像,在想像中鉴赏,这就激起了一种创造意识的萌动。同时,师生融为一体,互帮互学,正体现了“语文教学应在师生平等对话的过程中进行”的新课标理念。)

二、拼图画

为了进一步丰富孩子们的想像力,拓展他们的思维活动,培养自主创新能力,回到教室,教师有意识地引导:“天气凉了,从树上飘下许多叶儿,大的、小的、圆的、尖的,它们都像什么呢? 把你的秋叶拿出来,拼成一幅有趣的图画,那不是更有意思吗? 大家开动脑筋,想想办法拼拼看,看谁拼得最好看,最有意思!”话音刚落,孩子们立即行动起来,拿出自己的秋叶,幻想着、构思着,在积极的思考中描绘新的形象。教师在孩子们之间扮演着巡视员、鼓励者和指导者的角色,非常欣慰地看到几乎没有雷同的创作。

有的孩子用一片冬青叶分成两半,一半做小船的身子,一半做船的小帆,添上几条曲线——一艘小帆船迎着风浪航行,非常逼真。有的孩子用一片槐叶做小金鱼的身子,一片红桃叶做小金鱼的鱼尾,针似的马尾松叶散在图中,成为鱼缸中的水草。小金鱼正甩着美丽的尾巴快活地游动,更是栩栩如生……所有这些“杰作”已不仅仅是制作,更主要的是创造。

(“拼图画”这一教学环节,孩子们通过自主思考,独立创造,作为发现者、研究者、探索者出现,这是课标中“以学生的发展为本”的实现。)

三、讲创作

充满活力又行之有效的拓展思维活动,除了要用眼看、用心想、动手做之外,还必须动口说,学生之间互相交流,共同学习,取长补短。据此,教师可启发孩子们用上几句话来说一说自己的创作。

“请小朋友以‘我用什么树叶做什么,又用什么树叶做什么’讲出自己创作的新图画吧!”

孩子们略一思索,如同落叶般五彩缤纷的答案便脱口而出——

“我用树叶拼上一条小金鱼，再画上几个小水泡，你们看，我的小鱼正吹泡泡呢！”

“我用树叶拼上一条小鱼，我又给小鱼画上了一对翅膀，我的小鱼就会飞了。”

“我用树叶拼成一架飞机，再画上两只小鸟，我的小飞机和小鸟比谁飞得快！”

“我用两片特别细长的柳叶搭在一起，成了孔雀的头颈和身子，几片银杏叶叠成一个扇形的大尾，好像孔雀开屏了，你看，多美呀！”

……

（这一创作过程的介绍，是学生喜爱秋叶的情感的表露，同时又是语言的实践。孩子们说着、听着。一个个都显得那样兴奋，争相表达，乐此不疲。一个个讲得有声有色，有情有景，在无拘无束的思维空间尽情想像。孩子们的情感体验在创造性思维的作用下顺利进行着，师生共同享受着创造的快乐。）

【设计评述】

这篇课文的活动设计，其与众不同亦是精妙之处就在于根据低年级小学生的年龄特点、认知规律和生活经验，抓住学生活动的兴奋点，努力改进课堂教学，沟通课堂内外，充分利用了学校资源开展综合性学习活动，拓宽学生的学习空间。无论是课内还是课外，都让学生在宽松愉悦的“玩”中自己尝试着去发现、去探索、去创造，增加了学生动眼、动手、动口等语文实践的机会。

（深圳市南山区大冲小学　郑新红）

网络探究　互动发展

——《月球之谜》网络学习活动设计

（三年级适用）

【设计内容】

《月球之谜》是一篇非常有趣的介绍月球知识的文章。

【设计理念】

在建构主义思想指导下，利用网络环境所提供的开放式个性化学习方式，能极大激发学生的学习兴趣，促进学生的主观能动性，拓展研究性学习的广度与深度，使学生产生强烈的探索欲望。因此，在网络环境下实施教学，对学生真正意义上的建构将起着积极的作用。

【活动目标】

利用资料交流、古诗句积累和朗读想像等手段，引导学生真正感受月亮的神秘和魅力。发现问题，提出问题，激发学生探索月球和宇宙奥秘的兴趣。学生能利用搜索引擎，积极为自己寻找更为广阔的学习资源，从而在“获取－内化－提升－再获取”的过程中不断地完成新知的构建。

【活动准备】

网络环境的创设：在“网络环境下的阅读教学模式”课题成立初，构建了“北师南校附小三年级阅读学习”网站——“欢乐海洋”。学习网站的特性是共享开放、交互协作、资源共享、持续发展。

在“探究学习”版块中，为《月球之谜》设计了一个专题学习网页，集图、文、音、像等信息于一体。在主页上，将“课文内容”安排在主界面，通过对关键词、句设置各种超级链接，将信息多样化呈现，这样的环境真正体现出网络资源的丰富与便捷的特点。

在网页的结构上，设计了以下几大块：

“月球档案”：概括地介绍月球的知识。

“登月壮举”：通过美国“阿波罗号”等登上月球的壮举，展示人类伟大的创造力。

“月球图片”提供了月球的各种图片。

“月球之谜”有至今令人难解的谜题。

“月球传说”和“月球诗歌”收集了引起人们无限美好遐想的传说故事和诗歌。

此外，还开辟了“月亮论坛”、“得意作品”栏目，为学生写作、会话、创新提供了天地。

还设置了几个推荐几个网站，为学生创设了一个信息量大且具有人文色彩的自由开放的学习环境。

学生自主上网查找有关月亮的资料如诗句、美称、传说等，制作月亮卡。

【活动过程】

一、依托网络，畅谈美好遐想

在清幽的乐曲中，画面呈现：夜幕降临，一轮明月悬挂在高高的夜空。教师引导："那皎洁的月光曾引起人们多少美好的遐想……你们从网上收集了哪些关于月亮的诗句、美称、传说？"学生自由交流收集的资料，有的津津有味地讲起了《嫦娥奔月》、《吴刚伐桂》的动人传说，有的朗诵《古朗月行》、《水调歌头》等古诗名句……大家兴致勃勃地展示精心制作的月亮卡。

二、深读课文，猜想月球之谜

1. 读中找疑："用喜欢的方法自由读文，你发现了哪些月球之谜？用喜欢的符号划记出来。"

2. 读中质疑："想和航天英雄一起去感受那惊心动魄的一刻吗？"创设情境，网络展示"阿波罗号"登月录像。"你能给画面配上画外音吗？"

3. 读后猜疑："你能展开科学的想像，猜测这些未解之谜的答案吗？小组中交流自己的猜测。畅所欲言，只要合理，可以有不同见解。"

精彩猜想举例：

李星：为什么海藻在地球和在月球生长不一样？我想应该是因为月球没有环境污染，月球上没有人类，没有垃圾，所以海藻会长得鲜嫩青绿。

蔡宏远：月球与地球，谁年轻？我从网上找到的一项研究结果说，从月球采回的一块岩石，估计年龄已有46亿年，而在地球上，只能找到40亿年前的石块。所以我觉得是月球比地球的年龄大。并且我还知道在20世纪70年代召开的一次月球研讨会上，有一块月球岩石竟被宣称有53亿年的历史。最令人困惑的是，这些岩石竟然被科学家认为是来自月球上"最年轻"的部分。因此，一些月球研究专家认为，月球远在太阳系形成之前就已经存在了。所以，我认为地球年轻。

阮震烽：月球上有没有外星人？我觉得月球上很可能会有外星人，因为我上网查找月球的资料时，知道了"阿波罗8号"登上月球时，发现一个庞然大物，他们立即用照相机拍了下来。可不久，那个庞然大物却神秘失踪了。看完这个资料后，我又进到了另一个网站，上面说：美国曾经发射过一个卫星，它探测月球时，发现了一个像金字塔的建筑物。并且每当火箭或卫星降落到月球上时都会有一阵震动，而且会延长很长时间。科学家认为月球是空心的，里面很有可能是外星人的秘密基地。所以我觉得月球上很有可能会有外星人，但这只是我的猜想，如果真有外星人的话，我希望我们能和外星人和平相处，不要发生宇宙战争！

三、网络探究，开展综合学习

情境导入："世界月球组织最近接到来自月亮的邀请函，邀请地球上的小客人到月球上去做客。你们想去月球做客吗？进入'月球之谜'网上学校进修吧！来到你最感兴趣的学习专栏，做出最棒的作品参加比赛吧！"

学生在网站和网页资料中，选取感兴趣的信息广泛阅读、快速浏览，边读边自由地在“月亮论坛”发表意见，提出自己回答不了的问题，深切地感受到知识在不断更新之中。有了广泛阅读的基础，学生的视角渐渐地定在他们感兴趣的专题上，如“登月创举”、“月球之谜”、“月球传说”、“月球诗歌”等。

（充分鼓励学生在学习过程中去主动探究，拓展了学习的空间、时间和信息量。新课程标准认为语文教科书不仅是知识的载体，更重要的是学生学习的切入点。教师要从教科书引发出去，让学生全方位地学习语文，力求做到沟通教科书内外、课堂内外和学校内外，把信息的使用和控制交给学生，充分发挥他们的积极性、主动性和创造性，体现教学中学生的主体地位，实现自主学习。）

协作作业：学生选择自己感兴趣的一个方面组成协作小组，对文学感兴趣的可以组成“月亮传说组”、“月亮诗歌组”、“月亮美称组”、“月亮风俗组”等，对科学感兴趣的可以组成“登月创举组”、“月球档案组”、“月球未来组”等。学生自己组合，学习合作，上网搜索，通过相互讨论、交流，发现问题，寻求解决问题的途径。学生阅读已经归类的资料信息，形成各自的观点，根据作品思路构思并着手制作自己的作业。

（“两个人交换苹果，各自得到的只是一个苹果，而两个人交换思想，各自得到的却是两种思想”，小组协作学习在学生的探究活动中起着非常重要的作用。）

展示反思：学生通过网络发布作品，通过电脑屏幕利用 PowerPoint 等方式展示各自的认识与看法，通过自评、互评、指导教师评议等方式反思整个学习过程。

【设计评述】

网络环境下特有的信息传播方式，促进了学习者成为主动阅读的行为主体，学习者的主体地位得到尊重，改变了原有的学习方式和教学模式。此外，互联网技术条件下的资源共享，使教师不再是单纯的知识拥有者，学生也不再是单纯的知识接受者。个体阅读不再是一个封闭的历程，阅读过程中思维的发展依赖于读者与文本、教师与学生、学生与学生之间的积极交互。互联网交互性的技术特质，促进了开放式学习环境中智慧共同体的形成，并促进共同体实现互动发展。

（深圳市南山区北京师范大学南山附属小学　杨　春）

五、口语交际活动设计

让情感在互动中奔涌

——《谈谈爸爸、妈妈对我的爱》口语教学活动设计

（三年级适用）

【设计内容】

《谈谈爸爸、妈妈对我的爱》是人教版语文课标实验教材三年级下册园地五的口语交际内容。本次口语交际是本单元综合性学习活动的继续，话题是谈谈爸爸妈妈对自己的爱，还可以说说自己是怎样爱他们的。正值家长开放日之际，可以选择开展这一教学活动，多维互动，让孩子们真实地进入交际情境。请父母到课堂聆听，参与对话，和孩子们共同奏响爱的交响曲，享受来自孩子们稚嫩心灵的感恩。

【设计理念】

"口语交际的核心是'交际'二字，注重的是人与人之间的交流和沟通。它是一个听方和说方双向互动的过程，不是听和说的简单相加。只有交际的双方处于互动的状态，才是真正意义上的'口语交际'。"本次活动设计就是立足口语交际所需要的这种互动，选择特定的交际情境，让师生、生生以及课堂的第三参与者之间多维互动，进行交际。但绝不仅仅是流于表层的听和说，更重要的是挖掘孩子们心灵深处的体验—情感，实现三维目标的整合，从而提高孩子们的人际交流的素养。

【活动目标】

调动学生参与口语交际的兴趣，会用具体生动的事例打动他人，培养倾听、表达和应对的能力；通过积极参与交际活动，进一步感受父母的爱，懂得关心父母，学会感恩。

【课前准备】

1. 学生收集和父母在一起的、能勾起回忆的照片、纪录片或一些小物件。
2. 学生制作一份感恩卡。
3. 教师悄悄找一位同学收集两张照片，一张是婴儿时的，一张是近期的。
4. 制作相关幻灯片若干张。

【活动过程】

一、对比中拨动情之弦

为了激发孩子们表达的欲望，在进入课堂前，播放歌曲《妈妈的吻》、《爸爸，我爱你》，并同时演播有关父爱母爱的名人名言。师生同唱歌曲后，教师用视频展示出一张有趣的婴儿照片，立刻吸引了孩子们的目光，他们迫不及待地说着自己的感受——"她

可能是刚刚从妈妈的肚子里钻出来的”，“她一定在哇哇大哭，又好像在大声地叫喊着：‘妈妈！妈妈！’”……教室里发出了一阵阵笑声。

这时，教师神秘地说：“你们知道吗？这位可爱的小宝宝现在就在我们当中，猜猜她是谁？”大家你看看我，我看看你，露出了好奇的神情。教师又展示出这位同学现在的照片：“看！她已经是一个活泼可爱的小姑娘了。孩子们，看了这两张照片，你最想说什么？”

“看了这两张照片，我觉得爸爸妈妈把我们从一个不懂事的婴儿养到现在这么大，付出了很多心血，很不容易！”“这两张照片里载满了父母对我们无私的爱，是他们辛勤地抚养了我们，我们最应该感谢的人就是他们！……”孩子们的话语让在座的父母感动不已，他们把掌声一次次送给可爱的孩子们。

教师趁机导入课题：是啊！爸爸妈妈抚育我们，付出了多少心血呀！正是有了他们的付出，我们才能健康、幸福地成长！我们最应该感谢的人就是他们！现在我们用热烈的掌声欢迎父母来到我们中间，让他们在这一节课里听听我们的心声。我们来一起走进语文园地五的口语交际——谈谈爸爸妈妈对我们的爱。

（“激发学生的动机、兴趣和追求的意向，加强教师与学生情感的交流，是促进认知发展的支柱和动力。”在歌声中进入课堂，创造了良好的情感氛围；利用两张照片的对比切入课题，激活了学生的情感，激发了他们的表达欲望。他们能够从中感受到父母养育自己长大很不容易，从而唤起对父母的热爱、感恩之情。）

二、互动中感受情之深

两张照片的故事引起了孩子们极高的兴致。此时，教师让大家拿出自己收集到的纪念物品，在小组内用具体的事例交流爸爸妈妈对自己的爱，并邀请父母参加到小组中去。在交流过程中，听了别人的发言，可以谈谈自己的感受，如果有不明白的地方可以互相提问，可以问同学，还可以采访父母。在此基础上，再进行全班交流。

小组互动：孩子们纷纷拿出载满父爱母爱的小物件。有照片，有书籍，有一些衣物，还有些小礼品……他们在组内开始交流爱的故事，父母幸福地倾听着。教师巡视，了解各组的情况，到特别的小组里关爱个别特殊家庭里成长的孩子，让他们的心灵也感受到温暖。

小组互动大约六分钟后，全班交流。

片段

一个孩子走到讲台上，把一张医院里拍的照片展示出来。照片上是妈妈躺在病床上，孩子坐在床边。他开始讲述照片里的故事：一天晚上，我和妈妈在街上散步，我一边走一边给妈妈唱着我刚刚学会的一首新歌，还不时地配上舞蹈动作。突然，妈妈把我使劲一推，就在我摔倒的时候，只看见一辆摩托车飞一般地从妈妈身边冲了过去。这时，妈妈重重地摔倒了。后来到医院检查，妈妈的腿骨折了，身上好几处都擦伤了。我知道，没有妈妈的那一推，受伤的肯定是我。后来只要我一有空，就给妈妈唱歌、讲故事，让她开心。

他的话音刚落，另一孩子高高举起手。经教师的同意后，他径直走到那位妈妈的面前，开始一本正经地“采访”了：“阿姨好！我想问您一个问题：难道您不怕痛吗？我想知道您替您的孩子挨撞的时候，当时是怎么想的？”妈妈动情地对大家说：“我被撞倒后，第一个念头就是：孩子怎么样？当看到他迅速地从地上爬起来时，我知道他没事，心想：太好了，撞伤的是我。”刹那间，教室里掌声如雷。“小记者”还趁机送上一句：“谢谢您，阿姨，您真让我感动！您让我又一次明白：母爱是无私的，母爱是无价的。”

又一孩子站了起来，问道：“阿姨，您的孩子真的那么懂事，还到医院里照顾您吗？”

……

（让口语交际能 力的培养在互动的语言实践中进行，“情以物迁，辞以情发”，学生在动态的双向或多向互动活动中，不但提高了口语表达的能力，养成倾听、思维联动的习惯，还增进了与父母的情感。）

三、情境中体悟情之真

仅仅让孩子们感受爱是不够的，还要让他们懂得：爸爸妈妈为我们无私地付出了许多许多，我们应该懂得感恩，知道回报。

说一说：“平时你是怎样回报父母的爱的？”孩子们说出了许多“创举”：多做做家务，减轻父母的负担；主动学习，取得优异的成绩，不让父母操心；帮劳累的父母按摩，让他们轻松轻松；节日、生日时悄悄送上自己精心制作的贺卡，给他们一份感动……

演一演：1. 课件展示交际情境。如：放学回家时，看见正下班的妈妈提了一袋子菜回家来；饭桌上，妈妈做了自己和爸爸都爱吃的菜等等。还可以小组自创生活情境进行表演。2. 组内表演：小组内选择情境分角色进行表演，可以邀请父母参加。3. 推选小组上台表演，适时进行评价。（孩子们的表演大部分都是自编自导的生活情境。）

（场景的创设来源于生活，生活给我们的课堂提供了生动的资源。孩子们在生活化的情境中积极主动地参与表演，进行交际，这不仅锻炼了交际能力，还充分发展了创新思维。）

四、倾吐中表达情之浓

课到尾声了，教师请出一位小主持人，请她主持“爱心碰碰撞”环节：请家长用一句话夸一夸“我心中的宝宝”；请孩子们说出自己此时最想对父母说的话，并向他们赠送自己悄悄精心制作的感恩卡。在互动中，孩子们说道：“爸爸、妈妈，你们是我最爱的人！”“无论到什么时候，无论走到哪里，我也不会忘记父母对我的恩情！”……孩子们朴实的话语、纯真的情感又一次深深地打动了在场的每一个人。此时，教师相机播放歌曲《让爱住我家》，优美的旋律使整个课堂沉浸在浓浓的亲情之中。

【设计评述】

教无定法，口语交际教学同样如此。但“灵活多样的方法中有一个总钥匙，即一个‘活’字”。教活口语交际课，这个“活”的金钥匙就是要有一种交际的情境和氛围。这次口语交际活动，以情为主线，创设生活化的交际情境，激活了学生思维；采用多向互动的多样化的交际形式，使学生积极主动地参与交际活动。这种运用“活”的、“生活化”的语言材料指导学生言语实践的方法，不但能使学生的言语能力从幼稚走向规范和成熟，而且能使他们的情感和态度得到提升，从而使多维目标得到有机的融合。

（深圳市南山区北京师范大学南山附属小学　周　霞）

在交流中求知、求情、求发展

——《夸家乡》口语交际教学活动设计

（二年级适用）

【设计内容】

《夸家乡》是一篇口语交际内容，图文并茂，语言富有煽动性。教学时，教师须抓住教材和课型特点，努力创设富有情趣的交际情境，激发学生的表达欲望，使学生乐于交际，善于表达，从而提高课堂训练效果。

【设计理念】

口语交际不仅仅是人类必需的基本技能，更体现了人与人交流的一种自然的情感需要，是人的可持续发展的必要组成部分。教师今天的工作是为了孩子欢乐的今天，更是为了孩子充实的明天、成功的明天，因而，本篇教学活动设计关注孩子今天在富有情趣的交际情境中快乐地学习，关注孩子为成功的明天而准备特殊的本领——与人得心应手地交往。

【活动目标】

通过“口语交际”的教学，培养学生良好的听说习惯，倡导合作交流，提高学生的口头表达能力和口语交际能力；结合口语交际活动，培养学生书面表达能力。

【活动准备】

课前让学生联系学过的课文，自己通过观察、咨询或查阅资料，了解家乡有哪些风景名胜、物产、名人以及家乡近年来有哪些变化，等等。

也可以在家长的陪伴下亲自体验家乡的迷人风光，考察家乡的丰富物产，了解家乡的巨大变化，把自己观察或了解到的情况通过画画、拍照、录像、写话等形式记录下来。

【活动过程】

一、看一看，说一说——汇报展示、讨论交流

生生交际：

1. 展示并向同学介绍自己搜集到的有关家乡的资料（文字、绘画、照片、录像等）。同学间相互交流资料内容和获取经过。

2. 让收集资料内容相近的学生自愿结成小组讨论，在小组里交换阅读和欣赏，说说对对方资料的看法和感受，要求说意思完整、连贯的话。可以夸夸家乡的迷人风光，可以夸夸家乡的丰富物产，也可以说说家乡的变化，还可以畅想家乡的未来。要鼓励讨论中的质疑，鼓励同学之间相互咨询，还要注意交际的心理素质的培养。

（让年龄和发展水平相近的学生进行交流，能促进他们独立思考，有助于他们听取、比较、思考不同的意见，有助于学生语言表达能力的提高，对学生智力发展有着积极的作用。另外，口语交际有一个重要因素不容忽视，那就是心理素质问题。不仅成人容易有怯场、紧张、不敢在人多的地方讲话的心理，一二年级的小学生也有这种心理活动，有的学生不是不会说，而是不敢说。每次口语交际的场合都要面向全体，特别关注那些胆小的学生，让他们多说，用开朗乐观、善于表达的学生带动他们，增加他们说话的自信心。）

二、演一演，夸一夸——充分对话，夸夸家乡

生生交际、师生交际：

1. 小组合作或派代表向全班介绍自己眼中的家乡。其他组可向介绍者提问或作补充说明。

2. 在创设情景中交际。

(1) 学做“小记者”采访。

在互动交际中，要求学生做到举止大方，有礼貌，语言规范。交际内容可涉及：你的家乡在哪里？有什么值得夸一夸的地方？你希望未来的家乡是怎样的？等等。

(2) 请“小记者”汇报采访情况。

(3) 老师口诵《回乡偶书》，扮演背井离乡多年后重返故土的老者，向孩子们了解家乡的各种变化。注意营造一种平等和谐的氛围，给学生提供一种自由学习的环境，鼓励学生大胆与人交际，注意结合生活实际表演，注意使用礼貌用语；其他学生认真听，再作简单评价。

师：“少小离家老大回，乡音无改鬓毛衰。请问家乡的小朋友，我们的家乡现在怎么样？”

生：“我们的家乡……”

师：“你能告诉我……”

生：“……”

师：“谢谢！”

（要激发学生人人参与交际的热情，良好的氛围是前提。因此可根据本次口语训练要求，结合学生的生活实际，就地取材，创设情境，形成说的最佳氛围，激活学生的学习兴趣，让学生在具体活动中得到体验，实现发展。）

三、写一写，画一画——乐于交际，善于表达

生生交际：

1. 把自己介绍的内容和口语交际中听到的有关内容加以综合，组成一段夸家乡的话写下来。也可以给自己画的画或照的照片配上一段话，还可以用连环画的形式写话。注意交际和表达的形式的多样化。

2. 写好后读一读，再和同伴交流、分享。

（生活是丰富的，语言是灵活的，因而在口语交际的实践活动中也应体现个性语言，真正落实新课标下人的发展和成长。）

四、评一评，做一做——在交流中求知、求情、求发展

本次训练要求通过回答、评议，呈现积极交流、双向互动的局面，这有利于学生形成良好的听说态度和语言习惯。

提出问题，开展评议：

1. 大家最喜欢谁的家乡？（可从风光、物产、变化、未来的发展等方面交流表达。）

2. 今天谁的表现最优秀？（从口语表达的态度大方、口齿清楚、声音响亮、普通话标准、表达完整连贯、发言积极等方面评价，鼓励学生敢说、愿说、说好；也可从书面表达能力的各个方面评价。）

（在评选活动中交际，让评价也成为一种特殊的学习。注意规范学生口头语言。教师的指导主要在两个方面：一是努力调动学生生活与语言积累，在此基础上，根据需要适当提示、补充或指导搜集一些有关交际内容方面的材料和语言材料；二是对语言规范、听说习惯、交际方式与态度等进行精当指点，并引导学生共同参与，形成师评生、生评生的局面，使学生的口头语言从无序变为有序。）

【设计评述】

这则教学活动设计的精妙之处有三点：一是注意创设富有情趣的交际情境，使学生身临其境，从而激发其交际兴趣，在充满乐趣的活动中，师生互动，生生互动，进行多向交流。二是努力营造有利于学生交际的心理安全氛围，使学生敢说，乐说。三是结合口语交际活动，培养学生书面表达能力，并在评选活动中交际，让评价也成为一种特殊的学习。

（深圳市南山区学府小学　李冬望）

口语交际原来如此快乐

——《春天在哪里》口语交际教学活动设计

（一年级适用）

【设计内容】

《春天在哪里》是一次口语交际课，让学生在寻找春天的活动过程中用恰当的语言、歌声、图画等表现春天的美景，并通过交流，丰富自己的见闻和感受。本课设计以活动贯穿始终，积极主动地进行口语交际。

【设计理念】

口语交际能力是现代人的必备能力。新课标强调：小学生要学会倾听、学会表达、学会应对，具有文明和谐地进行人际交流的素养。此次口语交际活动创设了多种交际情境，为学生的自主表达提供了广阔的空间，让学生在兴趣盎然的参与状态中提高口语交际能力，对学生进行有组织、有条理的口头表达能力的训练。

【活动目标】

通过说春天、演春天、画春天，让学生充分发挥想像力和创造力，去感受春天之美。在营造的各种交际情境中，让学生学会交流，乐于交流，善于交流，从而提高口语交际能力，培养审美情趣，陶冶情操。

【活动准备】

音乐《春天在哪里》；白纸；春天美景图。

【活动过程】

一、创设情境激兴趣

老师头戴太阳帽，脚穿旅游鞋，一身休闲打扮，笑盈盈地走进教室里。在孩子们好奇的目光下，老师微笑着说："同学们，你们都喜欢春游是吗？春天里阳光明媚，鸟语花香。这节课，老师带你们去春游，高兴吗？"孩子们兴高采烈地欢呼起来。

课件播放《春天在哪里》，学生做开小汽车的动作。

（创设快乐、轻松的情境，激发了学生的学习兴趣，营造了一种良好的学习心理氛围。）

二、绘声绘色说春天

课件播放春天美景图，老师手指图说："春游的地点已经到了，请小朋友约上自己同桌的小伙伴，沿着这条小路，一边走一边看，把你看到的说给小伙伴听。"

学生一边看图，一边与学习伙伴讨论。

大约两分钟后，老师说："大家说得可真热闹，能给老师讲讲吗？"同学们都争先恐后地举起了自己的小手。有的说："我看到了很多很多的花，有红红的花，黄黄的花，白白的花，紫色的花。"有的说："我看到了绿绿的草地，好漂亮！""我看到柳树叶子绿绿的，长长的。""我看到了蝴蝶和蜜蜂，它们在花丛中采蜜，高兴地飞来飞去。"边说还边做了个翩翩起舞的动作。（老师不时地肯定和表扬。）还有的说："我看到有一只小鸟在树上唱歌，好像在欢迎我们。"孩子们都跃跃欲试。

这时，老师故作夸张地说："是呀，春天真美呀！老师不禁想作一首诗，你们想听吗？"几十张小嘴齐声回答："想。""桃花红红，它对蝴蝶说，它就是春天。"话音刚落，教室里已经是小手如林，"老师，我说，我说。"一个同学迫不及待地站起来说："柳树绿绿，它对小河说，它就是春天。"另一位接着说："泉水丁冬，它对小溪说，它就是春天。""小鸟唧唧，它对小朋友们说，它就是春天。"

……

（教师一石激起千层浪，把活动推向了高潮。学生甩掉了思维的缰绳，插上了想像的翅膀，一个个小诗人诞生了。新课程标准提倡学生对语言材料的感悟，其目的是最终形成学生良好的语感，而语感形成的最重要的途径便是学生的语言实践。老师示范性的语言，无疑给学生导了航，学生们打开了已有的知识储备，在滔滔不绝中进行了语言的训练，发展了创新思维。）

三、入情入境演春天

"同学们说得非常好。春姑娘听了大家的话，特地来到我们班。听，她带来了什么？"

播放音乐：鸟叫声、流水声、春雨声、风声……创设情境。

一学生率先举手了，"我听到了鸟叫声，好像在唱歌，真好听。"另一学生也站了起来："我听到了春雨的声音，沙沙沙，好像在跟我说话。""我听到了泉水的声音，丁冬丁冬，好像在弹钢琴。"……诗一般的语言从一张张可爱的小嘴里飞了出来。老师情不自禁地鼓起掌来："我知道，同学们不仅会听会说，而且会演。大家一定有很多话要对春姑娘说，请大家在四人小组里演一演，一位同学扮演春姑娘，其他同学扮演小草、小花、柳树……演完了再交换角色演一演，开始吧！"

生生分小组进行口语交际。

"哪个小组愿意演给大家看看？"同学们都争着上台。一生笑眯眯地说："我是一朵美丽的小花。春姑娘，感谢你使我这么美。"说完还鞠了一躬。一生张开双臂，作飞翔状说："我是一只小鸟，春姑娘，我想唱首歌给你听。"接着唱起了《嘀哩嘀哩》，全班响起一阵掌声。一个孩子肚子一挺，很神气地说："春姑娘，我是柳树。瞧，我的身子多绿啊，多美呀！"

师生、生生评价。

……

（从说到演，课堂上兴趣盎然。让学生在大量的语言实践中掌握运用语言的规律，这不但训练了学生的口语交际能力，而且让学生在有趣的实践活动中悟出了一些语言的规律和法则，使学生的想像能力和语言思维能力得到了很好的锻炼。）

四、五彩画笔描春天

“同学们，让我们拿起手中的画笔把这美丽的春天画下来，送给春姑娘，好吗？”

生在《春天在哪里》的音乐声中自由画画。

几分钟后让学生在小组内互相展示，介绍自己画的是什么，为什么要这样画。学习伙伴可以随时提问。再评评谁画得好，谁讲得好。

生分小组展示、交流。

指名请学生上台展示自己的作品。生兴致勃勃地用投影仪边展示作品，边解说。老师不时地扮演记者采访。

生纷纷上台展示，与同学交流，有部分同学主动发问。介绍完后把作品贴到学习园地里展览。

（这一教学环节根据小学生以形象思维为主的特点，让学生把自己看到的、听到的、想到的，用自己的笔画下来，激发对春天的热爱之情。通过生生互动、师生互动，扩大了交流面，使学生在全员参与、趣味横生的活动中提高了交际能力。展览作品，使学生充满了成就感，增强了自信心。）

【设计评述】

这是一堂颇有情趣的口语交际课。精心设计口语交际的真实情境，解放学生的双眼，去全面观察事物；解放学生的双耳，去聆听大自然中美妙的声音；解放学生的双手，让想像插上翅膀。在和谐的充满趣味的交际氛围中，学生们畅所欲言，实现了口语交际的双向互动。遵循学生认知规律和口语交际规律，精心设计各个教学环节，做到生动自然，使口语交际由浅入深，步步推进。学生在快乐的交际氛围中，学会交流，乐于交流。

（深圳市南山区大冲小学　吴秋芸）

让语言与思维精彩纷呈

——《太阳是大家的》语言能力训练活动设计

（三年级适用）

【设计内容】

《太阳是大家的》是一首儿童诗。课文用拟人化的手法，把太阳写成全世界孩子的朋友，写她在一天中的不同时间里，和不同国家的孩子游玩。“太阳是大家的”，寓意是“世界是大家的”，全世界孩子同在一片蓝天下，分享太阳的温暖、世界的和平和社会的安宁。这里设计的是本文教学中发展学生思维、培养学生语言表达能力的活动过程。

【设计理念】

语言是思维的外壳，思维活动是借助语言材料进行的。学生语言表达能力的强弱反映其思维发展的状况。在教学中，有目的、有计划、有步骤地培养学生的语言表达能力，是激发学生学习兴趣、发展思维能力的有效途径之一。

【活动目标】

针对教材特点，紧扣课文词句，通过几处创新思维训练点的发掘和利用，让学生在想像中说话，在创新思维训练的同时掌握语言、发展语言，使学生在语言训练的过程中思维得到同步发展。

【活动过程】

一、抓住要点，简单叙述

诗中第二小节描绘了一派欣欣向荣的景象：鲜花上撒满了太阳的金光，小树在太阳的照耀下生长，小朋友们在太阳下快乐游戏。诗人从“太阳普照全球”这一自然现象中提炼出诗意，把太阳当作所有国家的朋友：她从西山落下，走向别的国家，给全世界的小朋友带去了快乐和希望。在这里抓住“洒、拔、陪”三个字作为训练点。

老师引导学生思考：“太阳做了哪些好事啊？”学生带着这个问题自读课文，从书中找到了答案：“她把金光往鲜花上洒，她把小树往高处拔，她陪着小朋友在海边戏水，看他们扬起欢乐的浪花。”教师相机板书“洒、拔、陪”三个字，继续引导学生思考：“太阳没有手，她怎么能把小树往高处拔呢？”学生围绕这个问题进行小组讨论，他们的答案出来了：“太阳把光照在小树身上，小树长得很快，所以说太阳把小树往高处拔。”老师根据学生的回答及时进行总结归纳：“原来有了太阳的照耀，在光合作用下，小树长得很快，就好像有人在拔一样。”接下来老师引导学生小组合作、讨论：“那太阳又是怎么把金光洒在鲜花上的呢？她又是怎样陪着小朋友戏水的呢？”同学们在小组内展开讨论，小组交流理解“洒、陪”，然后再进行全班交流。

（在教学中，指导学生重点理解文中有关词句，启发学生思考和讨论，在课堂上形成一种人人跃跃欲试、个个勇于发表己见的热烈气氛，极大地调动了学生学习的积极性和创造性。这样，学生思考积极，发言踊跃，学生感受到了洋溢在字里行间的情感。这样利于训练学生的思维，既丰富了知识，又发展了语言。）

二、展开场面，生动描述

诗中第二小节描写到：“一天中太阳做了多少好事：……她陪着小朋友在海边戏水，看他们扬起欢乐的浪花……”诗中的“多少”一词和最后一句话后面的省略号是一个难得的思维和语言能力训练的“契点”。“多少”和省略号里蕴含着丰富的内容，包含着太阳为大自然的一切带来的生机，这无疑为学生的想像提供了广阔的空间，可以让学生充分展开想像的翅膀，培养语言表述能力。

老师在引导学生理解了“洒、拔、陪”这三个字后，接下来训练学生的想像力和语言表达能力。老师提出：“太阳就只做了这三件好事吗？”学生回答说太阳做的好事有很多，老师接着引导学生思考：从哪里看出来有很多？学生很快知道，从省略号可以看出来。老师相机板书省略号，再鼓励学生继续思考：“你除了从省略号可以看出来太阳做了很多好事，还可以从哪里看出来？”学生再读课文，从课文中找到了答案：从“一天中太阳做了多少好事”这个“多少”可以看出太阳做的好事多。

此时，教师依据学生的回答鼓励学生：“你真聪明，你从‘多少’看出来了，那太阳究竟做了哪些好事，你知道吗？”学生在得到老师的表扬和肯定后，思维活跃起来：

“太阳把温暖给了我们。”

“我们学习时，她照着我们。”

紧接着，老师在肯定同学们都说得很好的基础上，训练学生语言表达的完整性、条理性，要求学生像作者一样（出示课件：她——她——她——），把他们的话变成儿歌说出来。此时老师给学生 20 秒时间静静思考，他们想好了后，跃跃欲试，发言一个比一个精彩。有的说：“她把阳光给大地。”有的说：“她使我们的身体棒棒的。”有的说：“她照得我身上暖洋洋。”有的说：“她使庄稼长得快。”老师对学生的回答及时给予表扬与肯定。训练学生的想像力和语言表达能力的活动就这样进行着。

（补充省略号的学习活动，不仅可以使学生深化对文本的理解，而且也让他们感知了省略号的作用和用法。小学生模仿能力强，学习作者的写法说儿歌这一训练，是唤起学生的有意注意，训练学生语言的准确性、条理性、生动性，让他们学会组织语言，使课文语言逐渐成为学生的口头语言或书面语言的一部分。这样的学习，其目的是开阔学生的视野，发展他们的思维，使他们跳出课本，展开大胆丰富的想像，使课内学习与课外学习有机结合，把平时生活中的东西有机地联系起来，整理后有声有色地口头表达出来。）

三、启发想像，创造拓展

“想像力比知识更重要，因为知识是有限的，而想像力概括着世界上的一切，推动着进步，而且是知识进化的源泉。”（《爱因斯坦文集》）诗歌中蕴含大量培养学生想像能力的素材。培养儿童的想像力，必须充分利用语言因素。诗歌第四小节中，描述了别的国家的小朋友、小树和鲜花也在睡梦中等待太阳。在教学中，可引导儿童仔细品味，启发想像，并恰当地运用录像等媒体，展示国外的某些景物、事物或情节，使学生产生如临其境、如闻其声、如见其人的感受。通过美感的产生，增强学生的想像力，引导学生想像作者没有叙述的事物。

在师生齐读第四小节后，老师引导学生思考："都有谁在等太阳啊？等她干什么？盼她做什么？"学生带着这个问题思考、讨论、交流。接着，老师要大家一起来观看一组外国小朋友的生活录像，听一首歌曲《种太阳》，要求会唱的一起唱，会跳的跳起来。利用听歌、唱歌，观看录像，创设情景，激发学生创造想像的兴趣，为学生创造想像的展开创造条件。听完后，看完后，大家有什么想说的，先在小组说说，然后再全班交流。学生在观看、小组讨论后，进行了创造性述说：

"外国小朋友在等太阳，等她把湖水晒热好游泳。"

"太阳和外国小朋友一起玩，小朋友们露出了笑容。"

"外国的鲜花在等太阳。"

"其他国家的小朋友正在等太阳把温暖送给他们。"

"原来其他国家的小朋友也喜欢太阳，喜欢跟太阳玩。"

听完学生的述说，老师总结："是啊，中国小朋友，外国小朋友，全人类以及大自然的一切，同在一片蓝天下，共享太阳带来的温暖与光明！"

（想像是创造的翅膀。它可以帮助学生冲破现有知识经验的局限，帮助学生深刻地理解教材。因此，在教学中应利用一切可供想像的条件，激发学生的想像力，拓展其思维空间，使学生的想像力不断发展。充分利用教材中创造性的内容，展开想像，想像说话，不仅可以提高学生的创造能力，还可以提升学生的语言表达能力。）

【设计评述】

这是一个较为典型的语言能力训练的活动课例，善于敏锐捕捉和精心发掘语言能力训练点，将想与说结合起来，将想像力的培养和语言表达能力的训练结合起来，促进了学生语言和思维的协调发展。学生在语言描述中感情得到升华，实现了多维目标的整合。

【资料链接】

外国小朋友新年习俗

英国过新年时，孩子们会把小脸抹得乌黑，然后到邻居和亲友家去串门，每到一家，就跑到炉旁给炉子加煤块，并把炉旁打扫得干干净净。这时主人会高兴地夸奖孩子，并祝福他来年的生活像炉火一样红彤彤，上进心像炉火一样旺盛。

日本新年这天下午，孩子们会在一些毛巾上写上自己的名字，用透明纸包好，然后到邻居和亲友家去拜年。每到一家，向主人问好、鞠躬之后，便献上一条毛巾，恭祝主人吉祥如意。

匈牙利欢度新年时，孩子们不能吃鸡、鸭、鹅等禽类的肉，因为匈牙利人认为，吃了飞禽，未来的幸福就会飞走。新年这天，孩子们大都玩一种瓷制的小猪和扫烟囱的小人，以示除旧迎新，祈求得到幸福。

意大利的孩子过新年时不能外出玩耍。因为按照当地习俗，过年时家家户户都要把家里的破旧衣服、鞋子、书报以及破瓶子、旧罐子之类的东西摔出户外，以示弃旧迎新。如果小朋友外出玩耍，一不小心就会被扔出的东西砸伤。

希腊欢度新年时，妈妈会把事先做好的放有一枚银币的大蛋糕切成许多小块，让孩子任意挑选。如果吃到银币，就意味着他是新的一年里最幸福的人；而吃不到银币的孩子就要受罚唱歌跳舞。

菲律宾的新年异常热闹。人们在公路旁搭起牌楼，到处张灯结彩、花团锦簇，孩子们在牌楼下翩翩起舞、尽情歌唱，还燃放自己做的各种各样的爆竹。这样的庆祝活动，要持续一个星期呢。

（深圳市南山区珠光小学　陈　玲）

多向表达　深化感悟

——《三个儿子》语言训练活动设计

【设计内容】

《三个儿子》是二年级下册的一篇课文，讲的是三个妈妈在井边打水时夸自己的儿子，一位老爷爷在井边休息，三个妈妈的儿子来到井边，一个翻跟头，一个唱歌，只有一个帮妈妈拎水，老爷爷说他只看到一个儿子。这里设计的是第二课时，让学生多向体验课文人物角色言行，深化感悟课文内涵，进行读读、演演、议议、说说的语言训练。

【设计理念】

素质教育的培养目标是促进学生做德智体美劳全面发展的人。在以学生发展为本的理念引领下，本活动设计要充分展示学生自主学习、情境学习、体验学习、网络学习和小组合作学习的风采。教师要充分为学生搭建自主阅读、情境学习、体验生活、多向表达、深化感悟的舞台，以读学文，入境悟情；扮演强化，争辩深入，网络适度扩展，通过理解文本、体验人物角色、讨论明理，感悟知识、能力、情感生成的过程；着眼于学生语文基础知识、能力的运用，表达能力以及情感心理的培养，通过语言交流促进孝敬美德的形成以及综合素质的提高，启发学生做孝敬父母、热爱劳动、言行一致、体谅尊重他人的德才兼备的全面、和谐发展的人。

【活动目标】

重点目标是培养学生的说话能力、交往能力，通过多种途径、活动，让学生有感而发，想说、敢说、会说，说得有情感、有道理。具体有三个层次：通过阅读理解，感悟作者的用心，以及文字表达的技巧；通过角色表演，进入人物的内心世界，再现故事情境，形成学生理解、尊重他人的心理品质；通过评议讨论，让学生明白“孝敬”父母要从身边小事做起的道理，进而形成孝敬的美德。

【活动准备】

1. 预习课文。
2. 让学生了解父母是怎样孝敬爷爷奶奶的。
3. 让班级小记者了解学生在家里常常为父母做些什么，有什么感受。
4. 收集古今中外孩子孝敬长辈的一些资料。
5. 教师准备课件。

【活动过程】

一、读读，理解课文内容，揣摩人物语言，引导学生深情地说

1. 读懂字词句。

2. 读懂内容。如，作者讲了一个什么故事。学生可以从不同认识层面说：

(1) 三个妈妈夸自己儿子的故事。(2) 三个儿子亮“本事”的故事。(3) 老爷爷夸一个儿子孝敬的故事。

3. 读懂人物语言。通过多种形式的朗读来引导学生体会三个妈妈在介绍自己儿子时的语言和心情。再引导学生用横线画出写三个儿子不同表现的句子，说说自己的想法。同时，注意朗读技巧的渗透与熏陶。

要通过读让学生知道言为心声，语言反映人物个性，语言语气、语调的起伏表达人物的心情、态度的变化。要通过阅读让学生知道三个妈妈的情感、说话的语调，让学生明白：(1) 前两位妈妈说话的语气应该都是很骄傲的，后一位妈妈的语气是平静低缓的。(2) 前两位是赞赏夸耀的语气，后一位妈妈的语气是平静中有点自卑。(3) 前两位应当是自豪的，还很得意的语气，后一位妈妈的语气不是自卑，而是谦虚。让学生在阅读中体会老爷爷说话是一种什么语气：(1) 是一种批评的语气。(2) 是一种很不满意和挑剔的语气(快读)。(3) 是很含蓄的，又带有一种指责的语气(慢读)。

二、演演，体会作者意图，表现人物情感，引导学生体验地说

1. 引导学生归纳：(1) 这一篇故事有三个大的段落：妈妈说儿子；儿子亮本领；老爷爷夸“孝敬”。(2) 有七个人物：三个妈妈、三个儿子，一个老爷爷。(3) 主要人物是第三个儿子；重要句子是老爷爷的话“我可只看见一个儿子”。

2. 激励学生扮演。教师：“大家把握了文章内容，想不想进入人物的内心世界，表演一下？”(1) 选三位声音好的学生朗读课文，读有关妈妈、儿子、老爷爷的内容。(2) 选七位同学表演，进入角色，表演妈妈、儿子、爷爷的动作、神态、语言。例如可以设计三个儿子的台词，想想，文中的三个儿子都没有说话，作者表达的意思大家明白吗？在表演中可以想像三个儿子来到妈妈面前可能会说些什么。① 第一个儿子可能会喜滋滋地说：“妈妈你看我翻跟头翻得怎么样？”② 第二个儿子可能会笑嘻嘻地说：“妈妈我唱得好不好？你开心吗？”③ 第三个儿子可能关切地说：“妈妈您累了吧，让我来拎吧！”教师引导：“谁能设计出比这三句更简洁、生动的句子？请深情地说一说。另外，说说三个妈妈当时的心情怎么样。”

3. 演评重点句子。重点演评老爷爷的一句话：“我可只看见一个儿子。”通过反复读，引导学生进入人物角色的内心世界，体会作者、编者意图，深化内容理解。然后引导学生说话有力、幽默、符合身份。请多位同学演老爷爷伤心地说、气愤地说、挑剔地说、高声地说、语调低缓地说，让学生评议哪一位同学说的这句话与课文中的老爷爷最像。

三、议议，强化孝敬美德，提升人物品质，引导学生理性地说

为了升华主题，要引导学生联系生活实际说说学了本课以后，想对文中的人物说点什么。如：想对前两位妈妈说，你们的孩子能翻跟头、会唱歌，真是棒极了，难怪你们那么自豪！想对前两位妈妈说，你们培养了孩子的艺术特长，可千万不要忘记教育他们懂得孝敬父母啊！想对前两位妈妈说，你们培养了孩子的艺术特长，但还要引导孩子养成

爱劳动的好习惯。想对后一个妈妈说，你的儿子真懂事。想对后一个妈妈说，你的儿子从小就知道关心体贴你，你太幸福了！想对后一个妈妈说，你的儿子很懂事，不过你还要注意培养发展他的特长啊！想对老爷爷说，您既要看到前两个儿子的短处，也要看到他们的长处；既要看到后一个儿子的长处，也要看到他的不足。想对老爷爷说，您应当提醒这些妈妈，怎样教育和培养自己的孩子才对。

通过议论、评点，让学生说得有道理、有独到见解，行为得到规范，心灵受到陶冶。

四、说说，联系身边实际，点击社会生活，引导学生有创意地说

本课文本、插图为外国的人物、情景，我们要链接网络、链接现实的家庭、链接周边的社区生活，点击小学生的内心世界，培养小学生高尚的品德行为，丰富小学生的学习生活。可以设计如下活动：

1. 班级小记者汇报。说说本班同学在孝敬长辈方面是怎样做的。

2. 把这个故事讲给爸爸妈妈听。

3. 收集有关孝敬的格言、成语、故事等。学生先在小组内对话交流，然后各组推选代表在全班交流。

4. 教师展示课件，播放古人孝敬父母的小故事。

5. 师生从课文中、现实生活里确立话题，谈感悟收获。如：(1) 学习文化知识重要，还是学习特长重要？(2) 家长不让做家务怎么办？(3) 怎样孝敬父母？(4) 生活自理与自立。(5) 妈妈，您听我说，等等。

【设计评述】

阅读、扮演、议论、拓展都是语言训练，规范地说，深情地说，艺术地说，自主地说，评议地说，延伸地说，多元表达，深化感悟，突出了主题。

本活动设计理念先进，构思新巧，语言简洁，注重了活动的层次性、生动性和实效性，处处体现以学生发展为本的素质教育思想；例子举一反三、触类旁通，文理、心理、道理三理相通，学者、教者、作者、编者四者交汇，不离文本基础、不离语言运用、不离思维训练、不离人物情感、不离现实生活；有利于学生综合素质的提高，实现了课程资源的有效整合。

（深圳市南山区育才二小　梁桂珍）

在合作学习中畅享交流的乐趣

——《春天在哪里》口语交际中合作学习活动设计

（一年级适用）

【设计内容】

春天，是一幅风景优美的画，生机勃勃的万物如同一个个跳跃的音符，在大自然的舞台上奏响了一曲曲催人向上的歌。在春天里学习了一些关于春天的文章之后，孩子们对春天已有所感悟，而口语交际《春天在哪里》就是给学生提供一个交流感受的舞台。

【设计理念】

为了拓宽口语交际面的广度，做到全员参与、人人动脑动口，从而促进个体自觉主动地发展，在教学过程中设计了合作学习，让学生在集体学习中发展个体的语言、思维及交往能力。

【活动目标】

让学生在合作学习中，了解春天景色的特点，学会用恰当的语言、歌声、图画等表现春天的美景，并通过交流，丰富自己的见闻和感受，培养相互合作获得知识的意识与精神。

【活动过程】

一、学习准备——走进春天

在上口语交际《春天在哪里》之前，教师给学生布置小任务，要求他们以小组为单位收集与春天有关的几个词语、一段文章或一首古诗，在口语交际之前诵读。因为同学们已经学过了许多描写春天的四字词语，还学过课文《春雨的色彩》、《柳树醒了》以及古诗《春晓》等，所以学生会有很多可以表达的内容。

教师结合学生的已有水平，让各个小组之间交流自己存储的信息。此时，教师要适时地加以鼓励，并引导学生进行下面的交际。

（收集资料是对他们以往经验与感悟的一种积累和反馈，这一部分的设计，学生首先通过文字把自己带到了一个春的世界里。孩子们在交流中获得了成就感，并激发了情感的体验，为口语交际创设了一个良好的开端。）

二、小组交流——感受春天

"春天里你听到了什么，看到了什么，感受到了什么？"教师一语点开同学们的话匣子，他们会说："春天里草绿了，花红了……"会说："春天里我听见了燕子叫的声音，它回来了……"可是，如果让学生一一说到，他们会滔滔不绝地说上一节课。所以，为了让学生更好地交流，教师组织学生在小组中畅谈自己听到的、看到的、感受到的春天，把自己找到的春天告诉别人，让每个孩子都能分享说和听的乐趣。

接着开始小组汇报，教师以学习者的口吻说："我能分享你们找到春天的快乐吗？"然后引导学生纷纷发言，提醒他们注意倾听。

（这一部分活动的安排，首先是小组活动实现了全员的参与，做到了人人练习，个个开口。小组的几个同学先互相说，释放了他们刚才急于表达的热情，鼓励了他们的积极性。在小组里先发表，无拘无束，营造了和谐、民主、平等、热烈的气氛，表达好的学生起了示范作用，表达存在困难的学生在老师和同学的帮助下，把话说清楚了，即使不会说，听了小组其他伙伴的介绍，也不会觉得无话可说了。其次教师以学习者的身份参与到孩子们的学习中去，拉近了教师与学生之间的距离，从生生到师生，提高了学生的主动性和积极性。课堂上这种积极交流、双向互动的局面，能促进学生思维的发展和口语交际能力的提高，也有利于进一步端正学生的听说态度，提高学生的合作意识。）

三、小组展示——留住春天

在学生对春天有了较为深刻的感悟的基础上，教师让他们充分发挥自己的想像、创造和表现才能，深化体验，在活动中加强交际，把春天留在我们身边。教师先提问引发兴趣："你们找到了春天，想把春天留住吗？"然后提示学生："你可以在小组中选择自己喜欢的方式留住春天，如画一幅春天的画，跳一个春天的舞，唱一首春天的歌，表演一个春天的故事等等。"

在展示过程中，学生介绍自己画的春天的图画、编写表演跟春天有关的剧本等等，也是口语交际的一部分。

（这一部分的设计是对前面全班交流的补充，表现春天，留住春天，延续他们表达的激情，活跃课堂气氛，以动态的合作交流提升学生的综合素质。）

【设计评述】

在这个活动设计中，一共用到了三次小组合作。看起来是似乎是多了些，但是仔细阅读，便会发现，三处合作学习都有精妙之处。第一次合作学习要求学生收集与春天有关的信息，一是对前面课文学习的一个反馈，二是增强他们对春天的感性认识。第二次合作学习则是为了满足每个学生表达的需求，尊重学生个体，让他们都有口语交际的机会。第三次合作学习，是为了避免口语交际的单调性，把口语交际转移到游戏、画画、唱歌、跳舞等有趣的活动中来，是对春天感受的一种提升。正所谓"一枝独秀不是春，百花齐放春满园"，学生在三次合作学习中，不仅个体语言及思维能力得到了发展，更培养了合作的意识，而且通过集体力量的凝聚，丰富了自己的见闻和感受，让智慧在集体的大花园里大放光彩。

（深圳市南山区松坪学校小学部　郭以玲）

享受创设情境的魅力

——《小兔运南瓜》口语交际情境活动设计

（一年级适用）

【设计内容】

《小兔运南瓜》是一个口语交际内容。图画上有一只小兔在菜地里抱着脑袋，正在思索如何把南瓜运回家。这里设计的是多种途径创设情境，让学生展开丰富的想像并有一定创新意识的活动过程。

【设计理念】

语文教学肩负着很重要的职责——让学生学会运用祖国语言文字。口语交际是培养学生运用语言能力的重要活动。教师要重视创设情境，使学生有话想说，有话可说，利于相互交流，进而提高学生的口语交际能力。通过教师的指导学习，为学生打下坚实的语文基础，使他们成为乐学、善学、愿意与他人合作的成功的学习者。

【活动目标】

教师巧妙创设情境，让学生动脑筋想出小兔把南瓜运回家的办法；学生通过参与讨论，把自己想到的办法说清楚，并能对别人说的办法进行评价。

【活动过程】

一、创设情境，提供语言场景

课本上的图画内容是一只小兔子站在菜地里，面前摆着一个南瓜，一手抓着脑袋，好像十分着急的样子。很明显小兔想搬南瓜搬不动，正在为这个为难。那么为什么要摘南瓜？这是孩子们一时想不到的地方，需要老师为他们创造一定的语言情境。

教师："请你们戴上桌子上的小动物头饰，同桌互相打个招呼。"

（说让孩子们打招呼，实际上是在让孩子认识各种小动物，自然而然地进入动物的角色，为下一步活动奠定基础。）

教师戴上小兔头饰融入学生中说："明天是我的生日，家里要来好多客人，我得准备准备，去地里摘个南瓜吧。"

出示南瓜图：图上有许多南瓜，近处是个最大的。教师继续说："谁来说说这是个什么样的南瓜？"

学生可能会说："一个大南瓜。""这个南瓜又大又圆。""这是一个老南瓜，因为它的皮是黄的。"

（有意识地创设贴近生活的情境，为学生言语交际构建了必要的环境与氛围，使整个开局显得格外自然、生活化，为言语交际活动回归于生活应用创造了条件。）

二、创设情境，打开学生思路，多角度想办法

如果只是书上的图画，仍是不能打开学生思路的，因此可在小兔的菜地边添上各种小动物活动的画面，如小猴骑车、两只小熊赛跑等等。

教师："这么多南瓜，我搬哪一个呢？明天要来很多客人，得挑个大点儿的（出示各种小动物在菜地旁边的路上、树林里玩的画面），（师做搬不动的样子）这么大的南瓜，我怎么搬回去呢？请小动物帮我想想办法。"

学生汇报各种办法：车运、吊车吊、叉车叉、滚、抬、绳子拉、水上漂。

（教师创设的直观形象的情境是启发儿童思维的好办法。）

三、创设情境，汇报谁的办法好

在学生已经说出很多办法时，本次口语交际的目的基本上已经达到了，但是我们要尽可能多地为孩子们创造说话的机会，不妨安排下面一个环节：

教师说："办法倒是挺多，我该选哪一种呢？请你们在小组内讨论讨论，哪种办法好，有哪些优点，待会儿告诉我谁的办法好。"

学生在小组内交流。

教师说："现在咱们来想想南瓜怎么运，把好办法说给大家听听。"

孩子们根据生活经验，都会有话可说。用车运是最容易想到的方法了："我们小组打算用车运回去，因为在农村里，家家户户都有人力车，我们只要回家把车拉来就行了，我们的办法好。"另外的方法还有："菜地旁边有一条小溪，把南瓜滚到水里，让南瓜顺水漂回家。这个办法不需要任何工具，又轻松。"爱动脑筋的孩子说："小猴骑的自行车的车轮是圆的，可以在地上滚，南瓜是圆的，也可以滚，我们打算把南瓜竖起来像车轮一样滚回家。"还有的学生因为看到图上有很多小动物会说："那么多小动物在我身边玩，大家都是好朋友，我来请他们帮我把南瓜抬回家。"

……

这既是儿童个体语言的练习，又是儿童之间言语的交流。孩子们争相发言，办法一个比一个好，一个比一个说得具体。

教师说："你们的办法都很好，把你们的办法在小组内演一演吧。"

学生在小组内尽情表演。

教师："现在天都快黑了，我得赶紧把南瓜运回家，我身边有许多小动物，我想请他们帮忙，我该怎么对他们说呢？谁来教教我？（指名说）请人家上台来演一演这种运南瓜的过程。"

请一小组上台演一演。

（演一演是孩子们感兴趣的活动，实际上这也是把口语交际的训练完全置于社会言语交际的实际需要之中，不再是为看图说话而说话。）

【设计评述】

这节口语交际课，可让学生置于一定的语言环境中，跃跃欲试，不吐不快，真正表现出一年级孩子天真、稚气、无拘无束的特点。学生在课堂上学到的东西确实能学以致用，达到了口语交际的目的。

（深圳市南山区留仙小学　刘秀梅）

创设情境　释放精彩

——《菜园里》语言训练教学活动设计

（一年级适用）

【设计内容】

《菜园里》是一年级的识字课文。课文共有九个词语和一首儿歌，词语是菜园里各种蔬菜的名称，儿歌以生动形象的语言，介绍了一些蔬菜的特点。课文琅琅上口，图文并茂，非常适合儿童朗读。这里设计的是本文儿歌部分的几个教学活动片断。

【设计理念】

语文课程要求充分激发学生的主动意识和进取精神，倡导自主、合作、探究的学习方式。本篇教学活动的设计力求做到这一点。针对学生的年龄特征，利用多媒体辅助教学，创设情境，认真挖掘教材中的训练点，进行语言的训练，拓展学生的思维空间，使每个学生能最大限度地发挥自身的潜能，逐渐形成良好的学习习惯。

【活动目标】

通过创设情境，引导学生积极自主地参与语文学习活动，让学生在学习课文的过程中，学会动口、动手、动脑认识事物，抓住事物的特征，再把生活中的经验和书本中的知识融合，以达到灵活运用的目的。

【活动准备】

课件、蔬菜实物若干。

【活动过程】

一、创设情境，初读课文

学生通过合作识字、巩固识字的学习掌握本课的生字新词后，就能顺利进入课文的学习了。

教师播放课件。课件中小熊说："小朋友们，谢谢你们，教会了我菜单上的字。可是，我长这么大了还没去过菜园，不知道妈妈要我摘的那些蔬菜是什么样子的。你们能帮帮我吗？"

学生会根据已有的生活经验说出自己曾在菜市场看到的蔬菜是怎样的。教师再一步步地引导学生明白：除了用已有经验帮助小熊外，还有别的帮助小熊的办法——读课文。

生自由读课文。

（这一教学环节的设计，抓住低年级的小朋友乐于助人、喜欢表现自己的特点，让学生在“帮助小熊”的情境中，回忆自己在生活中的积累，并进行初读课文的训练。学生学起来会更加起劲、更加活跃。）

二、创设情境，理解感悟

在学生有了对蔬菜的初步认识后，为了让学生更好地认识事物，加深对课文的理解，创设以下的情境。

教师先创设“为了更好地帮助小熊”的情境，再给每个组的学生准备一些蔬菜，引导学生在课堂中通过看一看、摸一摸、闻一闻、尝一尝的办法来认识蔬菜，说说这些蔬菜的特征。

请学生以小组为单位，汇报他们在刚才认识蔬菜时有什么收获。汇报时，有的孩子说：“我用摸一摸的办法发现黄瓜身上有一些小疙瘩。”有的说：“我观察茄子的时候，发现茄子是紫色的，表皮很光滑。”还有的说：“我看见辣椒有红色的，也有绿色的，闻起来有一股辣味，掰开一看，里面还有很多籽。”……最后要求学生根据自己的感悟读课文。

（这一活动训练充分调动了学生的多种感官去感知事物。先是让学生在看一看，摸一摸，闻一闻，尝一尝，说一说的自主、合作、探究的学习方式中理解课文的内容，再让学生根据自己的感悟朗读课文，使学生学得愉快，学得轻松。也为下一个教学活动作了一个很好的铺垫。）

三、创设情境，拓展运用

在学生对各种蔬菜有了形象、直观、具体的认识以后，给学生创设一个训练口语的情境，让他们在不知不觉中运用所学的知识。

教师先创设“把自己的本领展现给小熊看”的情境，再引导学生发挥自己的想像力，让学生大胆地把自己想像成一种蔬菜，然后告诉同学自己是什么样子，什么颜色，什么味道，什么特征……

有的学生会说自己是身上穿着一件绿绿的衣裳，身上长了一些小疙瘩，吃起来又甜又脆的黄瓜；有的学生把自己“变成”了长而细的豆角；有的把自己“变成”紫色的茄子；还有的说自己是有时红，有时绿，有一张尖尖嘴，一肚子种子的辣椒……

（这一活动的设计，给学生提供了一个大胆想像的空间，让学生把原有的生活知识和在课堂中新学的知识相互融合，既拓展了学生的思维，又开发了学生的创造潜能，促进了学生的语言发展，使每一个学生都能最大限度地发挥自己的潜能。这正是课程改革的目的所在。）

【设计评述】

这篇教学设计的优点在于：一、教学活动设计针对学生乐于助人、喜欢表现自己的特点，创设了“帮助小熊”的故事情境，使得课堂生动有趣。二、充分调动学生主体的积极性，整节课学生学习情绪高涨，学习兴趣盎然，学习的效果也显著。教师精心设计的每一个具体教学环节都起到了明显的作用。三、设计着眼于大语文教学观，学生在学完课文后，能把学到的知识加工运用，不仅拓展了学生的思维，又开发了学生的创造潜能，促进了学生的语言发展。

（深圳市南山区赤湾小学　陈　娟）

拓展空间 增强活力

——《小壁虎借尾巴》语言发展训练活动设计

(一年级适用)

【设计内容】

《小壁虎借尾巴》这篇课文讲的是小壁虎挣断尾巴后,向小鱼、燕子、黄牛借尾巴的事。这里设计的是本文教学中语言训练的活动过程。

【设计理念】

新课标指出,语文课程应培育学生热爱祖国语言的思想感情,指导学生正确理解运用祖国语言文字,丰富语言的积累,培养语感,发展思维。本文通过对课文的深层挖掘,来对学生进行发展语言的训练,同时使学生思维也得到发展。

【活动目标】

通过创设情景,对课文的空白点作挖掘和内容的拓展,训练学生运用语言文字的能力。

【活动过程】

一、创设情景,激发兴趣

一走进教室,教师就出示一个仿真的小壁虎,说"今天,我要给大家介绍一个新朋友——小壁虎,请同学们和他打打招呼。"

看见栩栩如生的小壁虎,同学们可喜欢了,有的说起了英语:"Hello,小壁虎!"教师也回答:"Hello,小朋友。"有的简单问候:"小壁虎,早上好!"教师也简单回答:"小朋友,早上好!"有同学幽默地说:"小壁虎,今天捉到了几只蚊子呀?"教师也风趣地回答:"我也不知道,反正肚子吃饱了。"同学们都笑了,在愉快的笑声中开始了学习。

(这一语言训练活动,活跃了课堂气氛,唤起了同学们的学习兴趣。小壁虎成为大家的学习伙伴,有利于大家在活动中感同身受。另外,这一开场又训练了同学们和别人打招呼的技巧。)

二、现场借物,情理交融

课文用了三段来写小壁虎向小鱼、小黄牛、燕子借尾巴的过程,这三段句式相同,都是写小壁虎很有礼貌地向他们三位借尾巴。为了能让学生体验到小壁虎的礼貌,能有礼貌地读出来,在学生读正确、读流利之后,教师安排了一个现场借物的场景。

班上有个孩子小冼,平时对人不太有礼貌,并且当时正好没带笔,教师让他当大家的面向同桌小黄借笔。小冼胆子挺大，张口就大声说："小黄，借我笔！"完全是一种命令式的口气，教师不动声色，又安排另一个同学小张向小黄借笔，小张是这样说的："小黄，能借给我一支笔吗？"听到这儿，教师微笑着问："小黄，你愿意把笔借给谁？"然后问全班同学："如果你们是小黄，愿意把笔借给谁，为什么？"大家都说愿借给小张，因为小张有礼貌。这时小冼有些不好意思了，用手挠着头，教师趁机问小冼现在是否知道该怎样向别人借东西了，小冼点了点头。教师鼓励他再借一次试试，小冼有礼貌地说："小黄，请借给我一支笔好吗？"教师带头鼓掌，全班也报以热烈的掌声，在掌声中，小冼接过了小黄递过来的笔。这时，教师趁热打铁，问："你们能不能有礼貌地把小壁虎的话读出来呢？"同学们充满信心地回答："能！"接着，教室里响起了抑扬顿挫的读书声。

（"现场借物"这一训练活动既对学生进行了语言文字的训练，又让学生从中受到思想教育，有一箭双雕之妙。）

三、抓住空白，激发想像

"小壁虎借不到尾巴，只好爬回家里找妈妈，小壁虎把借尾巴的事告诉了妈妈。"这是一个很好的语言训练点，作者没有对内容进行详实的叙述，教师抓住这一空白点，要学生想一想小壁虎见了妈妈会怎么说。

学生思考后，教师要求他们先在小组里说说，然后再对全班说一说。同学们个个积极投入，纷纷表达自己的思考成果。有的同学委屈地说："妈妈，我去借尾巴，他们都不肯借给我！"教师启发他："孩子，你向谁借尾巴啦？"学生这回很完整地回答说："妈妈，我向小鱼、老牛、燕子借尾巴，可是他们都不肯借给我。"

还有同学这样说："妈妈，他们各自的尾巴有各人的用处，不能借给我，我也没办法。"教师适时安慰："孩子，你会为别人着想，我很高兴。"

（文章反映事物具有典型性，所以艺术的省略是不可少的。教师可以抓住这些省略，激活学生想像力，让学生进行艺术的填空和艺术的再创造，使文章得到充实。）

四、课外延伸，拓展思维

学完了课文，还要拓展学生的思维。这篇课文有两个拓展点，一是可以让同学们想一想别的动物的尾巴有什么作用，二是续编小壁虎向别的动物借尾巴的情景。因为语文教学的目的不只是拓展学生的知识面，更重要的是发展学生理解和运用语言文字的能力，因此，第二个方案优于第一个方案，且第二个方案把第一方案的训练点也包括进去了。

在学生熟读课文，理解了小鱼、燕子、老牛尾巴的作用后，教师出示了几幅其他动物的图片。先让学生了解他们的尾巴的作用，再让同学想想：如果小壁虎遇见了这些动物，会怎样向他们借尾巴呢？学生思考后纷纷发言。

学生："小壁虎爬呀爬，爬到草地上，看见松鼠翘着尾巴在地上吃松果。小壁虎说：'松鼠妹妹，你把尾巴借给我，行吗？'松鼠说：'不行呀，我的尾巴要用来当被子呢！'"

学生："小壁虎爬呀爬，爬到大树下，看见猴子卷着尾巴在树上荡来荡去。小壁虎说：'猴子哥哥，你把尾巴借给我，行吗？'猴子说：'不行呀，我的尾巴要用来荡秋千呢！'"

由于时间关系还来不及发言的学生，教师布置他们回去写一写，学生都完成得很好。

（让学生根据自己的想像，创造性地练习说话，既培养了学生自信、自主等个性品质，也促进了学生个人语言风格的形成。）

【设计评述】

在这个课例中，语言训练和思维训练有机地统一起来，学生在语言能力得到发展的同时，思维的积极性、完整性、发散性等方面也得到训练。新课标在这一阶段的阅读目标是让儿童关注自然和生命，对感兴趣的人物和事件有自己的感受和想法，并乐于与人交流，这一目的也基本达到。

（深圳市南山区大勘小学　周凌燕）

想说　敢说　乐说

——《四个太阳》语言训练活动设计

（一年级适用）

【设计内容】

《四个太阳》是一首充满童真童趣的诗歌，以稚嫩的语气表达了小朋友们美好的愿望：画出绿色、红色、金色和彩色的太阳，在春夏秋冬里为人们带去幸福与舒适。这里设计的是本文教学中对学生进行口语表达训练的活动过程。

【设计理念】

培养学生热爱祖国语言文字的情感，在发展思维能力，激发学生想像力和创造力的同时，能让学生把自己的体会与见解用恰当的语言表达出来。小学语文教学中，无论是阅读理解还是朗读感悟，都是以学生口头表达的形式实现的。所以，在本课中，借助课文所蕴含的意义进行口语表达训练，既能使学生的表达能力得到提高，又能使学生对课文的理解得以深化，同时还可以促进学生情感的不断升华。本篇教学活动设计追求的就是这一教学的理想境界。

【活动目标】

学生在朗读感悟的基础上，能就在不同的季节为什么画各种色彩的太阳发表看法，体会小朋友美好的愿望。通过读、思、悟，为学生的想像说话插上翅膀，提高学生语言表达能力。

【活动过程】

一、想像落叶飘下来时的情景

出示句子："金黄的落叶忙着邀请小伙伴，请他们尝尝水果的香甜。"为了让孩子们敢于开口说，老师引导孩子们思考小落叶会邀请谁，应该怎么邀请。于是，孩子们马上想到了小蜻蜓、小蝴蝶等他们喜闻乐见的小昆虫。如何让孩子把话说得完整又通顺？老师又动起了脑筋："你真有礼貌，用上'请'字，小蝴蝶一定会很高兴。你再说一遍好吗？"在老师的引导下，许多孩子都懂得了使用礼貌用语来邀请小伙伴。为了让孩子们把自己所想像到的果园描述出来，老师通过多媒体创设了一定的情境，引导孩子们大胆地说出果园里的丰收景象。孩子们思维的翅膀展开了，奇思妙想不断地冒出来。有的说："小蝴蝶看到又大又红的苹果，还是'红富士'呢！"吃过蛇果的孩子也不甘示弱："小落叶把小蝴蝶带到一棵蛇果树旁，原来美国的蛇果也在中国安家落户了。你瞧，深红色的蛇果正向小蝴蝶招手呢！”这句话引得大家都为她叫起好来。这更激起了其他孩子的表现欲望，大家都争着把自己吃过见过的水果介绍给大家。老师也不失时机地表扬大家：“小朋友们说得多好啊！金黄的太阳在天空中听到你们说得这么好，它一定很高兴。”

（语文课程要建立与学生生活的联系，要成为学生生命历程的重要组成部分。“口语交际是听与说双方的互动过程。教学活动主要应在具体的交际情境中进行。”这一过程中实施的口语交际，就紧密联系儿童的经验世界和想像世界，精心创设了符合生活实际和儿童情趣的交际环境，在虚拟的童话情境中还原生活。孩子们带着玩耍的浓厚兴趣，走进“交际情境”，在与伙伴的交往中学会倾听、表达与应对，学会沟通的技巧，从而学会做人做事。老师的适当引导、激励，使学生逐步习得交际的本领。）

二、展示春天的太阳，自我表达

出示：“因为春天是个多彩的季节。”

在让孩子们读了这段话后，老师就抓住“为什么春天是个多彩的季节”，让孩子们描述多彩的春天。有的说，春天里，花开了，草绿了，太阳也暖了；有的说，春天里的小朋友都穿上了美丽的衣服，五颜六色，十分美丽；也有的小朋友说，春天一来，小柳树就开始梳她的长长的绿辫子，小河像镜子，它给柳树照影子等等。孩子们眼里的春天灿烂无比。

因为课前已经布置同学们把做的春天的小报贴在教室四周，所以老师又为孩子们提供了一个展示的空间：“同学们，多彩的春天其实就在我们教室。看看我们的墙壁，同学们不是已经把春天请到我们的教室了吗？”“哪些小朋友愿意上来介绍自己的画？”小朋友三三两两跑到“佳作”前，讲给别人听，或听别人讲，整个教室热闹起来。在这期间，有拉老师去欣赏他的画儿的，也有小朋友像讲童话故事似的，让听的人津津有味。

（尽管这个环节有点“乱”，没有以往的循规蹈矩、按部就班的情景，但我们却应为这样的“乱”而叫好。口语交际的核心是“交际”二字，注重的是人与人之间的交流与沟通。这是一个听方与说方双向互动的过程。只有交际的双方处于互动的状态，才是真正意义上的“口语交际”。在这样充满自由的课堂里，每个孩子都把自己当成活动的主人，把自己已感受到的春天的美，通过画画，再通过说话的形式介绍出来。这样的介绍使孩子的个性得以张扬，使孩子颇有成就感。）

三、唤醒童心看世界——我们一起来写诗

如何使学牛领悟到这首诗中所蕴含的教育意义，这是老师所面临的又一个难题。结合课后练习，老师出示句式：“我想画个__________的太阳，送给____________，让他__________。”然后说：“小朋友，每个人的心中都有一个表达你美好愿望的太阳，那么，你想画个什么样的太阳，送给谁呢？”一石激起千层浪，孩子们的想法如泉水一般涌出来。有的说，我想画个白白的太阳，送给医生，让他能治好所有的病人。也有的说，我想画个明亮的太阳，送给眼睛看不见的人，让他看见明亮的世界。热爱环保的小朋友则说，我想画个绿绿的太阳，送给小河，让它变得更加干净；送给沙漠，让沙漠有更多的绿洲和河水。喜欢小动物的孩子说，我想画个温暖的太阳，送给小鸟，让它有个舒适的家。

为了巩固这一成果，老师及时引导孩子们说：“你们说得这么好，简直像一首诗，我们赶快拿起笔，把你们美好的愿望写在小卡片上吧，看谁的想法与众不同。”这下，孩子们更来劲了，他们多想自己的话也能变成课本里的诗啊，于是，他们埋头记下了自己的学习收获。

（学生在学完课文之后，能根据自己对课文的理解、对生活的发现继续进行表达，这是超越文本的体现。老师的设计是对教材的二度开发，是对课文的延伸与拓展，和谐地统一了文本的整体内涵。）

【设计评述】

这是一个典型的训练学生进行口语表达的活动课设计。课堂上不局限于文本所提供的信息，让学生根据生活经验结合课文进行大量的口语表达。在情感体验与人文感悟的背后，是教师让学生在潜移默化中领悟语言的表达形式、进行写作起步训练的良苦用心。老师的引导、鼓励使孩子们有了说的空间，有了说的愿望，有了说的快乐，达到了想说、敢说、乐说的境界。

（深圳市南山区学府小学　张　瑞）

六、其他教学活动设计

让语文活起来　让学生乐起来

——《语文园地》教学活动设计

（三年级适用）

【设计内容】

区别形近字，读记成语、歇后语。

【设计理念】

学生学习的动力，在于进行紧张的智力活动后体验到取得胜利的快乐。教师应让学生看到自己的劳动成果，并体验到思考的快乐与自豪。

【活动目标】

学生养成自觉区别形近字的好习惯，并且在自我发现中培养探究意识；积累成语、歇后语，培养积累语言的兴趣和习惯。

【活动准备】

课件、用作奖励的五角星。

【活动过程】

一、"聪明博士"智闯关

教师把学生分为三大组，活动中表现出色的学生可以为本组赢得一星。

第一关：巧辨形近字

教师用课件出示："凶狠 恶狼"，请学生说一说发现了什么。学生仔细一看，发现"狠、狼"这两个字长得很像，都是反犬旁，但"狼"比"狠"多一点。它们是一对形近字。于是教师就请同学们用这种方法辨认书上的形近字。然后把发现告诉小同桌。学生积极性挺高，他们读、辨，跟小同桌交流。展示时，他们不但说出自己的发现，而且连同桌的发现也说得清清楚楚。在接下来的拓展活动中，他们列举其他学过的形近字进行交流。那种兴奋的样子，仿佛个个成了火眼金睛的"孙悟空"。

（在活动中，学生从发现特点的角度区分形近字，增强了独立识字的能力。更为关键的是，他们展开了愉快的合作，在思与思的碰撞中感受到心灵成长的幸福。关注学生学习的过程与方法这一维度也得到了落实。）

第二关：智闯"成语城"

教师请同学们读读课本上有趣的成语。学生读了以后发现第一排成语里含有数字、第二排的成语是ABAC型的、第三排的成语是AABB型的、第四排的成语中有一对

反义词。教师顺势请他们与伙伴合作,针对这四种类型再补充一些成语。学生马上响应,一边交流一边在成语卡片上书写,教师参与其中。交流时,他们丰富的成语积累让教师大吃一惊,"请我们!请我们!"的声音此起彼伏。

教师出示如下课件:

课件一:请你在下面成语的空白处填上合适的数字,使等式成立。想一想:填什么字呢?

( )神无主×( )霄云外=( )湖( )海

( )家争鸣×( )万火急=( )载难逢

各有( )秋÷以一当( )=( )步穿杨

课件二:看数字猜出两条成语。

(1)$\frac{7}{8}$

(2) 100→1

课件三:用这么大的木头做个牙签,有没有搞错啊!这不是( )吗?谁来看图猜成语?

课件四:小男孩对老奶奶这么关心,对小妹妹这么爱护,他真是个( )的好孩子。

课件五:下面的成语中前后含有同义词,你会填吗?

狐( )狗( ) 左( )右( )

和颜( )( ) 一模( )( )

学生看到这些题目乐坏啦!他们或"单枪匹马"或"团结作战",个个合不拢嘴。当我问他们还知道哪些类型的成语时,他们说:小心翼翼、忠心耿耿是ABCC型的;AABC型的词有栩栩如生、恋恋不舍、彬彬有礼;最常见的是ABCD型的词。比如:狗急跳墙、守株待兔等。活像一群可爱的"智慧博士"!

(对于我们的孩子来说,每一个成语首先是一个玩具,在孩子们拆开来装上、装上去又拆开的时候,每一个成语都是情趣盎然的,具有召唤力的,像小鸟一样毛茸茸的,啾啾鸣唱的。他们在成语城里边玩边学,幸福写在脸上。)

第三关：畅游“歇后语王国”

教师引导：在汉语的广阔大地上，有一个“歇后语王国”。那里的居民过着“外甥打灯笼——照旧”的日子，他们的生活水平是“芝麻开花——节节高”。学生立刻有了“拜访”的兴趣。自读、男女生对读、师生合作读，通过这些不同的读书方式，他们很快背熟了书上的歇后语。于是，教师请他们结合生活实际，用上这些歇后语写写话。他们有的写：“六一”文艺演出活动中，我们有的唱歌，有的跳舞，那真是八仙过海——各显神通；有的写：有一次，我在家偷着看电视，刚好妈妈推门进来，我就像孙悟空大闹天宫——慌了神；还有的写：妈妈问我吃几颗荔枝，我说韩信点兵——多多益善。

教师适时指出：如果说话或写文章时用上歇后语，会显得幽默风趣。但是在庄重的场合，写严肃的事情，最好不要用歇后语。另外，也不能用思想庸俗、不健康的歇后语。

看到学生对歇后语那么感兴趣，教师向他们介绍了谐音的歇后语。

另外，教师告诉学生，成语和歇后语都是固定词组，具有生动精炼的语言。成语主要用于书面，歇后语主要用于口语。

课件出示：矮子观光——（　　）

泥菩萨过河——（　　）

铁公鸡——（　　）

学生在实践中更深地感受到了成语与歇后语的区别与联系。

（“水尝无华，相荡乃成涟漪；石本无火，相击而发灵光。”学习语言的最好的方式，是通过学生与教师之间融听说读写为一体的、有意识和具有挑战性的交流。）

二、摘取“胜利果实”

当教师祝贺学生闯关成功，并称赞他们是名副其实的“聪明小博士”时，学生欢呼雀跃。于是，教师出示以下包含12生肖的歇后语，请他们来摘取胜利果实，学生很感兴趣，争先恐后地读起来。

(1) 老(鼠) 过街——人人喊打　　(2) (牛) 角抹油——又尖又滑

(3) 老(虎) 嘴里拔牙——冒险　　(4) (兔) 子尾巴——长不了

(5) (龙) 王跳海——回老家　　(6) 打(蛇) 七寸——找要害

(7) (马) 尾搓绳——不合股　　(8) 挂(羊) 头卖狗肉——有名无实

(9) (猴) 子照镜子——得意忘形　　(10) (鸡) 蛋碰石头——不自量力

(11) (狗) 捉耗子——多管闲事　　(12) (猪) 八戒照镜子——里外不是人

（教育应当是提供东西，让学生把它们作为宝贵的礼物来接受，而不是作为艰苦的任务来负担。）

三、畅谈活动感受

学生感叹道：形近字、成语和歇后语很有趣，今天真是大开了眼界。一位学生说，这次没有比过第一组，是平时积累不够。马上有人响应，他们要自留作业，有的说课余一定搜集成语和歇后语，有的说回去就考妈妈形近字，还有的说要根据今天学到的知识出一张手抄报。

（学会自主学习是未来人们的通行证。）

【设计评述】

课堂上，学生的口、耳、眼、嘴，包括思维，都充分自由地“动”起来了，多样的活动形式与活动内容有机地统一了，智力因素与非智力因素的培养有机地统一了。短短的四十分钟，孩子们沉浸在学习与思考的兴奋之中，这节课真正活起来了，学生全部动起来了。长此以往，学生定能形成扎实的知识功底、广博的知识视野、合理的能力结构和良好的语文素养。

（深圳市南山区南油小学　任　艳）

基础与创新　一个都不能少

——《语文园地》“读读认认”教学活动设计

（二年级适用）

【设计内容】

《语文园地七》是一篇综合练习，里边包含了本单元要掌握的字、词、句及一些识字方法的引导与介绍。这里主要设计的是关于“日积月累”大题中“读读认认”环节的活动，探索如何以踏实而又鲜活的方式巩固学习本环节的生字词，并在此基础上通过适当拓展培养学生的创新精神。

【设计理念】

基础的巩固是我们传统教学中一项非常重要的任务，但教改所提倡的，更多是拓展与创新。因此，在这两点上找到一个最好的契合点，是日后教学的主要方向。那么，在做法上应该先立足于基础知识的巩固，再让学生通过相关知识的拓展，提升思维能力及创新能力，取基础与创新相得益彰之效。

【活动目标】

学生能在这个活动设计当中感受到“开心、有趣”，并在这一点的前提下落实基础知识的巩固，更在拓展中升华所学到的知识，加强思维能力、合作精神、创新思想的多方面、多层次的锻炼。

【活动过程】

“读读认认”里的生字都是一些关于厨房餐具、用具的词汇，如“饭碗”、“炉灶”等，因此可以用“设计厨房”为活动方案，激发学生的学习兴趣。

一、活动前期筹备

1. 制作标有所要认识的生字的“厨房餐具”

学生制作餐具图片，将其剪接成形后，在背面标上生字。如剪出一个“碗”，上好颜色，在背面的地方标上“饭碗”（可鼓励标上汉语拼音）。学生制作“餐具”的过程，其实就是一个识字的过程。由于制作的是学生喜闻乐见的“过家家”游戏上的东西，因此他们的兴趣将会更大，这种兴趣的魅力可以让其自行解决初步的巩固识字。

学生利用自己的想像去制作“餐具”其实还是一个创造的过程，也可以看作是语文与艺术课程的整合，这样就大大地锻炼了学生的空间联想能力。

2. 初涉概念——厨房餐具与用具的正确摆放

可通过观察自家厨房以达此目标。

二、活动开展

1. 课件出示“读读认认”中关于厨房用具的生字，学生再认生字。这相对于上述“前期筹备阶段”，是一个再次巩固识字的过程。

小组合作学习，看哪一组最快全员过关认识上述生字。

交流认字方法，可把自己不认识的字圈出供大家探讨、交流。

鼓励大家用不同的识字方法。

小组长负责检查生字，拿出自制卡片互相认字与检测。

（这一活动中，学生拿着自制卡片再次巩固生字，在大家合作交流的情况下，通过具体事物来帮助认记生字。这样做的效果是，学生的学习力度比自己在书中靠强记认记生字的力度要大，所体现出来的自主性、创造性也更多。）

2. 汇报学习情况

(1) 老师指读，以“开火车”的形式巩固认记，老师正音。

(2)“小老师”(学生)上台指导读，注意读准字音。

“小老师”领读，学生跟读(读时可把相应卡片举起以示“已识记”)。

(3) 游戏巩固

出示标有要认的生字的黑板，根据自己喜欢的节奏(快慢轻重变换的形式) 齐读生字。

如：饭碗、饭碗(快)，碟——子，碟——子(慢)，炉灶、炉灶(快)，茶——壶、茶——壶(慢)。

再如：炉(重)——灶(轻)、炉 (重)——灶(轻)，碟(重)——子(轻)、碟(重)——子(轻)。

鼓励学生创造及台上展示。

3. 结合生活实际，加强巩固认识生字

(1) 课件出示“我用________做________”的句型，让学生用“读读认认”中的词补充空白的部分，鼓励大家作答，可作适当引导，以此调动学生的联想并训练学生的说话与造句能力。

(2) 同桌交流。

三、拓展学习

(1) 设计厨房

经过讨论交流以后，请男女同学各派代表上台设计你的厨房，即把自制的厨房用具生字卡片贴放于“厨房”(画)上，比比谁的厨房最整洁美观。

(2) 分组说说自己的厨房设计方案。

(3) 学生评价并作评分。

【设计评述】

设计紧紧落到“实”处，通过能激发学生兴趣的活动形式落实学生的基础知识的掌握，并在这一前提上加入拓展元素，培养学生的创新精神。

（深圳市南山区学府小学　陈春梅）

活动中积累　展示中发展

——《语文园地》中《展示台》教学活动设计

（一年级适用）

【设计内容】

《展示台》是识字教学的一个内容，提示学生在生活中识字，在课堂中展示，以提高学生识字兴趣和识字能力。文本中的学习伙伴这样说："我们在商店买东西的时候认识了很多字，还收集了一些食品商标呢！"本次活动设计的是从商标中识字，引导学生识读商标，多认字。

【设计理念】

活动设计要体现开放性，引导学生在生活中学语文、用语文，同时为教师、学生留有发展、创造的空间。培养创造精神是素质教育的核心内容，是课程改革的重头戏；积极开展语文综合性学习活动，有利于培养学生主动探究、勇于创新的精神。

【活动目标】

通过开展"小天地大学问"展示活动，培养学生生活中识字的意识，在展示评比过程中识字，在交流中获得识字经验。提供展示平台，让学生在活动中锻炼自我，提升自我，发展自我，通过认识商标来激发识字的兴趣，同时培养朗读、观察能力和随处收集信息的意识，通过活动培养创造性思维，增强创新意识。

【活动准备】

确立活动主题："小天地大学问"展示。制作展示背景。详细活动计划书一份。

【活动过程】

一、超市购物

超市是文化气息很浓的现代人必不可少的生活环境，随处都是可以利用来识字的标志、广告语、商品介绍。超市购物是活动的准备环节，在这个环节中需引导学生了解超市布局、商品分类、选购商品，让学生在生活环境中识字。

学生们和同学、老师一起来购物是非常激动、开心的。组织学生来到超市，先让他们观看超市布局图，学生们马上兴致勃勃地念了起来：生活用品区、食品区、清洁用品……教师问："孩子们，你们想买什么东西？"看着琳琅满目的商品，学生们压抑不住心中的喜悦，纷纷说出各自想买的商品。接着引导："孩子们，你们知道你们想买的东西属于哪一类吗？"学生很快了解了商品的分类，同时在不知不觉中认会了不少字。

(教材给教师以提示,教师发挥主观能动性,发掘并充分利用生活资源来丰富课程资源,可以给学生提供一个轻松、愉快的学习环境,引导学生在生活中识字,获取知识。)

二、发布举行"小天地大学问"展示活动通知

1. 评分标准

仪表、仪态端庄大方、礼貌,举止得体。(2分)

展示声音洪亮、圆润。(1分)

吐字清晰,字音准确无误。(错三个字扣一分)(5分)

介绍连贯流畅,能按标点停顿。(2分)

介绍方式有创意者加分。(如带头饰、有配音、有道具等等。)(1~3分)

(预先公布明确的评价标准,让学生充足地准备,有努力的方向,提供给学生发挥主观能动性的契机,让学生获得发展。这就是新课标理念中的关注过程。)

2. 设立奖项

为使更多的孩子获得成功,本次活动设计了多种奖项:明星奖、优秀奖、最具创意奖、最佳形象奖、最佳服饰奖、最佳表达等多种奖项,让学生在活动中充分发挥自己的特长,张扬自己的个性。

(创造性地使用教材,是新课标、新课程对教师提出的较高的要求。努力发挥教师的主观能动性,挖掘教材的可利用之处,是教师创造能力的表现。在识字活动中辐射学生其他能力的培养,是对教学资源的充分利用。所设奖项应充分考虑到学生的个性差异及自身的特长,给每个学生提供发挥创造性的机会,为学生发挥潜能搭设平台。)

三、突显个性,各显其能

展示是这次活动的重心,通过这个环节老师可以了解学生识字的数量、质量和识字的能力。学生们可以在展示中充分表现自我,锻炼胆量,战胜自我。教师以主持人的身份参与活动,进行组织,及时评价,引导学生正常发挥。学生逐个上台介绍自己手中商品。介绍的商品门类很多:食品、饮料、生活用品、学习用品、玩具、糖果等。

四、公布评奖结果

比赛结束后,学生们的心情很不平静,他们在等待最后的结果。活动不是为了选出某些人,而是为了鼓励所有的学生,所以可为每个孩子都准备奖状和奖品。他们拿到奖品时会欣喜万分,品尝到成功的喜悦。

五、识字方法交流

进行"我是智多星"识字方法介绍活动。

("授人以鱼,不如授人以渔。"鼓励学生把自己的识字方法介绍给大家,资源共享,共同提高。)

【设计评述】

这是一个语文综合性学习活动。活动设计从学生的全方位发展入手,不仅重视学生识字意识、识字能力的培养以及知识的积累,还重视学生综合素质及意志品质的培养。教师能创造性地使用教材,挖掘教学资源,促进学生创造性思维、创造能力的形成;注重在过程中让学生获取知识,获得能力;重视学生个性差异,充分激发学生自主意识和进取精神。

(深圳市南山区南山实验学校　李转玲)

立足发展　以演促学

——《三个儿子》课本剧表演活动设计

（二年级适用）

【设计内容】

《三个儿子》讲的是有这么三个儿子，一个聪明有力气，另一个很会唱歌，第三个儿子没有什么特别的天赋，但是当妈妈们提不动水的时候，只有第三个儿子帮妈妈提水的故事。本课教学活动设计把课本剧引入课堂，通过表演活动激发学生学习的热情，让学生在表演中读懂课文，使情感升华。

【设计理念】

演课本剧是语文实践活动的一种重要形式。低年级阅读教学，应充分发挥学生丰富的想像力和善于表现自己的特点。对于童话、寓言等类型的课文，采用扮一扮课文中的人物、演一演课文中的情节的方法，不仅切合了学生的学习特点，使学生乐学、爱学，而且让学生通过角色扮演，体验角色的处境，受到具体生动的形象感染，加深对课文内容的理解，情感受到熏陶；同时，在表演中可以发展口语表达能力和思维想像能力，达到多维教育目标的有效整合。

【活动目标】

以课本剧表演为主线贯穿教学过程，激发学生充分读书，在表演中深化对课文的理解，体会关心妈妈、孝顺妈妈的传统美德，并通过几处思维训练点的发掘和利用，进一步培养学生的思维想像能力和口语表达能力。

【活动准备】

表演所需要的道具如水桶、老爷爷的胡须等。

【活动过程】

一、以演促思，想像三位妈妈提水时的心理活动

课文第八自然段写了三个妈妈提水的经过："一桶水可重啦！水直晃荡，三个妈妈走走停停，胳膊都痛了，腰也酸了。"这是反映课文中心的一个重要情节。教师为学生准备好表演的道具——水桶，请学生根据内容，发挥自己的想像演出来。三位"妈妈"吃力地拎着水桶，弯着腰，边走还边捶捶背，擦擦汗，演得真是惟妙惟肖，其他的学生也都跟随着表演进入了情境中。就在这个时候，教师伺机启发学生："你们为什么这么累呀？"当学生回答水太重了的时候，教师马上追问学生："那你们的儿子在干什么呀？"引发学

生考察儿子们的行为并体会妈妈们心中的感受，从而深刻地理解关心妈妈的儿子才是妈妈心中最想要的儿子这一心理。如果仅仅是读、说，是很难达到这样深刻的认识的。

（这一教学活动设计是让学生进入情境，去体验三个妈妈的角色，充分感受妈妈的辛苦，唤起同感，在此基础上去想像妈妈的心理活动。）

二、以演促悟，理解老爷爷的话意

理解老爷爷的话是本篇课文的重点和难点。如何让学生深刻地感悟课文中心呢？同样通过体验表演来实现。可以先让学生讨论一下怎样才能演好老爷爷这个角色。大多数学生马上会说："要演好老爷爷，首先要像一个老爷爷那样来说话，声音要老一点，粗一点。"但是如果仅仅到这一步，说明学生还没有悟出来，可以让他们继续读书、充分感悟，也可以通过老师示范表演的方式让学生感悟到老爷爷其实是话里有话，意味深长。

这时让学生一个扮演妈妈，一个扮演老爷爷。当"老爷爷"意味深长地说："不对吧，我只看到一个儿子"，课后的问题对学生来说也就迎刃而解了：原来另外两个儿子虽然很有本事，可是却不懂得关心妈妈，不算真正的儿子。

三、以演促说，体验前两个儿子的感受，并联系生活进行拓展

在充分表演课文、感悟课文内容的基础上，教师可以引导学生进行更深一步的思维训练和教学拓展活动，进一步训练学生的口语表达能力。教师对学生说："现在你们来演演不帮妈妈提水的前两个儿子。当你们看了第三个儿子的表现，听了老爷爷的话以后，你们有什么感受，想说些什么？"这是一个想像表演环节。学生可以自由发挥自己的想像力，想怎么表演就怎么表演。有的学生非常惭愧地说："我真是太不懂事了！妈妈提水这么辛苦，可我却只顾唱歌、翻跟头，真不应该！"有的学生直接走到扮演妈妈的同学面前，对她说："妈妈，对不起！让我来帮你提水吧。"……教师趁机拓展："同学们，你们平时在家时有没有关心妈妈？学了这一课，你又有什么新的感受呢？"让学生自由地谈一谈感受，把教学活动推向高潮。

教学活动在学生一片朗朗的《三字经》读书声中结束。

（在扮演儿子的过程中，学生发挥了想像力，训练了口语表达能力。活动后一时段还进行了思维拓展，使学生回到生活中来，把关心妈妈的想法内化为实际的行动。）

【设计评述】

这是一个较为典型的课本剧表演活动设计。其设计的精妙之处在于：将课本剧引入课堂，却不流于单纯的表演。表演是为了激发学生学习的兴趣，促使学生认真读书，每一个表演活动设计都不是随机的，而是精心发掘文中的思维训练点，让学生在愉快的表演活动中不知不觉理解了课文，受到了情感的熏陶，训练了想像能力和表达能力，实现了多维目标的有效整合。

【资料链接】

《三字经》中的相关内容：

为人子　方少时　尊长辈　习礼仪　能温席　小黄香　爱父母　意深长
能让梨　小孔融　手足谊　记心中　孝与悌　须继承　长与幼　骨肉亲
亲养儿　多苦辛　报春晖　寸草心　亲有教　儿恭听　做错事　即改正

（深圳市南山区北京师范大学南山附属小学　张艺华）

在活动中实现识字自主化

——《胖乎乎的小手》识字教学活动设计

（一年级适用）

【设计内容】

《胖乎乎的小手》讲的是兰兰的小手能画画、能写字、能给爸爸拿拖鞋，肯定还能做别的尊敬长辈的事，所以大家都喜欢兰兰的小手。这里设计的是本课识字教学活动。

【设计理念】

《语文课程标准》明确提出低年级识字教学，要认写分流，多认少写，尽早完成能够独立阅读的识字量，以达到提高阅读量和阅读能力的目标。课标中，识字、写字的第一条要求就是："学生喜欢学习汉字，有主动识字的愿望。"为此，本课设计力求凸现生活性、趣味性和综合性的特点。

【活动目标】

把识字放在一定的语言环境中，开展有层次、有梯度的识字教学，并把识字与认识事物结合起来，使学生在识字的同时，发展语言，提高认识能力，使学生能结合生活实际识字，从生活中认识更多的字。通过拓展阅读，打字、写字训练，使学生在电脑上学会使用更多的字，提高阅读量，在主动参与中释放出巨大的学习潜能。

【活动准备】

布置学生自己或在家长的帮助下，课前收集与本课生字有关的包装盒、包装袋、报纸、画报、卡通以及标签等物品。

【活动过程】

一、合作交流，感知字形

让学生自主识字，在识字的过程中学会与人交流，学会取长补短、集思广益，增强合作意识，是本节课的目标之一。

在教学本课生字时，根据学生已有的基础，先让学生自由读课文，在读课文的过程中找出生字做上记号并大声地读一读，要求读准字音，再让学生合作识字。

首先，学生认读大屏幕上的生字并组词。然后，请同学们两人为一组互相指认课后的生字并说说怎样记住它，比一比谁交的生字朋友最多。小朋友们也许会有以下几种学法：

1. 学生指着"张"，另一学生就大声读"张老师的'张'"，"弓长张"。

2. 学生指着“情”,另一学生说“感情的‘情’”,“有心才能有情,所以竖心旁加青就是‘情’”。

3. ……

(在这一活动中,通过师生对话,生生对话,相互指认,调动学生自主参与的积极性,强化学生刚认的一些生字,培养了学生良好的合作意识。)

二、竞猜字谜,掌握字形

猜谜语是低年级孩子喜闻乐见的一种识字形式,如果能把某些汉字变成谜语,通过猜谜语来巩固所学的生字,既可调动学生学习的积极性,又可提高学生综合、分析、比较的能力,同时还能有效训练学生的形象思维、逻辑思维。

师:“同学们,你们都喜欢猜谜语吧? 现在我们就来个猜字谜活动,看看谁能成为猜谜高手! 我先说:‘半个月亮’。”

生:“是胖乎乎的‘胖’。”

师:“为什么?”

生:“因为胖的左边是‘月’右边是‘半’所以是‘半个月亮’。”

随后,学生学着老师的样子尝试把本课的生字编成字谜让其他同学猜。有的学生说:“三个人坐到太阳上去了,是什么?”有的说:“寺庙上面长竹子,是什么?”等等。其他学生则兴致勃勃地猜,并且互相讨论,分析、比较字形,直到猜出谜底。

(老师出谜学生猜、学生出谜学生猜的两个过程,是学生乐于参与的两个过程。学生在出谜、猜谜的过程中把握了字的特征,找到了识字的规律,不仅进一步巩固了生字,还训练了思维,体现了主动学、玩中学。)

三、相互认读,巩固生字

在学生对生字都有一定的认识之后,再让学生了解生字在具体语言环境中的运用,可以进一步巩固生字,提高学生的识字水平和表达能力。请学生把课前收集的印有本课生字的包装盒、包装袋、卡通、画报或标签拿出来,从中找到生字并读出来,然后相互交换认一认、读一读、说一说。

小朋友们把找到的生字宝宝拿出来读给小伙伴们听,同学们可能会说:“我找到了‘帮宝适’的‘帮’是字宝宝。”“我在金丝猴喜糖里找到了‘喜’。”“我在胖大海凉茶里找到了‘胖’。”“我发现了‘创可贴’的‘贴’是字宝宝。”……

(识字的课堂是丰富多彩的现实生活,让学生借着天赋的好奇、好动、好问,在现实生活这块语言大环境中识字,可以激发学生的求知欲望,丰富学生的语言表达,让学生渐渐体悟汉字的美和语言的丰富多彩,鼓励他们随时随地主动识字。)

四、拓展延伸,综合提高

大语文教育观要求师生从语文知识的微观教学中解脱出来,升华为语文能力、思维、创造力的培养以及人格的完善。拓展阅读和学科整合,不仅可以极大地丰富学生的阅读量,而且可以开阔学生的眼界,发展学生的思维,为学生的创新提供可能。因此,在课堂的最后有针对性地提供一些儿歌、故事让学生阅读,可以使巩固生字与提高阅读能力相得益彰。

教师:“这些字宝宝住在了一起,编了一段有趣的故事,故事的主人想考考小朋友们，看哪一组小朋友能最快找到字宝宝并读好它？请小朋友们读一读，有困难可以相互帮助。”

电脑出示带生字的故事。

生：“我认出了‘胖嘟嘟’的‘胖’是字宝宝。”

生：“我看到了‘张开双臂’的‘张’是生字。”

生：……

在学生阅读带有生字的故事的基础上，要求学生用上这些字在电脑上打一句话或几句话。学生参与的积极性很高，有的打：“我的弟弟胖乎乎的真可爱！”有的打：“昨天我画了一张画，全家人都很喜欢，把画贴在了墙上。”有的打：“奶奶在洗脚，我帮奶奶拿拖鞋，奶奶夸我变得越来越懂事了。”还有的学生打下了好几句话。

（让学生读感兴趣的小故事或朗朗上口的儿歌，其目的在于让他们积累词汇、丰富语言，提高对字词在确定的语言环境中的感悟能力。学生用电脑打写一句话或几句话，体现了课程整合的思想，巩固了生字，练习了打字，提高了写话能力。）

【设计评述】

本节识字活动课就是要倡导学生自主识字，为学生创造一个自主的互动的识字情境，让学生在轻松愉快的气氛中感受学汉字、学语言、用汉字的乐趣；通过加强知识、能力、情感、态度、过程、方法的不断整合，培养学生在生活中识字、在书本中识字的自觉性。具体说来本设计有以下四个特点：

1. 生活性。老师通过课前布置学生收集印有生字的包装盒、卡通、画报、标签等物品，让学生初步感知生字。学生收集的过程是学生自主参与的过程，是主动思考的过程，这利于把学习识字与丰富多彩的生活联系起来，激发学生学习积极性。

2. 趣味性。通过一系列的谜语竞猜，在老师出谜学生猜谜、学生出谜学生猜谜的过程中让学生体味汉字的特点，让学生不仅掌握了字形特征还训练了思维。

3. 互动性。本节课自始至终是一个多维互动的过程，从课前准备的学生与家长，到课堂的老师与学生、学生与学生，都体现了自主学习与合作探究的学习过程。

4. 综合性。主要体现在本节课的最后一部分，即拓展延伸和学科整合。老师通过有针对性地编一些儿歌或小故事，作为学生的阅读材料，在让学生巩固生字的同时更增加了学生的阅读信息量，让学生自悟字词在不同的语言环境中的含义。最后，要求学生用电脑打写一句话，体现了信息技术与学科整合，不仅巩固了生字，练习了打字，而且还从一定程度上训练了学生的写话表达能力。

（深圳市南山区月亮湾小学　李　琳）

动作表意识字——体验肢体语言的乐趣

——《夏夜多美》识字教学活动设计

（一年级适用）

【设计内容】

《夏夜多美》是一篇童话故事，讲的是在一个景色很美的夏夜里，睡莲、蜻蜓等帮助小蚂蚁回家的故事。这里设计的是本课识字教学的活动过程。

【设计理念】

识字是低年级教学的重点。这节课要认的字很多，不可能再像过去那样对每个字都作细致的分析，如果能激发起学生的识字兴趣，就抓住了识字教学成功的关键。低年级学生好动，注意力不易长时间集中，为抓住学生的兴奋点，教学中要让学生充分动起来，在体验肢体语言乐趣的同时，不知不觉认识生字，体验到识字的乐趣。

【活动目标】

利用学生自身现有的资源——肢体语言识字：(1) 让学生在动中集中注意力，在动中理解抽象的文字；(2) 在动中体验识字的乐趣，有主动识字的愿望，有自主识字的表现；(3) 激发识字后能阅读的自豪感。

【活动准备】

课件，挂图，"苹果字"。

【活动过程】

一、做动作识记表示表情的字

课文一、二自然段讲睡莲被小蚂蚁的哭声惊醒了，她睁开了眼睛。师出示配有动画画面的句子"水池里，睡莲刚闭上眼睛，就被呜呜的哭声惊醒了，她睁开眼睛一看，是一只蚂蚁趴在一根水草上。"引导学生有感情地齐读一遍，留下"哭、睁"两个字，隐去其他的字，然后问："认识他们俩吗？当当小演员，做动作表演一下吧。"全班学生争先恐后地举手发言："老师，我发现'哭'用眼睛，'睁'也用眼睛。"接着表演闭眼呜呜地哭，睁眼嘿嘿地笑。全班同学不约而同地给他鼓掌。"老帅，我发现'哭'有两个口，就像两滴眼泪，'睁'是目字旁。"接着面向同学们闭上眼睛打呼噜，突然睁开，接着大哭起来："妈妈，我上学要迟到了。"全班学生边笑边鼓掌。

（这一识字环节，意在让学生在动作中体会字意，把抽象的文字变为形象的表演，激起学生的识字乐趣。）

二、做动作区分读音易混的字

教师表扬鼓励学生："小表演家们真是棒极了，看小蚂蚁正在干什么？"（出示挂图，图一：小蚂蚁正趴在水草上；图二：睡莲弯腰让小蚂蚁爬上来。）一双双小手举得很高："老师，小蚂蚁快淹死了，它'趴'在水草上。""老师，睡莲姑姑救它，它正向上'趴'呢。""向上'趴'对吗？"教师反问学生，并相机出示问题："'趴'和'爬'一样吗？别急，先和同桌用自己喜欢的方式做做动作体会一下，再把你们的发现相互说一说。"顿时，同桌之间有的弯着身子表演"爬"，有的坐着表演"趴"，有的是同学合作，一人站一人坐边读边表演。最后，由大家推荐两名小代表上台表演，同学们一起得出结论："趴"和"爬"读音不一样。"爬"用爪子，可以动，"趴"不能动。

（让学生从肢体语言中正确区分"爬"和"趴"，变抽象为形象。让学生从动作中体会到小蚂蚁的痛苦，认识到助人为乐的精神。）

三、做动作理解表达情感的词

教师借机引导学生："是呀，小蚂蚁好难受，睡莲姑姑救了它，它是如何做的？"同学们异口同声地回答："小蚂蚁非常感激，连声说：'谢谢您，睡莲姑姑。'""小蚂蚁真懂礼貌！同学们，当有人帮助你们时，你们该怎么做呢？""我们也要感激他，说谢谢他。""真棒！不过，要真心地感谢呀。有句歌谣是（师出示歌谣）：感激要有心，诚心才感人。感谢有言行，谢谢最动听。下面请小朋友读读歌谣，向曾经帮助过你的好朋友做动作感谢一下吧。"同学们活跃了：有的拉住好朋友的手说谢谢；有的好伙伴边说边拥抱；有的边说边拉住同桌的手拍自己的心。

（让学生做动作理解抽象的表达情感的词语，显得不枯燥，又结合生活实际教育了学生要文明有礼。）

四、"抢果子"自学余下的字

本课生字已学一半，学生自然有点累了，为了再次激起学生识字的兴趣，教师可适当地安排一个有趣的游戏。教师："真是一群有礼貌的小蚂蚁，奖你们几个苹果（出示"苹果字"：莲，根，腰，非，急，时）。下面，我们做一个游戏——'抢果子'识字比赛。哪个小组全都能叫出苹果的名字并组个词，再会读这一段话（出示有生字的文字：不知何时小蚂蚁掉进池里，它趴在一根水草上吓得大哭，睡莲姑姑睁开眼睛急忙弯下腰让它爬上来，小蚂蚁非常感激，连声说谢谢），老师就随便点代表上台比赛了。给你们三分钟时间，用自己喜欢的方法识字，各小组准备开始。"顿时，大家都有了精神，各小组长主动负责，优等生主动带动后进生一起学，一时间，各小组都互帮互学，合作学习落到实处。不一会儿，各小组的代表争先恐后地上台比赛。

（让学生比赛，能使学生互动起来，有主动识字的愿望。整个互动过程，既检验学生的识字效果，又能培养学生识字的成就感，另一方面也潜移默化地培养了学生的团结合作精神，激发了学生的集体荣誉感。）

【设计评述】

本篇识字的教学设计与以往的识字教学设计迥然不同，以生为本，利用低年级学生好动的特点为学生量体裁衣。教学中，教师的定位就是扶起学生，放手让学生动起来，让学生在肢体语言的表达中达到识字的目的。整个识字教学过程显得轻松愉快，学生始终兴趣浓厚，乐于参与，主动参与，真正做到了变“要我学”为“我要学”，教学效果很好。

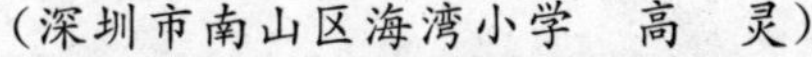

（深圳市南山区海湾小学　高　灵）

拓展内容　想像写话

——《我为你骄傲》写话训练活动设计

（二年级适用）

【设计内容】

《我为你骄傲》讲的是“我”不小心打碎了老奶奶家的玻璃，因当时没敢承认而懊悔内疚，后来用自己攒的送报纸的7美元作赔偿并写便条向老奶奶致歉的事。文中出现了两个便条：一个是“我”写给老奶奶的，另一个是老奶奶写给“我”的。老奶奶在便条上面写着：我为你骄傲，而“我”写给老奶奶的便条，到底是什么内容，文中没有直接引用，只是作了间接交代——“在便条上向老奶奶说明了事情的经过，并真诚地向她道歉”。这就成了本课教学活动设计的写话训练点。

【设计理念】

充分挖掘教材中的课程资源，鼓励学生探究发现，在重视朗读感悟、情感熏陶的同时，做到读写结合，全面提升学生的语文素养。

【活动目标】

通过学生课堂交流、现场写作等活动，给学生个性化表达的机会，让他们了解便条，会写便条，深化对课文的理解，并学会承担责任。

【活动准备】

上网查询有关“便条”的知识。

【活动过程】

一、品读便条，探究原因

教师用投影出示老奶奶便条中的句子“我为你骄傲”。

1. 指名朗读。

2. 深入品读：

① 是什么事情，使老奶奶在便条中写了这句话？（指导学生有条理地说清事情的经过。）

② 老奶奶为“我”的什么品质感到骄傲？（引导学生懂得做错了事，要勇敢地承认并及时弥补。）

（从老奶奶的便条入手这一环节旨在以点带面让学生深入理解课文，让学生在受到情感熏陶的同时初步感知便条，也为后面拟写便条作了内容上的准备。）

二、了解便条，知道写法

学生交流上网查询所得。

1. 什么是便条

便条，即简易方便的字条，是一种简单的书信，内容简短，大多是临时性的留言、要求等，都不用邮寄。（像老奶奶这句简短的话，写在纸上，就是一张便条。）

2. 便条有什么用

有急事需告诉别人而又不能面谈时写便条，既节约时间和材料，又能提高办事效率，因此，便条是生活中交往活动的一种需要。（如"我"把便条和钱装进信封投到老奶奶家的信箱后，"我心里顿时感到一阵轻松"，读者也感受到了他纯真的情、悔过的心和美好的品质——诚信。）

3. 怎么写便条

便条与普通书信基本相同，有称呼、正文、签名、日期等。

（这一环节意图很明确，挖掘教材资源，拓展学习空间，丰富学生的知识，让学生探究便条的定义、作用及写法，为后面拟写便条作技巧上的准备。）

三、拟写便条，读写结合

假如你是文中的"我"，你打算怎样写便条？

1. 分组讨论。

2. 汇报交流。

3. 教师总结。

按书信的格式去写：正文根据课文的提示，可采取"先写事情经过，再写自己心情，然后写如何赔偿，最后写怎么道歉"的顺序；签名时自己给"我"取一个美国小朋友的名字；日期自定。

4. 组内口述便条内容。

5. 全班交流反馈。

充分尊重学生个性体验，灵活运用文中语言说清楚"我"怎么打碎玻璃的经过也行，结合自己的生活经验讲明"我"贪玩时的"很开心"、闯祸时的"很害怕"、给老奶奶送报时的"不自在"等情感变化过程也行，把"我"做错事后打算怎么弥补过失的心理活动说具体也行……

6. 提供格式，学生拟写便条。

（这一环节抓住"我"的便条做文章，让学生活学活用，将自己转换成角色"我"，根据自己的朗读感悟和体验写便条。）

【设计评述】

这是一个单项的教学活动设计片段，也是一个有创意的值得借鉴的写话拓展活动。教者善于捕捉"便条"这一教材隐含的写话资源，拓展了学生的语言文字训练空间。这样的写话活动设计，不仅检查了学生"读"课文的效果，而且还锻炼了学生"查"资料、"写"便条的能力，真是一举多得。

（深圳市南山区育才一小　夏桂芬）

畅游知识海洋　溅起创新浪花

——《要是你在野外迷了路》创新写作活动设计

（二年级适用）

【设计内容】

《要是你在野外迷了路》是一首知识丰富的小诗，教给了我们四种辨别方向的方法，简单、朴实的语言带着大家走进大自然，观察大自然，融入大自然，享受大自然的奇妙。本课设计要利用大量的阅读资料，开阔学生视野，跨越时空和地点的局限，导入更多、更丰富的相关信息，使我们的课堂更加开放而富有活力。

【设计理念】

工具性和人文性的统一是语文课程的基本特点；语文是最重要的交际工具，是人类文化的重要组成部分。研究发现，小学低年段的早期阅读对于促进儿童思维发展、儿童自主学习能力的培养以及其他学科的学习都具有非常重要的意义。

本课课文内容简单朴实、容易理解，教学中补充大量的阅读素材，旨在扩大学生知识面的同时，丰富学生语言的积累，培养语感、发展思维，让学生在合作交流活动中学会主动搜集信息、处理信息、认识世界、发展思维，初步构建“自主、合作、探究”的学习方式，提高口语交际能力。即时的创新写作更是对写作方法的渗透，写作能力的发展，让学生用他们自己的方式迅速地将语言、知识重组、内化，实现阅读、写作的一体化发展。

【活动目标】

通过朗读以及简单的图表分析、归纳课文内容，帮助学生体会大自然的奥秘和情趣，深化对课文内容的理解。通过扩展阅读提供的素材的积累，学生学会用口语、书面语重组文章，掌握更多的辨别方向的方法，培养留心周围事物、发现科学知识的意识。

【活动准备】

课前教师准备多份扩展阅读材料，资料来源于互联网，形式经过老师加工后编成顺口溜或儿歌或小诗，也有童话故事。人手一份资料，便于每个孩子独立、有个性地阅读，尊重每一个孩子的独特体验。

【活动过程】

创新写作准备活动一：

1. 学生按要求正确、流利地朗读课文，教师了解学生已有认知水平，为下面分析整理课文内容作铺垫。

2. 个人自学：你知道了什么？

说话训练：要是在野外迷了路，在什么时候、观察什么、怎样辨别？

3. 利用图表，梳理课文内容：

要是在野外迷了路，怎么办？		
什么时候	观察什么	怎样辨别
白天	太阳	中午时，太阳在南边，树影正指着北方
黑夜	北极星	永远高挂在北方
阴雨天	大树枝叶	稠的一面是南方；稀的一面是北方
下雪天	积雪	化得快的是北，化得慢的是南

（图表有助于理清课文脉络，让学生在发展语言能力的同时发展思维能力，学会课标要求中的把握主要内容，最主要是学会按照课文格式，有条理、有逻辑地简要转述。）

创新写作准备活动二：

自主阅读、扩展知识阅读是学生获取知识、巩固识字、学会写作的最佳途径和方法，最大可能地调动孩子阅读的积极性，会让阅读收到事半功倍的效果。对于二年级的孩子，提供一定的阅读指导，明确阅读的目标也是必要的。在整节课中教师讲述性的语言非常少，仅有几句指导语，大部分时间让孩子与学习文本亲密接触。

师生对话一：

教师："同学们，你们是善于观察和发现的，书上介绍的四种天然指南针都被你们发现了。老师还为你们准备了许多资料，你们敢不敢向更高的难度挑战啊？"

学生（信心百倍）："敢！"

教师："好！那就请你们大声、正确地读一读你们的资料，如果发现了什么就告诉你的同桌或者你的好朋友，跟他们说一说。最后告诉老师。"

学生合作学习。

学生："我知道了，大自然中还有许多天然的指南针。"

学生："我读懂了，要是在野外迷了路，可千万别着急，树桩的年轮是盏指路灯，可以根据年轮来识别方向，因为它的年轮总是南面的宽而北面的窄。"

学生："我读懂了，要是在野外迷了路，可千万别慌张，岩石是位不会说话的好朋友，岩石上布满苍苔的一面是北侧，干燥光秃的一面则是南侧。"

还有蚂蚁洞穴、房屋和庙宇的门、一些凸出地面的东西等等……

师生对话二：

教师："你们用自己的观察和发现，又找到了这么多的天然指南针，真棒！我想我们假如真有一天在野外迷路了也不用怕，用上这些方法，肯定能找到方向。但是，老师有一个问题，难道只有人会迷路吗？动物们会不会迷路？"

学生:“有些动物不会迷路,候鸟会根据日落来分辨方向。”

学生:“蜜蜂会根据地球磁场的变化辨认方向。它是1994年,中国台湾生物学家李家维教授、研究生徐锦源经过长期的观察和研究,首次在蜜蜂腹部发现‘超顺磁铁’证实的。”

学生:“海龟和鼹鼠也有办法辨别方向。”

……

(这个环节看似简单,读一读,说一说,其实意味深长。读一读,学生在大量阅读的过程中可以复习生字,培养语感;说一说,学生的回答都是在经过搜集扩展资料的知识,加以分析和整理后,有条理有逻辑地以“要是在野外迷了路,可千万别××,××是你的好朋友,根据它的××来识别方向,因为××××”的方式表达出来的,有很强的实践性。学生在汇报学习成果时不先向老师说,而是先告诉同学朋友们,可以培养同学们互相交流、共享学习成果、学会交往、学会合作的能力。)

深化课堂知识,实现创新写作

语文是实践性很强的课程,所以要着重培养学生的语文实践能力。开放的网络资源、开放的课堂,给同学们开放思维以广阔空间。丰富的语言积累和充分的学习资源,是学生创新写作的必要条件。二年级的孩子,他们的创新主要体现在思维的活跃上,而非是新形式的创作,所以写作要以按照课文形式仿写为主。

教师:“同学们说得真好,找到了这么多的天然指南针,还用上了一些优美的词语和有趣的比喻句,快把它们写下来吧,用你的文章告诉大家辨别方向的更多方法!你可以像课文一样以小诗的形式写一写,也可以写一个辨别方向的小故事、小儿歌等等,快点开始吧!”

部分作品:

大雁是个灵活的指南针,
它在天空给你指点方向:
春天的时候它向南飞,
秋天的时候它向北飞。

要是你在外面迷了路,
只要你找到庙就行了,
它的门朝南开,
你就不会迷路了。
在万物复苏的春天,
如果你在野外迷了路,
只要抬头看天,
燕子往哪飞哪里就是北方。

树的年轮是个容易辨认的指南针,
它会在树林里给你指点方向:
宽的地方是南边,
窄的地方是北边。

岩石也是一个小指导家,
在荒凉的野外,
布满苍苔的一面是北侧,
干燥光秃的一面是南侧。
看,很容易吧!
世界上有很多分辨方向的方法,
我们要好好记牢。

(低年级如何进行写话指导是一直困扰老师的难题,本节课通过多次结合课文形式、内容进行仿写、续写等创新写作的训练后,在课间短短的几分钟里,孩子们大多能写出近百字的小文章;如果时间充足,三五百字都不在话下。)

【设计评述】

本课教学设计有一个非常大胆的举动，就是添加了很多扩展阅读的资料，但这不是盲目的，出于以下几点考虑：首先，本课的生字较少，要求认的生字只有4个，这就为本课的阅读教学提供了更为宽裕的时间来补充积累更多的资料；其次，本课语言简单、朴实，一读就懂，但大自然是神奇的，还有许多相关知识会为我们讲述大自然的奥秘，激发孩子们热爱大自然的兴趣，扩展阅读资料势在必行；再次，因为课文结构单一，学生极易模仿写作，扩展知识可以被学生运用在写作当中，实现阅读、写作一体化发展。

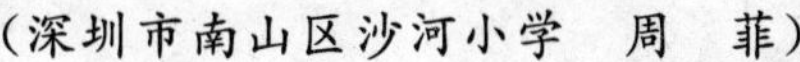

（深圳市南山区沙河小学　周　菲）

阅读教学与语文综合性学习的有效整合

——《东方之珠》语文综合学习活动设计

（三年级适用）

【设计内容】

《东方之珠》是一篇略读课文，从多个方面介绍了香港的魅力。本课的设计以“大语文观”为指导，着重体现阅读与语文综合性学习整合的活动过程。

【设计理念】

新课标指出：语文综合性学习有利于学生在感兴趣的自主活动中全面提高语文素养，是培养学生主动探究、团结合作、勇于创新精神的重要途径。本设计结合阅读教学，开展语文综合性学习，紧紧抓住课堂教学的单位时间，创造性地使用教材，巧妙设计教学方法，引导学生自主、合作、探究学习，通过阅读教学与语文综合性学习的有效结合，全面提高学生的语文素养。

【活动目标】

以读为本，读中积累语言，读中感悟文意，增强语感；以综合活动为主线，在各项语文活动中提高语言文字的运用能力；利用网络资源从多个角度了解认识东方之珠——香港。

【活动过程】

一、创设探究学习的情境

深圳有得天独厚的地理位置，很多学生曾随父母去香港旅行，对香港有着感性的印象。为了构建学生的生活体验与文本之间的桥梁，在导课环节，老师请去香港旅游过的小朋友交流展示自己搜集的旅游纪念品或照片，师生欣赏 MTV，一起合唱歌曲《东方之珠》，激发学生阅读文本、探究课文怎样介绍香港这颗璀璨明珠的兴趣。

（以往的语文课程，内容上“窄”，教师只是“教教材”，途径上“封闭”，与现实生活隔绝。这样导课克服了课本承载的课程资源的有限性，引入了现实生活与儿童经验世界、想像世界。课前学生搜集到的图片、实物乃至视频资料，极大地丰富了学习资源，交流中不但深化了学生对香港的了解，还培养了学生表达自己独特情感体验的能力。）

二、角色转换，拓展探究

在学生充分朗读、了解了课文中介绍的香港、积累了语言的基础上，怎样进一步让他们运用和拓展知识呢？这个环节设计的理论支持是多元智能。在设计中，教师通过情境创设尽可能地给学生提供选择适合自己的学习方式和学习内容的机会。教师列出一组数据说明“非典”使香港的旅游业大受打击，让同学们想些办法来把这颗璀璨的东方之珠介绍给全世界的朋友们，并提供了多种角色供学生选择。形象思维比较强的同学可以扮演一名摄影师，从众多香港风光照片中选择自己最喜欢的配上文字，做成演示文稿介绍给大家，这样他和大家就可以根据一张张风光照片进一步感受香港的魅力与繁荣；语言能力比较强的同学可以扮演一名导游，根据一段香港风光录像给“游客”介绍香港；信息技术能力比较强的可以扮演《旅行家》杂志的编辑，搜集香港的信息，用电脑办一版旅游小报；喜欢唱歌的孩子可以扮演一位歌唱家，演唱《东方之珠》来赞美香港；对历史感兴趣的孩子可以扮演一位历史学家，通过阅读老师提供的资料把香港的过去和回归故事讲给大家听。

全班同学在网上浏览资料后，自己整理内化，选择有代表性的内容在小组内交流，互相评议、补充。每个小组再选派一到二名代表，向全班同学汇报交流，其他小组成员作相应的补充或评价。后半节课就成为以学为中心的展现学生才华的开放性的舞台，而不是以教为中心的封闭的堡垒。有音乐天分的孩子用歌声表达了对香港的爱，表达能力和表现欲比较强的同学尝试当一名小导游……课堂的气氛活跃极了。

（学生能力的培养应主要依靠自己的语文实践，而不是靠老师对语文知识的反复讲解。“语文综合性学习”力图让学生通过活动的参与，在实际运用中锻炼、提高语文能力。）

【设计评述】

这篇教学活动设计的创新之处在于把阅读教学和语文综合性学习进行了有机整合，前半节课重在读中积累感悟，后半部分重在扩展运用。整节课体现了语文知识的综合运用、听说读写能力的整体发展、语文课程与其他课程的沟通、书本学习与实践活动的紧密结合，学生在活动中轻松快乐地完成了阅读任务。

【资料链接】

资源 1

香港各旅游景点介绍

http://hongkong. china. com/zh_cn/online/travel/

http://szlib. szptt. net. cn/hk97/trav. htm

http://hongkong. china. com/zh_cn/online/zthkjin/index. html

http://www. tintzn. com/destination/show/index_pic. asp? pid=35

资源 2

香港交通、购物及饮食、住宿指南

http://www. tour2hubei. com/biztour/hkgtrans. asp

http://www. tour2hubei. com/biztour/hkgshopping. asp

资源 3

香港文化历史以及传说故事

http://www. hkexposition. com/XGFQ/XGLS. htm

http://hongkong. china. com/zh_cn/online/zthkren/

（深圳市南山区南山实验学校　宋鹏君）

整合教学资源　丰富教学活动

——《快乐的节日》整合教学活动设计

（一年级适用）

【设计内容】

《快乐的节日》以同学们熟悉的歌词为文，文章内容生动活泼，韵律欢快优美，充满喜庆的节日气氛。通过读、唱形式能让学生感受、体会在祖国的培育下快乐成长的幸福。

本课设计重在把利用资源、渗透学法的理念有机地贯穿于教学过程。

【设计理念】

阅读能力的培养应从一年级抓起，在读说听写等环节中加以落实。本课设计以新课程“充分利用课本资源，加强课内课外有效资源整合”、“充分给学生学习活动实践的空间”的理念旨在培养孩子们终身受益的自主读书能力。

【设计目标】

通过相关资源整合，适时有效地为学生提供学习活动内容以及参与实践的机会，使其在学习实践中获得语言感悟能力，初步领悟学习方法，为获得终身受益的自主读书能力奠定基础。

【活动过程】

一、关注教材前后联系，将一组教材中相关内容相结合

《快乐的节日》表现的是孩子们快乐度过节日的情景，反映的是今天的儿童在祖国妈妈怀抱中健康成长的快乐和幸福愉快的心情，与本组教材开篇主旨相吻合：“我们是新时代的儿童，我们是祖国的花朵。我们的生活多么幸福，多么快乐！”教学中以此为主线，在读、说、唱等活动中时时让孩子们体验、感受幸福和快乐。

“同学们，识字 6 开篇有一段话你们还记得吗？”老师开门见山，直奔主题。同学们齐声答道：“记得！”“能背给老师听听吗？”话音未落，学生自豪欢快地背道：“我们是新时代的儿童，我们是祖国的花朵。……”

“是啊，我们是新时代的儿童，我们是祖国的花朵。我们的生活多么幸福，多么快乐！让我们共同唱起来吧！”“小鸟在前面带路……”学生边唱边舞，脸上洋溢着快乐和幸福。

（一开课，就抓住本组教材“快乐、幸福”的主旨，进行相关内容的整合，使理性阅读变为感性操作。目的是给学生一些学习方法的暗示:读书、学习之时要注意文章前后内容的联系,不要孤立地就此文而思考。)

二、朗读感悟与语言文字训练相结合

《快乐的节日》是一篇儿童味浓、节奏感强、易读易唱的韵文。文中描绘的画面是那样充满生机:小鸟飞翔,鲜花开放;小溪流淌,孩子们欢唱。展现在孩子们面前的是令人欣悦的节奏美,情景美,还有琅琅上口的语言美。依据低年级孩子好模仿、爱读书的特点,通过朗读,加强语言文字训练是行之有效之法。

教师:"同学们,这么美的文章想读读吗?"

学生:"想!"

教师:"自己读读吧,待会儿老师看看谁能把老师给读乐了!"

学生叽里呱啦、情绪很高地读着。

教师:"谁想读?"

"我!""我,老师选我!""我想读,老师——!"学生按捺不住读书的热情。

教师:"好,那我们一块读读吧!"

读后,请学生依据老师的提示和板书分别用"像"、"向"说话。

"我们像春天的花朵。""美丽的衣裳像朵朵花儿开放。"

"花儿向我们点头。"小溪向我们祝贺。"

……

在学生读悟的基础上,教师范读这几句话。

"我们一起来读读这几句话,看看能不能通过读来告诉别人,'像'、'向'虽然音相同,但意思是不同的。"

学生边读边辅以动作,当读到"像春天一样"时,"春天"一词读得重一些,读到"向"时,示意地朝同学望望。

(朗读是学生们感悟祖国语言文字底蕴的最有效途径。低年级孩子的思维、表达能力还在初级阶段,通过朗读、动作感悟,通过语调、速度来表现内容,对低年级孩子来说尤为重要。读中思、读中悟、读中说,读读说说,说说读读,语言文字的内涵就在读中不知不觉地得以明晰。)

三、观察课文插图与赏析文句相结合

课文中的插图是文章内容的具体形象的显现,鲜艳的色彩、生动的画面是帮助孩子们理解记忆的有效资源。教学中,充分利用文中插图帮助理解文意、赏析文句,能收到事半功倍的效果。

当学生对文章有了初步了解之后,引导学生仔细看图。

"多美的图画呀,请同学们仔细看图,看看图上都有什么?"

"图上有小鸟在飞。""有草地,花儿在开放。""有小桥、流水。""还有老师同学唱歌说话,他们好开心。"学生们你一言,我一语,把图上的景物全说出来了。

"同学们读读课文,看看文章是怎么描写图上这些景物的?"

分小组读课文,一小组读一句,共八句,最后一句全班读。通过分句朗读,感受图的形象性与文句描述性结合学习的乐趣。

“小鸟在前边带路，风儿吹向我们。”

“我们像春天一样来到花园里，来到草地上。”

……

学生边读边想像图景，图文对照，进入情景，体会节日的快乐。

四、观看动画与当堂背诵相结合

《快乐的节日》课件中有一个配有课文解说的动画画面，为使学生在有限的时间内获得较高的学习效果，教师消去了课件中的配音，让学生根据动画当配音员。

学生边看动画，边情绪饱满地叙述动画内容，使得枯燥的背诵变得有滋有味。

形象的动画与稚嫩的旁白交融，编织出一幅“快乐节日”图。

五、关注课外阅读，必读教材与选读教材相结合

语文学习要经历长期积累的过程，语文能力的形成离不开课外阅读实践。

新的课改精神也特别强调语文学习的实践性。与教材相配套的《春天的图画》中有许多文章在题材、内容、形式上与教材结合较紧。教师应有课内课外资源整合意识，相机选读。

与《快乐的节日》形式内容较为一致的文章有《让我们荡起双桨》。可让孩子们自己读读课文，并激发大家：“想唱的就放声唱吧，能编动作则更棒。”课后，邀请艺术教师在艺术课上教唱这首歌。

【设计评述】

这篇阅读活动教学设计，体现教师新的教学理念：着眼未来，关注发展。课堂上注意调动一切与本课相关的可利用资源，如：一组教材中心主题的照应，朗读感悟中体会准确用词，图文结合对照复述，给动画配音当解说员，必读教材与自读教材有机结合。学的是本课教材，练习形式是读、说、背，得到的是如何学习语文的方法。在有限的四十分钟内进行了全方位有机有效的整合，密度大，效果好。

（深圳市南山区北京师范大学南山附属小学　刘小梅）

创设情境　巧融三维

——《荷花》整合教学活动设计

（三年级适用）

【设计内容】

《荷花》这篇写景的记叙文用优美可感的语言，将公园里的荷花描绘得活灵活现，生动地表达了作者的所闻、所见、所感，是积累语言的好材料。这里设计的是如何在情境中开展丰富多彩的语文实践活动，在活动中将三维目标巧妙地整合在一起。

【设计理念】

新课标强调：阅读教学中“知识与能力、过程与方法、情感态度价值观”这三维目标应“相互渗透”、“融为一体”。本课利用电教媒体等多种教学手段创设情境，给学生一个直观的展台，使学生产生强烈的情感共鸣，帮助学生感悟、积累，并运用多种形式表达内心的情感，在各种活动中运用积累的语言，从而实现语文多维目标的整合，逐步达到“全面提高语文素养”这一阅读教学总目标。

【活动目标】

1. 知识目标：在活动中通过多种形式的读，理解文章语言，学习作者的语言表达方式，积累文中优美的语句。

2. 能力目标：在过程中启发学生仔细观察、展开想像、大胆表达、说写结合、学以致用。

3. 情感目标：在情境中设计多种形式的活动，动眼、动口、动手、动脑，使学生充分感受到荷花的美，产生情感共鸣，培养学生的审美情趣。

【活动准备】

抒情音乐，有关荷花的课件，荷叶荷花图片，荷花头饰等。

【活动过程】

一、借助意境，品词析句

第二自然段与第三自然段描写了荷花生长的各种优美的姿态，教师在引导学生感情朗读的基础上再开展以下语文活动。

（一）动手找颜色

教师：“这的确是一幅色彩绚烂的美画，我们到课文中找一找，荷花池里都有哪些色彩？”

学生读第二自然段，圈出表示颜色的词语。

（二）感知“挨挨挤挤”

“荷叶挨挨挤挤的，像一个个碧绿的大圆盘。”

老师在黑板上贴出几处零散的荷叶，学生上台纠正，挪动荷叶的位置，并说理由：因为从“挨挨挤挤”一词看出来荷叶多，挤在一起了。最后指导学生个别读、齐读，反复读，读出荷叶的多、大、绿、美。

（三）体悟“冒”字的妙用

“白荷花在这些大圆盘之间冒出来。”

1. 换词：“刚才你们读了课文，觉得‘冒’字用得特别准、特别美。大家想一想，‘冒’字还可以换成什么字？”（长、钻、露等）

2.“那么怎样长才是‘冒’呢？（生答：争先恐后、使劲地、生机勃勃地……）大家动手做做看。”

3. 说话练习一：“将刚才那些词语用到句子中，该怎么说？”

白荷花在这些大圆盘之间（　　）地冒出。

4. 学生观看动画中荷花向上“冒”的画面，体会荷花的长势。

5. 说话练习二：白荷花在这些大圆盘之间冒出来，________。（它们仿佛想干什么呢？生答：比美、看世界、与蜻蜓打招呼、扮酷等等。）

6. 老师引导学生用动作表示：“多么有生机的荷花啊！我们来扮荷花，想像自己就是其中的一朵，或者是全开的，或者是半开的，或者是花骨朵，像白荷花那样冒出来！”（学生站起来，并摆出各种姿势——扮酷、比美、打招呼、看世界。）

（四）关于“荷花不同姿态”的处理

学生再读第二自然段，想想书中描写了几种荷花的姿态；读后小组活动：将三种荷花图片与“全开、半开、欲开”及“饱胀”、“欣然怒放”、“露出莲蓬”、“展开几片”、“花骨朵儿”等几个词语卡片对应地摆好；然后小组内进行说话练习：“有的……有的……有的……”。最后引导学生读读第三自然段，体会白荷花的姿势不止这三种，而是“各式各样”的。

（对于“挨挨挤挤”、“冒”等词的理解，教者没有采用传统的解词方法，而是设计了“动手摆一摆、动口说一说、换一换、做动作”等一连串的活动。教师把握了语文教学的实质，重视对学生进行语文基本功的训练，发展学生的语文能力，也注重了学习方法的渗透，关注了学生的学习过程，兼顾到情感态度价值观这一维度，从而实现了三维目标的整体推进。）

二、神化意境，深化感受

在课文的第四自然段中，作者展开想像，把自己当成池塘里的一朵荷花，写得有声有色，有静有动，是一段培养想像能力、思维能力的好材料。教学中，教师可以神化意境，引领学生深入其中忘我体会，使学习活动进入高潮。

教师范读。放音乐。学生以各种方式读（自由读、赛读、齐读）。

教师：“听了同学们的朗读，看到这些楚楚动人的荷花，老师陶醉了，觉得自己好像也变成了一朵荷花，在阳光下舞蹈呢！让我们随着音乐翩翩起舞吧！”

分角色活动——几个人佩带荷花头饰朗诵；几个人胸带大荷花图片上台表演；其他

同学台下表演。配合音乐。

教师："大家闭上眼睛陶醉地想一想，这时，又有哪些小动物过来跟大家打招呼？它们对你说了什么呀？"

学生："蜻蜓飞过来，告诉我昨夜飞行的快乐。"

学生："小虾游过来，友好地跟我打招呼。"

……

教师："让我们把自己再次置身于这美丽的荷花池边，闻着荷花淡雅的清香，伸手摸摸滑滑的玉盘式的荷叶，仔细欣赏这些千姿百态的白荷吧！"

学生欣赏课件中的荷花。

教师："此时，你们一定忍不住想赞美它，说吧！"

出示说话练习：啊！荷花！（　　）！

学生："啊！荷花！你是这么的美丽动人，我爱你！"

学生："啊！荷花！你的姿态深深吸引着我。"

教师："最后让我们把看到的荷花、心中的荷花画下来。"

学生动手画。

（通过读、演、说、画一系列情境中的活动，学生内心充盈着对荷花神奇美感的领悟，情动而辞发，情感态度这一维度的实现推动着想像能力、口头表达能力的发展，整个学习过程是轻松愉快的。）

【设计评述】

本案例的特色是课堂情境化、目标综合化。在这个教学活动中，教师运用多种手段创设了一个生动、放松的情境，使学生能置身于其中尽情活动，把文本变活了，课堂变成了活动的舞台，学生学得兴趣盎然，乐在其中，此为一巧；更巧的是一堂课中，教者将多维目标巧妙地整合在一起，水乳相融，实属难得。

（深圳市南山区沙河小学　刘永庆）